Walter A. Fischer/Michael Schratz
Schule leiten und gestalten

Bibliothek Schulentwicklung

Band 3

Walter A. Fischer und Michael Schratz

Schule leiten und gestalten

Mit einer neuen Führungskultur in die Zukunft

STUDIENVerlag
Innsbruck-Wien-München

Die Deutsche Bibliothek - CIP-Einheitsaufnahme

Fischer, Walter A.:
Schule leiten und gestalten : mit einer neuen Führungskultur in die Zukunft /
Walter A. Fischer und Michael Schratz. - 2., aktualisierte Aufl. - Innsbruck ;
Wien ; München : Studien-Verl., 1999
     (Bibliothek Schulentwicklung ; Bd. 3)
     ISBN 3-7065-1443-5

© 1999 by StudienVerlag Ges.m.b.H., Amraser Straße 118, A-6010 Innsbruck
e-mail: studienverlag@netway.at
http::/ /www.studienverlag.at

2. aktualisierte Auflage

Umschlaggestaltung: Christina Karafiat

Gedruckt auf umweltfreundlichem, chlor- und säurefrei gebleichtem Papier.

Inhaltsverzeichnis

Vorwort	**7**
1. Leiten - mit Gefühl	**11**
Was wissen wir über Gefühle?	13
Über den Umgang mit Gefühlen	15
Persönliches Erleben und eigene Erfahrungen	24
Gefühle - eine diagnostischer Zugang zum Selbst	29
2. Beraten - ein Herzstück pädagogischer Führung	**34**
Miteinander reden - zwischenmenschliche Kommunikation	35
Feedback als Führungsmittel	41
Ein Meta-Modell der Sprache	44
Beraten in Problemsituationen	59
Klassenbesuche und Unterrichtsbeobachtung	65
3. Zeit als pädagogische Dimension	**70**
Wie wir unsere Zeit strukturieren	71
Hilfsmittel zur Optimierung der Arbeitsorganisation	73
Schulleitung zwischen Chaos und Zukunftsmanagement	81
Eine ganzheitliche Sichtweise von Zeit	84
Zeit innovativ gestalten	86
4. Schulentwicklung als Führungsaufgabe	**99**
Schule in die Zukunft entwerfen	99
Auf dem Weg zu einem erneuerten Bildungsverständnis	104
Selbstorganisation als treibende Kraft	106
Von der Vision zum Ziel - Zielentwicklung	113
Von der Gruppe zum Team - Teamentwicklung	118
Innovationen von Schulleiterinnen und Schulleitern zur Entwicklung ihrer Schulen	124
5. Qualitätssicherung und Rechenschaftslegung	**130**
Was ist eine "gute" Schule?	130
Die "gute Schule" aus wirtschaftlicher Sicht	134
Die "gute Schule" aus pädagogischer Sicht	137
Die "gute Schule" aus organisationstheoretischer Sicht	140
Von der Schulaufsicht zur Systemberatung	143
Qualitätssicherung durch Rechenschaftslegung	146

**6. Weiterbildung in pädagogischen Leitungsfunktionen -
eine Begründung**   **150**

    Nicht nur für die Schule ...   150

    Von der administrierten zur bildungspolitisch aktiven Schule   154

    Von der Systemeinheit zur Vertrauensorganisation   157

    Wie läßt sich Führung lernen?   161

7. Transformational Leadership - eine neue Führungsphilosophie   **170**

    Führen und geführt werden   170

    Konventionelle Führungskonzepte   172

    Die Grenzen herkömmlicher Führungsansätze   177

    Am Weg zu einem neuen Führungsverständnis   180

    Ausblick: Führung zwischen Chaos und Komplexität   189

Literaturverzeichnis   **193**

Abbildungsverzeichnis   **203**

Grau unterlegte Bereiche mit Piktogrammen weisen auf spezielle Textteile hin
und markieren folgende Aussageebenen:

❗ Merksätze,   99 Protokolle   ⦂ Übungs-
  Akzentuierungen   und Beispiele   anweisungen

Vorwort

Es ist wieder einmal Bewegung in die Schullandschaft gekommen. Schlagworte wie "Autonomie", "Regionalisierung" und "Schulentwicklung" beherrschen die gegenwärtigen Diskussionen und lassen ein neues Paradigma in der Bildungspolitik erwarten. Diese Dynamik kommt nicht von ungefähr. In der gegenwärtigen globalen Umbruchsituation und bei der Neugestaltung einer Zusammenarbeit in Europa ist deutlich geworden, daß sich ein Schulsystem von (vor)gestern für ein unbekanntes Morgen als nicht mehr tragfähig erweist.

Wie aus einem Dornröschenschlaf aufgeweckt, sieht sich das System Schule plötzlich damit konfrontiert, daß die starren Rahmenbedingungen einer bewährten (d.h. bewahrenden) hierarchischen Struktur für die Bewältigung der Herausforderungen des nächsten Jahrhunderts nicht mehr ausreichen. Die bisherige Systementwicklung hat nicht ausgereicht, aus einer "Lernfabrik" eine schülergerechte Bildungsinstitution zu gestalten. Oft wurde sogar die Dynamik jener gebremst, die sich auch unter einschränkenden Bedingungen und unter großem persönlichen Aufwand um eine Weiterentwicklung von Schule und Unterricht bemüht hatten. Ein Grund liegt sicherlich auch in der enormen Zunahme an Komplexität und der damit verbundenen Begrenzung der Lenkbarkeit , mit der jede Organisation heute konfrontiert ist. Gorbatschows Spruch "Wer nicht rasch genug handelt, den bestraft die Geschichte" ist daher zum Impuls für viele Institutionen geworden, die nicht dasselbe Schicksal erleiden wollen wie die starr reglementierten Systeme des ehemaligen Ostblocks.

Es sind auch bereits einige Aktivitäten gesetzt worden, um diesen Tendenzen Rechnung zu tragen und konkrete Maßnahmen zur Modernisierung des Schulsystems einzuleiten. Der Gesetzgeber sieht unter anderem ein Autonomiegesetz vor, das der einzelnen Schule mehr individuelle Gestaltungsmöglichkeiten in inhaltlichen, pädagogischen und organisatorischen Bereichen geben soll. Wir befürchten einerseits, daß die dazu vorgesehenen Rahmenbedingungen den Betroffenen vor Ort zu wenig Spielraum lassen werden, um eine wirklich "neue" Schule zu machen. Wir wissen aber auch, daß es für die Betroffenen nicht leicht ist, aus der gewohnten, bereits in der (Lehrer-)Ausbildung grundgelegten Haltung des Anpassens und Reagierens zu einer des aktiven Planens und Neugestaltens überzugehen. "Autonomie" und "Entwicklung" lassen sich nicht verordnen, sondern ihre Verwirklichung benötigt einerseits Zeit, insbesondere aber auch neue Haltungen, Kenntnisse und Fähigkeiten, die zur Verwirklichung einer neuen Schulkultur notwendig sind.

Betroffen von einer derartigen Neuorientierung sind alle, die Schule als einen aktiven Organismus verstehen, insbesondere aber jene, die aufgrund ihrer Führungsfunktion eine besondere Rolle einnehmen. Aus der Wirtschaft wird in diesem Zusammenhang gerne das Wort "Management" entlehnt, das sich Schulleiterinnen und Schulleiter künftig ins Berufsbild schreiben sollten. Wir glauben aber, daß sich die Schule nicht wie ein auf die Marktmechanismen reagierender Wirtschaftsbetrieb managen läßt - auch wenn zahlreiche Managementfähigkeiten auch für die Leitung einer Schule anzuwenden und für ihre Lenkung förderlich sind. Deshalb entlehnen wir aus dem Englischen das Wort Leadership, mit dem wir eine neue Qualität pädagogischer Führung ansprechen, für die wir mit diesem Buch sensibilisieren wollen. Wir gehen davon aus, daß wir den künftigen Herausforderungen einer sich immer schneller verändernden Welt und der zunehmenden Komplexität gesellschaftlicher Zusammenhänge mit einer neuen Form von Führung begegnen können. Für die Lösung von Problemen gibt es nicht mehr ein einmal vorgegebenes Lösungsmodell, das es sich anzueignen gilt, sondern die Auseinandersetzung mit der aktuellen Situation, in der eine Maßnahme bereits die nächste bewirkt und neue Probleme aufwirft.

Mit Führungsaufgaben ist zunächst die Schulleitung angesprochen, die dazu den gesetzlichen Auftrag hat. So heißt es beispielsweise im österreichischen Schulunterrichtsgesetz nach § 56 (2): "Der Schulleiter ist der unmittelbare Vorgesetzte aller an der Schule tätigen Lehrer und sonstigen Bediensteten."[1] Darin werden bereits die ersten Probleme ersichtlich: Es ist hier einschränkend von einer Person die Rede, was bereits die Möglichkeit einer kollegialen Führung

---

1 Ähnliche Definitionen finden sich in den Schulgesetzen aller europäischen Staaten.

ausschließt. Weiters ist der Schulleiter Ausdruck eines patriarchalisch geprägten Systems, in dem der männliche Ausdruck verwaltungsrechtlich die Frauen zwar einbezieht, in der sichtbaren Form(ulierung) aber ausschließt[2].

Diese Widersprüche sind symptomatisch für unser gegenwärtiges Bildungssystem. Wir können sie über ein Buch nicht ändern, glauben aber, daß möglichst viele Betroffene innerhalb und außerhalb der Schule in den Erneuerungsprozeß einbezogen werden sollten, um eine förderliche Entwicklung herbeizuführen. Wir richten uns daher mit diesem Band an alle, die mit pädagogischen Führungsaufgaben betraut sind oder solche anstreben, denn Veränderung kann heute nur systemisch erfolgen, d.h. daß alle Teilbereiche eines Systems sie mittragen müssen. Auch wenn in erster Linie die Schulleiterin oder der Schulleiter die Schlüsselperson, Drehscheibe und den Innovationskern darstellt, sind die einzelnen Lehrerinnen und Lehrer, Schülerinnen und Schüler, die Eltern sowie die Schulaufsicht und -administration in diesen Prozeß einbezogen.

Um diesen Zielsetzungen in einem solchen umfassenden Anspruch gerecht zu werden, spannen wir den Bogen dieses Bandes inhaltlich von der Gefühlswelt des einzelnen Menschen bis zum Transformational Leadership und von den Voraussetzungen zur Autonomie bis zur Rolle der Schulaufsicht im Rahmen der Qualitätssicherung von Schule. Daneben bieten wir konkrete Hilfestellungen zur Arbeit an der eigenen Person, zur Anleitung von Teamentwicklung, zur Übungsanleitung in Beratungssituationen bis zum produktiven Umgang mit der wertvollen Ressource Zeit. Dementsprechend wechseln auch die Textsorten von der Beschreibung innerpsychischer Vorgänge über den Mitschnitt einzelner Sequenzen aus Schulleiterkursen bis zu wissenschaftlichen Texten zur Auseinandersetzung mit bildungspolitischen Fragestellungen.

Wir konnten das Buch mit diesem umfassenden Anspruch nur schreiben, weil wir seit mehr als einem Jahrzehnt in ein wissenschaftlich evaluiertes Entwicklungsprojekt zur Weiterbildung in pädagogischen Leitungsfunktionen eingebunden sind, das seinen Anfang an der Abteilung für Pflichtschulen des Pädago-

---

2   In den Schulbüchern wird heute beispielsweise darauf geachtet, daß diese Einseitigkeit korrigiert wird. In Leitungsfunktionen im Bildungsbereich reproduziert sich allerdings noch das herkömmliche Gesellschaftsbild, in dem das Geschlechterverhältnis in den Führungspositionen nicht dem der Lehrerinnen und Lehrer entspricht. Dieser Widerspruch findet sich über einseitige Formulierungen auch in diesem Buch wieder. Wir haben nicht versucht, diesem durch sprachliche Akrobatik mittels Schrägstrichen oder über Wortneuschöpfungen zu begegnen. Die zahlreichen männlichen Formulierungen sollen verdeutlichen, daß Führungspositionen im Bildungsbereich noch vielfach von Männern beansprucht werden. Wir hoffen aber, daß sich durch unser Buch genügend Frauen angesprochen fühlen, aktiv in die pädagogische Leitungsarbeit einzugreifen. Wir begründen dies einerseits in Kapitel 7, versuchen über unser neues Führungsverständnis und konkrete Anregungen zur praktischen Anwendung, andererseits aber auch zahlreiche Anstöße zur Änderung von Einstellungen und Verhaltensweisen zu geben.

gischen Instituts in Oberösterreich genommen hat und sich über alle Schultypen auch anderer Bundesländer hinweg bis zu den deutschen Schulen in Südtirol ausgeweitet hat. Vielen Menschen ist an dieser Stelle für ihre Mitarbeit zu danken, und gerne nennen wir auch diejenigen, die mit uns Pionierarbeit geleistet haben, Hans P. Leeb (Oberösterreich) (†), Peter Trattner (†), Jelle Kahlhammer, Manfred Müllner (Salzburg) und Konrad Oberhammer (Südtirol).

Nicht zuletzt haben uns die vielen Rückmeldungen der Teilnehmerinnen und Teilnehmer unserer Führungskurse für Leiterinnen und Leiter sowie Vertreter der Schulaufsicht in den unterschiedlichen Schultypen bestärkt, die dabei gewonnenen Erfahrungen in dieser Form niederzuschreiben. Wir wollen auch ihnen damit danken und hoffen, damit Führungskräften in pädagogischen Leitungsfunktionen ein Buch in die Hand zu geben, das ihre Leidenschaft zum Weiterlernen weckt und stärkt. Diejenigen, die sich auf eine solche Funktion vorbereiten, mögen ermuntert und begeistert werden!

Walter A. Fischer   *Michael Schratz*

Vorwort zur 2. Auflage

Rückblickend auf das Erscheinungsjahr der 1. Auflage dieses Buches leben wir nun bereits in der Zukunft. Was hat sich inzwischen geändert, was ist geblieben? Im Zuge der Autonomisierung des Schulwesens ist die Qualifizierung von Schulleitung bildungspolitisch zur Priorität geworden: In Italien wurde über das Autonomiegesetz auch gleich die Schulleitung flächendeckend in umfangreiche Weiterbildungsmaßnahmen eingebunden, in Österreich wurde (im Bereich des Pflichtschulwesens) die Ausbildung für die Schulleitung am Beginn ihrer Amtszeit verpflichtend vorgeschrieben, und europaweit zeigen einschlägige Projekte, dass die Schullandschaft in Bewegung ist.

Vieles in diesem Buch ist noch immer eine aktuelle Herausforderung. So ist unser erstes Kapitel durch die Entdeckung der "Emotionalen Intelligenz" bestätigt worden, und das gilt für die meisten Ansätze dieses Buches, die noch auf eine Erfüllung warten.
Wir haben deshalb die nach wie vor aktuellen Themen für die 2. Auflage beibehalten und nur dort Änderungen vorgenommen, wo uns die Zeit eingeholt hat.

Oktober 1999

Walter A. Fischer, Kirchschlag
Michael Schratz, Innsbruck

Leiten mit Gefühl 1

Es scheint eine der Hypotheken einer gefühlsabstinenten Erziehung zu sein, daß Emotionen für viele Menschen im Zusammenhang mit Lernen, Arbeit und Erfolg einen negativen Beigeschmack haben. Sie werden meist als hemmend oder störend bzw. als Schwäche interpretiert. Bereits in der frühen Kindheit werden unterschiedliche Verhaltensweisen bei Buben und Mädchen verstärkt, wenn es um das Zeigen von Emotionen geht (vgl. Bast 1988). "Ein Bub weint doch nicht", heißt es zumeist in der männlichen Sozialisation, und dieses Nicht-zeigen-Dürfen von Gefühlen wird für viele Männer zur nie mehr hinterfragten Leitlinie ihres Lebens. Im Gegensatz dazu formulieren viele Frauen ihre Einstellung zu Emotionen so, daß deren Ausdruck zwar zu ihrem Selbst gehöre, sie aber die Welt der Gefühle oft als Gefängnis erleben, aus dem sie sich willentlich nicht mehr befreien könnten. Wut, Haß, Rache und Eifersucht etwa sind solche Emotionen, die sich oft sogar noch steigern, wenn man versucht, sie zu bekämpfen.

In der täglichen Schul- und Berufswelt scheint also für Gefühle kein Platz zu sein. Vordergründig mag sich dieser Eindruck bestätigen. Der distanzierte Schulaufsichtsbeamte, der knallharte Manager, die gewandte, sachliche Geschäftsführerin und der Trainer mit dem Pokerface sind gängige Stereotypen, die auf Emotionslosigkeit schließen lassen. Beim genaueren Nachspüren sind die Gefühle jedoch nur zurückgedrängt, sie werden abgewehrt und ziehen sich ins Unterbewußtsein zurück. Höchstens Schuldgefühle oder Wut werden verhältnismäßig leicht an die Oberfläche gespült. Gefühle sind mit dem Erfolg ebenso verbunden wie mit dem Mißerfolg. Wenn wir Erfolg haben, fühlen wir uns glücklich, wir sind stolz, wir freuen uns, wir möchten die ganze Welt umarmen. Aber für manche Menschen bricht eine Welt zusammen, wenn sie Mißerfolg haben. Dann fühlen sie sich als Verlierer und Versager, und in der Folge entstehen unangenehme Gefühle wie Scham, Schuld, Verzweiflung oder Haß. Es gibt also Gefühle, die uns emportragen und das Leben lebenswert machen, aber auch solche, die uns entmutigen und krank machen. Streß, Bluthochdruck, Herzkrankheiten, Verdauungsbeschwerden und viele degenerative Erkrankungen sind u.a. auch die Folge von Emotionen, die wir nicht in den Griff bekommen und die ihr Zerstörungswerk aus dem Unterbewußten her einleiten und begleiten. Die beiden stärksten Gefühle, die unser Leben zum Erfolg im Hinblick auf Gesundheit, Partnerschaft, Finanzen, Führung und Zeitmanagement bestimmen, sind einerseits die Angst vor dem Mißerfolg, vor Versagen und Schmerz und andererseits das Glücksgefühl, das Vergnügen, das wir mit dem Erreichen eines Zieles verbinden. Von diesen beiden ist wiederum die Angst bzw. der Schmerz der stärkere Motivator. Im Zweifelsfall verzichten wir auf einen Erfolg, wenn damit Schmerz verbunden ist. Der Umgang mit unseren Emotionen bietet uns die Möglichkeit, unsere persönliche Autonomie zu verwirklichen und das zu erreichen, was wir wirklich wollen.

Auch in der Schule macht die nicht adäquate oder mangelnde emotionale Auseinandersetzung mit Mißerfolgen vielen Schülern das Leben schwer, und sie durchleiden ähnliche Schicksale wie Erwachsene. Die Folgen können sich in unkontrollierten Aggressionen oder depressiven Zuständen bis hin zu tragischen Suizidfällen manifestieren. Eine spezielle schulische Sprachregelung pathologisiert Schüler, die in ihren Emotionen gefangen sind, als verhaltensauffällig, verhaltensgestört, hyperaktiv oder umgangssprachlich als "Störenfried", "Nervensäge" oder "Sargnagel".

Manche Menschen versuchen unbefriedigende Gefühle mit Hilfe von Sucht- oder Aufputschmitteln zu vertreiben. Wieder andere wollen angenehme Gefühle mit Hilfe von Alkohol, Tabak oder Drogen erzeugen. Allen diesen Versuchen gemeinsam ist, daß sich die Menschen der Willkür von Gefühlen ausgeliefert glauben. Sie sind Opfer und nicht Regisseure ihrer Emotionen. "Ich könnte explodieren!" sagt eine Lehrerin, wenn wieder einmal die Klasse nicht zum Aushalten ist. "Ich kann eben nicht aus meiner Haut heraus!" meint resignierend eine Führungsperson, die eben eine Mitarbeiterin abgekanzelt, verletzt oder beleidigt hat. "Jetzt habe ich die Nase voll!" tobt der Mathematiklehrer, als er merkt, daß man ihm den Text der Prüfungsarbeit geklaut hat.

Welche Möglichkeiten gibt es, sich aus solchen emotionalen Einschränkungen zu befreien und sie vielleicht sogar als positive Ressourcen zu nutzen? Das ist eine "Münchhausen-Frage", werden sich manche denken, und es scheint zunächst tatsächlich eine unlösbare Aufgabe zu sein, sich selbst am eigenen Zopf aus dem (Gefühls-)Sumpf zu ziehen, wie oft auch die eigenen Erfahrungen zu beweisen scheinen. Wenn es gelänge, einen bewußteren Umgang mit Emotionen einzuleiten, dann könnte damit eine Lücke in der modernen pädagogischen Praxis und im Schulmanagement geschlossen werden. Denn dieser Bereich, der im allgemeinen eher als eine peinliche Falle gesehen wird, birgt tatsächlich den Schlüssel für eine positivere Lebensgestaltung und ein befriedigenderes Zusammenleben. Wir stellen daher diesen oft ausgeblendeten Bereich pädagogischer Führungsarbeit an den Anfang unseres Buches, da wir selbst erlebt haben, welche große Bedeutung Emotionen für Schule und Unterricht haben.

Was wissen wir über Gefühle?

Das Interesse der Menschheit am Thema Emotionen ist seit Platon und Aristoteles sehr groß. Der Erkenntnisstand der Emotionsforschung ist jedoch im Vergleich zu anderen psychologischen Disziplinen gering (vgl. Goleman 1996). Offensichtlich kann die rational abstrakte Wissenschaft mit "Gefühlen" kaum etwas anfangen, vermutlich deswegen, weil die Modellbildung, die auf Präzision und materielle Wirklichkeit ausgerichtet ist, automatisch alles ausgrenzt und wegfiltert, was nicht im diesen Rahmen paßt. Nadig und Erdheim (1984) etwa haben in ihren ethnopsychoanalytischen Studien aufgezeigt, wie Abstraktionen in den Wissenschaften gefühlsbetonte Anteile ins Unterbewußte verdrängen, von wo sie in unkontrollierter und destruktiver Weise die Lebendigkeit der Forschung zerstören.

Allein schon die vielen gebräuchlichen Begriffe wie Emotion, Affekt, Stimmung, Gefühl, Erregung usw. sind ein Hinweis auf die unterschiedliche Konzeptualisierung der ablaufenden Prozesse. Weiters signalisieren die zahlreichen und vielfältigen Definitionsvorschläge eine außerordentliche Komplexität dieser Thematik. Um einen Überblick über die Einordnung der Emotionen im Gesamtsystem Mensch zu bekommen, kann man von der Annahme ausgehen, daß der menschliche Organismus durch das Zusammenwirken von fünf Subsystemen im weitesten Sinne handlungsfähig wird.

- Das *Informationsverarbeitungs-Subsystem* vertritt vor allem die kognitive Komponente, die für die interne und externe Reizbewertung verantwortlich ist.
- Das *Versorgungs-Subsystem* umfaßt die neurophysiologische Komponente, also das neuro-endokrine System und das autonome Nervensystem, und dient in erster Linie der homöostatischen Regulierung des Organismus.

!

- Das *Steuerungs-Subsystem* betrifft die Plan- und Zielstruktur und ist verantwortlich für die motivationale Komponente.
- Das *Aktions-Subsystem* dient vorwiegend dem Ausdruck und der Ausführung von Handlungen. Es basiert auf dem somatischen Nervensystem und der quergestreiften Muskulatur.
- Das *Monitor-Subsystem* ist ein Kontrollsystem, das alle anderen Subsysteme reflektiert und integriert. Es lenkt die Aufmerksamkeit auf die wesentlichen Umwelt- und Innenweltbedingungen und wird vorwiegend als Gefühl aktiviert (vgl. Scherer 1990, 5 ff.).

Damit wird der Stellenwert der Gefühle als umfassendes Reflexions- und Integrationssystem beschrieben. Ständige Informations- und Interaktionsprozesse zwischen den Subsystemen bewirken wechselseitige Veränderungen. Daraus resultieren komplexe Wechselwirkungen, innerhalb derer vorübergehend die Systemzustände synchronisiert werden, also auf einen speziellen Auslöser ausgerichtet sind. Dabei wird von der Vorstellung ausgegangen, daß es eine Art neutralen Gleichgewichtszustand gäbe, der vorübergehend immer wieder durch Auslöser bzw. durch die Mobilisierung von Ressourcen unterbrochen wird, um bestimmte notwendige Anpassungsforderungen meistern zu können. Die Funktion der Emotionen kann in dieser systemischen Vorstellung sowohl in der Erzeugung von Alarmzuständen liegen als auch in der Bestätigung von positiven Erlebniszuständen. Nicht umsonst betont die Volksmeinung, daß einem das Gefühl schon "sagt", was "richtig" ist.

Das Abklingen der Emotionen geht mit einem Schwächerwerden des gegenseitigen Einwirkens der Subsysteme einher, und nach einem vorübergehend stärkeren Synchronisieren übernehmen die einzelnen Subsysteme wieder ihre speziellen Funktionen.

Nach dieser systemorientierten Modellbeschreibung stellt sich die Frage nach einer umfassenderen Theorie der Emotionen. Aus den bisherigen Forschungsansätzen kann man ableiten, daß kein Konsens über ein allgemein verbindliches Emotionskonzept besteht. Dazu kommt, daß nur wenige kritische Experimente vorliegen, die Schlußfolgerungen über mögliche Eingrenzungen von Auslösern oder beteiligten Reaktionsmustern für eine umfassendere Thesenbildung zulassen. Nahezu alle bisherigen Versuche beschränken sich auf die Thematisierung von Einzelkomponenten des Emotionsprozesses, sodaß für eine handlungs- und erlebnisleitende Praxis nur wenig herauszuholen ist, denn die ist bekanntlich komplex, ganzheitlich, bezogen auf den einzelnen Menschen und seine spezifische Welt und gleichzeitig auf Gruppen bzw. größere soziale Systeme. Selbst dort, wo bestimmte Wechselwirkungen zwischen einzelnen Komponenten untersucht wurden, ist wegen der mangelnden Eindeutigkeit der Ergebnisse nur eine lebhafte und großteils polemische Debatte die Folge gewesen. Zum Beispiel die Kontroverse über das Ausdrücken von Emotionen. Die These, daß das Ausleben bzw. Ausdrücken von Emotionen zu einer Klärung und Befreiung führe (Katharsis-Hypothese) wird heftig durch die Gegenmeinung bekämpft, daß der motorische Ausdruck eine Verstärkung der Gefühlsempfindungen bewirke *(Facial-Feedback-Hypothese)*.

In den folgenden Überlegungen greifen wir deshalb auf eine Sichtweise zurück, die sich als "Theorie des subjektiven Erlebens" (vgl. Dilts/Bandler/Grinder 1989, Bachmann 1991) etabliert hat, das herkömmliche Denkkonzept erweitert und sich für die Umsetzung in die Führungspraxis der Schule als besonders brauchbar erwiesen hat. Eine kleine Forschungsgruppe um L. Cameron-Bandler, M. Lebeau und M. Singleton hat sich im Rahmen des Future-Pace-Instituts in Kalifornien auf die Weiterentwicklung der Emotionsforschung spezialisiert. Ihre Ergebnisse betreffen ein Lernen auf der Grundlage von subjektiven Erfahrungen und Erlebnissen, das den bisher meist unterdrückten oder vermiedenen Bereich der Emotionen einbezieht und damit Neuland nicht nur im Umgang mit Gefühlen, sondern auch mit Prozessen wie Motivation, Ausdruck, Gedächtnis u.a. eröffnet, also Bereiche, die sich bisher wirksamen Veränderungsmethoden nur erschwert zugänglich gezeigt haben. Auch die klassischen Konzeptionen in der Wissenschaft zeigen inzwischen Tendenzen der Weiterentwicklung. Zunehmende Phänomenorientierung, ökologische Validität, theoretische Öffnungen und Interdisziplinarität, Anwendungsbezug und Methodenvielfalt lassen eine optimistische Sichtweise für die künftige Entwicklung der Emotionsforschung zu.

Über den Umgang mit Gefühlen

Nachdem der theoretische Rahmen unserer Überlegungen abgesteckt ist, wenden wir uns nun dem *Umgang* mit Gefühlen zu, wobei eine pragmatische Handlungsorientierung im Vordergrund steht. Der Begriff Gefühl wird unterschiedlich verwendet. Einerseits zum Ausdruck für Körperempfindungen, z.B. "Ich habe Kreuzschmerzen". Die Begriffe Emotion bzw. Gefühl, wie wir sie hier verwenden, drücken andererseits etwas sehr viel Komplexeres aus. Sie unterscheiden sich von den Körperempfindungen, die gleichzeitig auftreten können, dadurch, daß sie viel umfassender in unsere Sinnes- und Vorstellungswelt eindringen, d.h. sie stellen sozusagen die subjektiven Reaktionen einer ganzen Persönlichkeit dar. Sie können Verhalten bzw. Handlungen auslösen, über die wir Bewertungen anstellen. Die vorrangige Erfahrung, die Menschen von ihren Gefühlen haben, ist der Verlust von Kontrolle, ein Ausgeliefertsein, das sich bis zur Hilflosigkeit steigern kann, was die folgenden Aussagen andeuten:

Das sind Aussagen, die nahelegen, wie Menschen die Gefangenschaft im Käfig ihrer Gefühle erleben. Umgekehrt fühlen wir uns "emporgetragen", "entzückt", "beglückt" und "außer Rand und Band", "voll Energie zum Bäume-Ausreißen", wenn uns die "richtigen" Gefühle bewegen.

Wie oft erleben wir, daß ein Vorhaben durchaus konkrete Ziele aufweist, gut geplant ist und sich ohne erkennbare Ursache die emotionalen und sozialen Bedingungen so verändern, daß es dennoch scheitert. Umgekehrt gelingen trotz mangelhafter Zielsetzung und Planung oft Dinge, die eigentlich zum Scheitern verurteilt sind. Hier sind es meist emotionale Energien, die so stark auf den Menschen einwirken, daß alle Bedenken und Schwierigkeiten aus dem Weg geräumt werden.

Die Frage ist nun, wie man im Elternhaus, in der Schule, im täglichen Berufsleben, in Führungssituationen oder Führungstrainings, in der Mitarbeiterschulung und in vielen anderen Situationen einen nützlichen Umgang mit Gefühlen lernen und vor allem selbst die Wahl seiner Gefühle bestimmen kann. Ein möglicher Zugang bietet sich durch die spezielle Struktur der Emotionen.

Emotionen können als Syndrome, d.h. als Bündel verschiedener Komponenten, definiert werden. Zusammen bilden sie eine Struktur, die uns zu verstehen ermöglicht, warum wir uns so verhalten, wie wir es tun. Darüber hinaus ermöglicht uns die Kenntnis der Struktur einer Emotion einen Zugang dazu, sie zu erzeugen oder zu verändern. Wir wollen das einmal grundsätzlich an einem Beispiel verdeutlichen. Ein Schüler bereitet sich auf eine Schularbeit mit dem Gefühl der Hoffnung vor, daß es schon gut gehen werde. Hoffnung ist ein Gefühl, das zwei Möglichkeiten eröffnet, den Erfolg und den Mißerfolg. Ein Spieler, der beim Roulette setzt, tut gut daran, bei diesem Gefühl zu bleiben, eine erfolgreiche Schularbeit wird jedoch damit nicht vorbereitet. Da wäre etwa das Gefühl Zuversicht schon günstiger, denn es schließt den Mißerfolg dadurch aus, daß es die eigene Kontrolle betont, also auch mehr Anstrengungsbereitschaft fördert. In der Forschung läßt sich auch eindeutig belegen, daß erfolgsorientierte Schülerinnen und Schüler erfolgreicher sind als mißerfolgsorientierte. Ein anderes Gefühlspaar ist Frustration und Enttäuschung. Beide können auftreten, wenn man etwas nicht bekommt, das man gerne möchte. Frustration bedeutet, daß man das Gewünschte zwar noch nicht bekommen hat, es aber für möglich hält, das Erstrebte trotzdem zu bekommen. Die Folge ist, daß man weiter darum kämpft. Dagegen leitet Enttäuschung in die Passivität über. Man gibt das Ziel auf und bemüht sich deshalb auch nicht mehr. Welches sind nun die Strukturkomponenten, die hinter diesen Beispielen stehen? Oder mit einer Metapher aus dem Bereich der Musik ausgedrückt: Wie läßt sich der Klang eines einzelnen Instrumentes aus einem großen Orchester heraushören? Eine Mindestvoraussetzung ist, sich die einzelnen Instrumente einzeln mit ihren jeweiligen Klangmöglichkeiten vorstellen zu können. Je besser man die einzelnen Teile kennt und versteht, umso leichter wird es auch, im Orchester der Gefühle die Dirigentschaft zu einer Kunst des Umgangs mit Gefühlen auszuformen.

> **!**
>
> In der praktischen Arbeit haben sich die folgenden acht Strukturbestandteile für die Auseinandersetzung mit Emotionen als hilfreich und nützlich erwiesen:
> (1) Kriterium
> (2) Zeitrahmen
> (3) Modalität
> (4) Tempo
> (5) Vergleich
> (6) Intensität
> (7) Beteiligung
> (8) Ausschnitt

Darüber hinaus könnten natürlich noch weitere Komponenten verwendet werden, auf die wir hier aber nicht eingehen werden.

(1) Kriterium
Unter Kriterium versteht man zunächst den einzigartigen und einmaligen Kern eines Gefühls. Da geht es beispielsweise um ein Gespräch zwischen einer Schulleiterin und einem Lehrer. Die Leiterin kritisiert, daß der Kollege regelmäßig zu spät zum Unterricht kommt und deshalb schon eine Elternbeschwerde eingelangt sei. Nehmen wir an, der Kollege reagiert darauf mit dem Gefühl der Beschämung und der Schuld. Dahinter steckt das Kriterium: "Ich werde beurteilt, ich habe etwas falsch gemacht". Er begreift dies als etwas Unabänderliches, als wäre ab nun ein sichtbarer Makel an seiner Person. Seine entsprechende Reaktion könnte sein: "Die blöden Eltern sollen sich nicht einmischen", oder "Die Chefin will mir wieder einmal eins auswischen". Hat der Kollege emotionale Wahlfreiheit, dann wechselt er das Kriterium folgendermaßen: "Die Leiterin will mir helfen, mein Fehlverhalten zu korrigieren, sie unterstützt mich, daß mein Image vor Schülern und Eltern nicht verletzt wird". Das sich daraus ent-

wickelnde Gefühl könnte Erleichterung und Zuversicht sein und die Bereitschaft fördern, das Verhalten zu ändern, die Trübung der Beziehung zu beenden, und damit wäre auch eine angenehme Zusammenarbeit in der Zukunft in Aussicht gestellt.

Das einem Gefühl zugrunde liegende Kriterium kann erfüllt, nicht erfüllt, verletzt oder ausgedehnt werden. Wenn beispielsweise meine Erwartungshaltung einem Kollegen gegenüber zu hoch ist, dann ist das Gefühl der Enttäuschung schon vorprogrammiert. Ist diese Haltung aber gegenüber den bisherigen Erfahrungen angemessen, dann ist ein Gefühl der Bestätigung, also der Erfüllung von Erwartungen, wahrscheinlicher. Hat ein Mitarbeiter oder eine Mitarbeiterin die gültigen Standards schwerwiegend verletzt, dann sind Gefühle wie Ärger, Zorn oder Scham die Folge. Gefühle wie Amüsiert-Sein oder Fröhlich-Sein signalisieren, daß ein Kriterium nicht nur erfüllt wird, sondern sich erweitert bzw. ausdehnt.

Neben dem Kriterium spielt auch eine Rolle, um welche Kriterienbereiche es überhaupt geht, etwa um Personen, Informationen, Aktivitäten, Dinge usw. Bei einem Vortrag spielt es etwa eine große Rolle für die gefühlsmäßige Einstimmung, ob ich ihn vor meinen Freunden halte oder ob ich dasselbe Thema in einer hochoffiziellen Expertenkonferenz vorzutragen habe, bei der sich vielleicht sogar eine Reihe meiner gefährlichsten Rivalen befindet. Das Gefühl der Unsicherheit oder Unzulänglichkeit hängt in diesem Fall mit den Personen und nicht mit der Art der Information zusammen, die ich weitergebe.

(2) Zeitrahmen

Fast alle Gefühle lassen sich in einen bestimmten Zeitrahmen einordnen. Vergangenheit, Gegenwart oder Zukunft liefern den Testbereich für die Erfüllung der wesentlichen Kriterien. An einigen Beispielen soll dies erläutert werden. Nehmen wir das Gefühl einer freudigen Erwartungshaltung. Ein Besuch, der Schulinspektor, hat sich angekündigt. Die Erfüllung des Kriteriums, das Eintreffen einer erwarteten Person, ist eindeutig in der nahen oder ferneren Zukunft angelegt. In einem anderen Fall tritt das Gefühl des Bedauerns auf. Ein bestimmtes Verhalten oder ein Ergebnis ist nicht so gelungen, wie man sich das gewünscht hätte. Leider ist es aber zu spät. Das Kriterium hat sich in der Vergangenheit erfüllt. Es ist nicht möglich, etwas Zukünftiges oder Gegenwärtiges zu bedauern, ohne den Sachverhalt der dahingeschwundenen Chance zu akzeptieren. Schließlich das Gefühl der Rastlosigkeit. Es erfüllt sich in der Gegenwart, dehnt sich aus und bestimmt das Hier und Jetzt. Wenn man aus dem Zeitrahmen der Gegenwart heraus etwa die Aufmerksamkeit auf ein erbauliches Erlebnis der Vergangenheit richtet, dann verändert sich auch das Gefühl. Aus Rastlosigkeit wird beispielsweise Ruhe. Auf diese Weise kann jedes Gefühl, dessen wesentliche Komponente im Zeitrahmen liegt, durch Fokussierung auf einen anderen Zeitbereich verändert werden.

(3) Modalität

Die Modalität beschreibt den Bezugsrahmen von Gefühlen unter dem Aspekt der Notwendigkeit, der Möglichkeit, des Wünschens oder der Sicherheit. Nehmen wir als Beispiel das Gefühl Verantwortung. Es bildet sich primär aus der Erkenntnis, daß etwas getan werden muß, also aus der Modalität der Notwendigkeit. Die Frage nach den notwendigen Fähigkeiten tritt vor der Frage zurück, wie ich mit den mir zur Verfügung stehenden Mitteln ein Problem lösen kann. Verantwortung, die aus dem Bewußtsein der persönlichen Ressourcen, der eigenen Fähigkeiten und damit der gegebenen Möglichkeiten erwächst, ist nicht mehr so stark motiviert, wie die aus einer Notwendigkeit erwachsende. Es ist eine häufig zu beobachtende Erfahrung, daß Menschen, die viele Möglichkeiten haben, etwas Positives zu tun, diese Chancen oft nicht nützen, während andere, die sich sozial engagieren, dabei Fähigkeiten entwickeln, die ursprünglich gar nicht vorhanden waren. Sie sind unter dem Aspekt einer großen Aufgabe oder unter dem Druck einer Notwendigkeit gleichsam über sich selbst hinausgewachsen.

Weiters könnte sich ein Schulleiter oder eine Schulleiterin die Frage nach der Weiterentwicklung der eigenen Schule stellen. Die Verantwortlichkeit beginnt bei der Frage: "Muß überhaupt etwas geschehen und hat es Folgen, wenn nichts geschieht?" Als zweite Frage folgt: "Bin ich es, der (die) etwas tun muß, oder ist jemand anderer zuständig?" Die dritte Frage betrifft die eigenen Fähigkeiten: "Kann ich es tun, bin ich überhaupt fähig, diese Aufgabe zu übernehmen?" Wenn eine dieser Fragen nicht positiv beantwortet werden kann, schwindet das Verantwortungsgefühl oder es verringert sich zumindest. Es kann auch durch ein anderes Gefühl ersetzt werden. Ähnliche Fragen stellen sich auch die Mitarbeiter und Mitarbeiterinnen, und es liegt auf der Hand, daß ein Leiter, der sein Team motivieren und zur Mitverantwortlichkeit erziehen will, entsprechende Begründungen anbieten muß. Die Menschen möchten nicht nur sachlich, sondern auch emotional überzeugt werden.

Den Zugang zu den Gedanken, Wahrnehmungen und Gefühlen stellt die Sprache her. Die entsprechende Modalität wird durch bestimmte Worte wie in den folgenden Beispielen beschrieben.

Notwendigkeit:	Ich sollte eigentlich, ich muß, ich muß nicht usw.
Möglichkeit:	Ich kann, ich kann nicht, ich könnte, ich könnte nicht usw.
Wünsche:	Ich möchte, ich möchte nicht, ich hoffe, ich würde gerne usw.
Sicherheit:	Es ist, es ist nicht, ich will, ich will nicht usw.

In keinem Strukturbereich sind die Differenzierungen so stark von den Feinheiten der Sprache abhängig wie bei den Modalitäten. Daher kommt es gerade in diesem Bereich oft zu Mißverständnissen und daraus erwachsenden Mißgestimmtheiten.

(4) Tempo

Die meisten Menschen haben schon einmal die Wechselwirkung zwischen Musik und bestimmten Gefühlszuständen an sich selbst erfahren. Wenn wir Musik hören, passen wir unser Erleben automatisch dem Tempomuster der Musik an. Umgekehrt wählen wir gerne Musik, die zu unserer Stimmung paßt. Jedem Gefühl entspricht ein bestimmtes Tempomuster und ein bestimmter Rhythmus. So sind etwa Ungeduld, Panik oder Erregung von einem hohen Tempo und von einem unregelmäßigen Rhythmus bestimmt. Geduld, Zufriedenheit, Ruhe oder Gelassenheit entsprechen mehr einem langsamen Tempo und einem gleichmäßigen Rhythmus. Eine moderierende Leiterin gerät beispielsweise während einer langatmigen Diskussion im Rahmen einer Mitarbeiterbesprechung immer mehr in Ungeduld und Nervosität. Wenn sie das Tempo ihrer Emotion bewußt verlangsamt, wird sie merken, wie sich ihr Gefühl ändert. Aus der ursprünglichen Ungeduld wird interessiertes Zuhören und geduldiges Herausarbeiten der wesentlichen Aussagen. Die subjektive Qualität des Erlebens drückt sich wesentlich im Tempomuster und im Rhythmus aus. Schon kleine Veränderungen können eine neue Dimension des Erlebens bewirken.

(5) Vergleich

Vergleichen bezieht sich auf den Grad der Übereinstimmung oder Nichtübereinstimmung von Gegebenheiten. So signalisiert das Gefühl der Zufriedenheit, daß etwas Erwartetes eingetreten ist, daß etwas zutrifft, daß Übereinstimmung herrscht. Enttäuschung ist ein Gefühl, das entsteht, wenn ein erwartetes Ereignis nicht eingetreten ist. Nichtübereinstimmung klären oder "Nichtzutreffendes durchstreichen" hat zwar vom Effekt das gleiche Ergebnis wie Übereinstimmung bestätigen oder "Zutreffendes ankreuzen", in den begleitenden Emotionen ist jedoch ein Unterschied. Die bekannte Metapher, in der zwei Biertrinker darüber sinnieren, ob der Krug halbvoll oder halbleer ist, weist auf ein Dilemma hin, in dem sich auch die Schule befindet, wenn sie einmal argumentiert, die Schwächen der Schüler müßten bekämpft werden, und ein andermal ihre Stärken auszubauen trachtet. Das Gefühl der Ermutigung wirkt im Sinne einer relativen Skala; es kann von ganz wenig bis sehr viel ansteigen.

Inadäquate Gefühle werden häufig durch den Vergleich der eigenen Fähigkeiten, Leistungen und Begabungen mit denen anderer ausgelöst. Praktisch wird folgendes bewirkt: Fällt der Vergleich zum eigenen Vorteil aus, stellt sich ein

Gefühl des Stolzes oder der Überheblichkeit bis zur Präpotenz. Fällt aber der Vergleich zum eigenen Nachteil aus, dann führt dies meist zu Minderwertigkeits- und Unzulänglichkeitsgefühlen, Neid oder Enttäuschung. Aus dieser Sicht bewirken die vermeintlich zur Lernmotivation geeigneten Wettbewerbssituationen vor allem in den unteren Jahrgangsklassen wegen der emotionalen Nebenwirkungen langfristig das Gegenteil. Wenn etwa das Erkennen oder Lernen von Unterschieden ein Lernziel darstellt, läßt sich das auch erreichen, ohne daß dabei negative Gefühle erzeugt werden müssen. Bei entsprechenden Untersuchungen über selbstbezogene und selbstbewertende Emotionen im Leistungshandeln von Kindern konnten sogenannte Sieger- und Verliererhaltungen schon in einem sehr frühen Alter bestätigt werden (vgl. Geppert und Heckhausen 1990).

(6) Intensität
Unter Intensität verstehen wir den Grad der emotionalen Stärke, mit der ein Gefühl auftritt. Intensität wird als ein Kontinuum erlebt, das von sehr geringer über mäßige bis zu sehr hoher Intensität reichen kann.

Nehmen wir das Beispiel eines Lehrers, der sich durch das Verhalten von Schülern gestört fühlt. Zunächst erträgt er die Störung geduldig. Wenn aber Ermahnungen nichts fruchten, steigt sein Puls, sein Gefühl wechselt zu einem zunehmenden Ärger. Dann fehlen vielleicht nur noch einige Provokationen, und die steigende Intensität des Gefühls läßt es zu Zorn und Wut weiterentwickeln. Ein Punkt wird erreicht, wo dann die später nicht mehr erklärbaren und bedauerten Affekthandlungen ihre Ursachen haben. Solche zunehmende Intensität drückt sich in Gefühlsketten aus. Beispiele dafür sind:

gestört – verärgert – wütend – haßerfüllt

besorgt – beunruhigt – verzweifelt – hysterisch

gleichgültig – interessiert – neugierig – gefesselt – besessen

Es kann auch der umgekehrte Vorgang eintreten, daß sich die Intensität verringert. Das ist jedoch selten und schwieriger zu erreichen. Es ist wie beim Würzen von Speisen. Hat man einmal zuviel Würze erwischt, dann läßt sich das nur mehr schwer rückgängig machen.

Der Vorgang, wie man solche Gefühlsketten steuern kann, liegt in der bewußten Veränderung von sinnlichen Vorstellungen. Ein Schulleiter erzählt beispielsweise in einer Coaching-Situation[1], daß er sich so aufregt, weil während der von ihm geleiteten Konferenz die meisten Kolleginnen und Kollegen Schul-

---

1   Unter Coaching versteht man die Betreuung einer Sportmannschaft. Heute wird der Begriff auch für die Beratung von Führungspersonen durch professionelle Berater angewendet (vgl. Eck 1990, Beuse/Temme 1991). Seit der 1. Auflage hat sich dieses Thema stark ausgeweitet; vgl. etwa Buchner 1993, Czichos 1995, Schreyögg 1995, Whitmore 1995.

hefte verbessern. Er hätte schon einmal gebeten, das nicht zu tun, aber es nütze nichts. Während er das erzählt, merkt man seine hochkommenden Gefühle des Ärgers und der Hilflosigkeit. Die folgende Anregung war, er solle sich vorstellen, daß er Chef eines intensiv fleißigen Lehrerteams sei, das jede Minute für schulische Arbeit nütze. Immer dann, wenn seine Lehrer nicht voll gefordert seien, dann suchten sie sich selbst eine Arbeit, sogar während der Konferenz. Diese Vorstellung nötigte ihm zunächst ein Lächeln ab ("Der hat ja keine Ahnung!"), aber das Bild, das er von seiner Konferenz hatte, hellte sich auf, wurde freundlicher, und er kam mit der spontanen Idee, daß man so ein Team eigentlich nicht durch Vorlesen langweiliger Erlässe von seinem Arbeitseifer abhalten dürfe. Aus dieser Einsicht entstand dann das Thema "Wie kann ich in Kooperation mit meinem Team die "Belehrungs"-Konferenz zu einer Arbeitskonferenz weiterentwickeln?" Dieses Beispiel zeigt sehr treffend, wie Gefühlsarbeit durchaus in konkrete Handlungsanregungen übergehen kann.

(7) Beteiligung
Beteiligung betrifft den Grad der persönlichen Kontrolle, der in einem Gefühl vorhanden ist. Auch hier können wir ein Kontinuum von stark aktiv bis extrem passiv erkennen. Außerdem wird durch dieses Strukturelement die Richtung bestimmt, in der die Zielerreichung konzipiert ist. Einmal streben wir danach, von einem unangenehmen Zustand wegzukommen: "Ich möchte, daß diese Unpünktlichkeit an meiner Schule aufhört." "Wie kann ich dieses Durcheinanderreden in den Beprechungen abstellen?" In diesen Formulierungen lassen sich "Weg-von-etwas"-Indikatoren erkennen[2]. Eine andere Struktur ergeben Zielformulierungen wie: "Ich möchte eine Teamorganisation an meiner Schule aufbauen", "Ich werde um einen Erweiterungsbau für meine Schule ansuchen" usw. Hier geht es um ein "Hin-zu-etwas". Der Grad der Beteiligung kann in beiden Formulierungen hoch sein. Die Chancen, positive Ergebnisse zu erreichen, liegen jedoch höher, wenn der erstrebte Zustand positiv formuliert und wohlgeformt ist[3].

Es ist ein interessantes Phänomen, daß die Sprachstruktur bereits Auskunft über die Art der Zielorientierung gibt. In einem Kurs formulierten Schulleiter ihre Projektziele in folgender Weise: "Ich wünsche mir mehr finanzielle Mittel." "An unserer Schule müßte man die Hälfte der Lehrer austauschen, weil sie demotiviert sind." "Die Obrigkeit müßte sich etwas einfallen lassen." usw.

---

2   Im Neurolinguistischen Programmieren (NLP) bezeichnet man diese Denkweise als Metaprogramme zur Zielerreichung. "Hin-zu-etwas" und "Weg-von-etwas" sind zwei gegensätzliche Metaprogramme, die vor allem in der Kombination sehr motivierend sein können (vgl. Grinder/Bandler 1989).
3   Im Kapitel 4 folgt ein Abschnitt über Zielarbeit, in dem der Begriff der Wohlgeformtheit ausführlicher dargestellt wird.

22

Es ist deutlich ersichtlich, wie in diesen Beispielen geringe persönliche Beteiligung im Vordergrund steht. Der Glaube, daß sie selbst nichts machen könnten, trägt bereits zur Passivität und zum Abschieben von Verantwortung bei. Solche Erfahrungen der Passivität sind verbunden mit Gefühlen wie Abwarten, Hoffnung, Gleichgültigkeit, Zufriedenheit, Einsamkeit, Apathie u.a. Bei diesen Gefühlen besteht kein Bedürfnis, etwas tun oder verändern zu müssen.

Betrachten wir im Gegensatz dazu folgende Beispiele aus demselben Kurs: "Ich werde an meiner Schule einen Sprachkurs für Ausländerkinder einrichten." "Ich werde eine Planungsgruppe zur Organisation einer schulzentrierten Fortbildungsplanung einrichten." usw. Wenn man diese Aussagen auf die dahinterliegenden Emotionen prüft, dann kommt ein hoher Grad an innerer Beteiligung heraus. Diese Schulleiter wissen, was sie wollen. Das Gefühl, daß das, was sie vorhaben, nicht nur möglich, sondern auch realisierbar ist, beflügelt sie, sich dafür auch einzusetzen.

Die Kombination von Passivität mit dem Programm "Weg-von-etwas" erzeugt Gefühle wie Langeweile und Selbstmitleid. Passivität und "Hin-zu-etwas"-Orientierung erzeugt Gefühle wie Hoffnung oder Geduld. Zweckgerichtetes Beteiligtsein drückt sich als Gefühl der Aktivität aus. Gefühle der Entschlossenheit, des Interesses, des Ehrgeizes, des Mutes, der Zuneigung, der Frustration usw. vereinigen sowohl die Richtung "Hin-zu-etwas" als auch die innere Aktivität, etwas tun zu können und zu müssen.

(8) Ausschnitt

Mit Ausschnitt *(Chunk)* beschreiben wir den Bereich unserer Wahrnehmung, der in einer bestimmten Situation bewußt erfaßt wird. Er wird wesentlich durch die Art der Fokussierung unserer Aufmerksamkeit bestimmt. Größere Ausschnitte vermitteln uns mehr Überblick, kleinere Ausschnitte bieten uns die Möglichkeit, Ziele dadurch realisierbar zu machen, daß die eigene Einschätzung der benötigten Fähigkeiten Schritt für Schritt überprüft werden kann.

Beispiele für emotionale Zustände mit großen Ausschnitten sind Toleranz, Zuversicht, Staunen, Überwältigtsein und Ehrfurcht, aber auch Gefühle wie Entmutigung und Verzweiflung. Kleine Ausschnitte werden vorausgesetzt bei Gefühlen wie Neugier, Faszination, Irritation, Ablehnung usw.

Die praktische Anwendung dieser Strukturkomponente kann auch wieder am Thema Schulentwicklung demonstriert werden. Die Leiter, die an ihren Schulentwicklungsprojekten arbeiten, gehen durch eine Reihe von Emotionen, bei denen die Größe des Wahrnehmungsausschnittes eine wesentliche Rolle spielt. So geht etwa die Leiterin, die eine Planungsgruppe zur Organisation eines schuleigenen Fortbildungskonzeptes einrichtet, von dem Gefühl hohen Selbstvertrauens in die Entwicklungsfähigkeit ihrer Schule aus. Ein großer Ausschnitt, der ihr Zuversicht und Stärke gibt. Um ihr Ziel realisieren zu können, muß sie aber in die Detailarbeit gehen. Ihre Wahrnehmung war zuerst wie die Betrachtungsweise aus der Perspektive einer Raumfähre auf die großen Zusammenhänge gerichtet. Aus großer Entfernung sieht alles ganz einfach und problemlos aus - die grenzenlose Freiheit über den Wolken! Wenn sie aber näher kommt, die vielen Details wahrnimmt und die vielen Probleme erkennt, die sie vielleicht aus der Entfernung nicht gesehen hat, dann wechselt auch das Gefühl. In unserem Fall sind es beispielsweise einige Lehrer, die kein Interesse an Fortbildung haben, die sich eher gestört fühlen, wenn etwas geschieht. Die Leiterin erkennt durch den Übergang auf die kleineren Wahrnehmungsausschnitte viel genauer die Notwendigkeit, mit flexiblen Strategien an die Sache heranzugehen, und sie wird kreativer bei der Problembearbeitung. Eine bestimmte Ausschnittgröße im Gefühlsbereich ist nur im Hinblick auf die jeweilige Situation und auf die beteiligten Personen als hilfreich oder weniger nützlich einzuschätzen. Ganz sicher kann man aber durch Experimentieren (Ausschnitt vergrößern - Ausschnitt verkleinern) rasch herausfinden, wie man mit mehr Aussicht auf Erfolg an eine Sache herangehen kann.

Persönliches Erleben und eigene Erfahrungen

Um mit diesen zunächst abstrakten Strukturmerkmalen der Emotionen umgehen zu können, muß man lernen, über persönliches Erleben und eigene Erfahrungen in die mystisch-mentale Seite der Emotionen durch einen Wechsel von Assoziation, Dissoziation und Transformation einzudringen. So kann jemand das Wort "Einsamkeit" ohne irgendwelche Empfindungen aussprechen. Bei einem anderen Menschen löst schon der Gedanke daran tiefe Betroffenheit aus. Die Emotion zu lernen, heißt, in das Gefühl mit all seinen Höhen und Tiefen erlebend hineinzugehen, sich hineinzuversetzen und dabei die Wirkung in der eigenen Gefühlswelt wahrzunehmen. Dabei sind Assoziationen mit früheren Erfahrungen hilfreich. Wir erleben nochmals die Möglichkeiten oder Einschränkungen, die jede Emotion bewirkt. Wenn es um eine reale Hier-und-jetzt-Situation geht, dann sind wir als Betroffene oft nicht in der Lage, das Beste daraus zu machen. Wir fühlen uns blockiert oder aber grenzenlos unvorsichtig. Dabei verletzen oder erschrecken wir unsere Mitmenschen sowohl durch einen Mangel als auch durch ein Zuviel an Gefühlen. Umso wichtiger ist es, den Umgang mit Gefühlen in einem geschützten Bereich zu üben, wo ich Gefühle jederzeit erzeugen kann, wo ich aber auch jederzeit wieder herausgehen kann. Damit schaffe ich mir Experimentier- und Handlungsmöglichkeiten für den "Ernstfall".

Einen wichtigen Aspekt sollten wir nicht übersehen, den Zusammenhang zwischen Emotion und Motion. Körperhaltung und Körperbewegungen sind "Anker" und Auslöser für Gefühle. Wenn wir beispielsweise jemanden beobachten, der sich depressiv fühlt, so nimmt er eine ganz bestimmte Körperhaltung ein und macht auch bestimmte Gesten und Bewegungen. Vergleichen Sie dagegen eine Person, die etwa Liebe empfindet. Die ganze Haltung, der ganze Mensch ist "von Kopf bis Fuß auf Liebe eingestellt". Die Handlungsmöglichkeiten, die sich aus den unterschiedlichen Gefühlszuständen *(States)* ergeben, sind verschieden, sie bestimmen unser Verhalten und unser Leistungsvermögen. Wie können wir nun Körper und Physiologie einsetzen, um Gefühlszustände zu ändern oder einfach damit zu experimentieren?

- Die Art und Weise, wie ich meinen Körper bewege, verändern: z.B. schneller - langsamer, kraftvoller - schwächlich, angespannt - entspannt u.v.a. (Statik, Motorik, Gestik).
- Das Atmen verändern: schneller - langsamer, tiefer - flacher, Bauchatmung - Brustatmung u.v.a.
- Die Stimme verändern (Artikulation, Modulation).
- Den Gesichtsausdruck verändern (Mimik).

Diese Möglichkeit, die "Emotion" durch "Motion" zu beeinflussen, ist eine machtvolle und schnelle Art, den eigenen Gefühlszustand in Ergänzung zur mental-intellektuellen Arbeit zu kontrollieren *(State-Management)*. Dies läßt sich beispielsweise mit den folgenden Übungen ausprobieren:

- Nehmen Sie eine Körperhaltung ein, die eine völlige Demotivation ausdrückt. Begleiten Sie diesen Zustand durch entsprechende Bewegungen, Atmung und Mimik. Sprechen Sie in extrem gelangweilter Art über etwas, was Sie normalerweise inspiriert.
- Jetzt verändern Sie Ihren Gefühlszustand! Versetzen Sie sich in Begeisterung! Bringen Sie Ihre volle Energie in Ihren Körper, in Ihre Stimme und in Ihr ganzes Handeln! Reden Sie mit voller Überzeugung!
- Nun finden Sie die genauen Unterschiede in Haltung, Bewegung, Atem, Stimme, Gesichtsausdruck usw. heraus und notieren Sie sie.

Jeder Mensch ist aufgrund seiner spezifischen Sozialisation auf seine eigene, einzigartige Weise im Gefühlsbereich konditioniert. Mit der oben gezeigten Methode läßt sich rasch herausfinden, wie man sich in einen bestimmten Gefühlszustand versetzen kann.

Bei der Arbeit mit Emotionen kann zwischen drei Schlüsselfähigkeiten unterschieden werden: Plazieren, Transformieren und Ausdrücken. Wir wollen sie im Hinblick auf die Arbeit an der Schule im folgenden näher erläutern.

(1) Plazieren:

Unsere schulischen Ziele, aber auch die Arbeits- und Lebensziele sind meist rational, kontrolliert und logisch angelegt. Gefühle sind nicht eingeplant. Und trotzdem hängt das Erreichen von Zielen vielfach von den begleitenden Emotionen ab. Hier ist es sehr hilfreich, die *"stimmigen"* Emotionen zu jedem Ziel zu erzeugen und sie in den Dienst der Zielerreichung zu stellen bzw. ihr unterzuordnen. Ein Schüler, der einen Schulabschluß vor Augen hat, wird beispielsweise erfolgreicher sein, wenn er mit "Erfolgserwartung" in die Abschlußprüfungen einsteigt. Das klingt zwar trivial, in unserer Praxis zeigt es sich aber, daß es gar nicht so leicht ist, sich in die jeweilige, geplante Gefühlswelt hineinzubegeben und sie für die entsprechenden Aktivitäten tragfähig zu machen. Ein Leiter, der bei einer Konferenz seine Absichten zur Schulentwicklung klarlegen will, ist ebenfalls gut beraten, sich in angemessene und unterstützende Emotionen zu begeben. Erstaunlich ist oft die Hilflosigkeit, mit der manche Lehrer bei Verhaltensstörungen oder Aggressionen durch Schüler reagieren. Hier wäre es ein leichtes, angemessenere Gefühlszustände als Grundlage für überzeugendes Handeln herzustellen. Das Plazieren angemessener und nützlicher Gefühlszustände in einem von den eigenen Zielen bestimmten Kontext ist eine Fähigkeit, die eine erfolgreiche Persönlichkeit auszeichnet.

(2) Transformieren:

Oft sind Gefühle bereits plaziert, aber sie erweisen sich als wenig hilfreich, als hemmend oder machen das Erreichen von Zielen gar unmöglich. Die Frage heißt dann: "Wie kann ich unangemessene Gefühle so umwandeln, daß sie nützliche Verhaltensweisen unterstützen?" Eine Leiterin eröffnet beispielsweise ein Kritikgespräch mit dem Gefühl von Enttäuschung, weil es ihr gerade vorher bei einem anderen Kollegen nicht gelungen ist, Einsicht und Korrektur eines Fehlverhaltens zu bewirken. Enttäuschung ist ein Gefühl, das in die Vergangenheit orientiert und deshalb schwer zu bearbeiten ist; daher kann es die folgende Gesprächssituation blockieren. Wenn die Leiterin imstande wäre, Enttäuschung in Frust über den Mißerfolg und weiter in Akzeptanz umzuwandeln, dann wäre sie in die Gegenwart orientiert und könnte neue Kraft schöpfen aus der Einsicht, daß nicht jedes Konfliktgespräch erfolgreich sein muß.

Eine vielen Menschen bekannte Erfahrung ist, daß jemand viele Dinge erledigen möchte, aber einfach nicht in der richtigen Stimmung ist. Da nützen weder gute Vorsätze noch Mehrfacheintragungen im Planungsbuch, der stimmungsmäßige Oberwind setzt sich durch. Wenn aber beispielsweise Lethargie in Neugier oder Interesse umgewandelt wird, dann erfolgt eine neue Motivation zur Erledigung der anstehenden Aufgaben. Ein weiteres Beispiel betrifft eine Führungskraft, die mit "Es wird schon hoffentlich gut gehen!" in eine schwierige Verhandlung eintritt. Die Emotion Hoffnung ist berechtigt, wenn man am Roulette-Tisch sein Geld riskiert. Die Wahrscheinlichkeit zu verlieren ist bekanntlich größer als die zu gewinnen. Die Verhandlungssituation ist aber keine Zufallssituation. Es hängt von der Initiative ab, ob jemand erfolgreich ist, oder den kürzeren zieht. Es ist deshalb nützlicher, Hoffnung in Erwartung und weiter in Zuversicht zu transformieren, und die Verhandlung wird einen anderen Verlauf nehmen.

Erst wenn die wesentlichen Komponenten einer Emotion herausgefunden wurden, ist es möglich, durch Verändern der relevanten Teile das Gefühl in ein neues zu transformieren. Die Veränderung ist kein simpler Taschenspieler-Trick, in dem durch Zauberei eine Emotion durch eine andere ersetzt wird, sondern ein Hinüberwechseln von einer Erlebnisstruktur in eine andere.

(3) Ausdrücken:

Der adäquate und situationsgerechte Ausdruck von Gefühlen scheint besonders in der Schule ein Tabu-Thema zu sein. Eine Kultur, die Gefühle als Schwäche diskriminiert, in der die Kinder lernen, ihre Gefühle zu verbergen, statt sie auszudrücken, wird auch im Erwachsenen-Verhalten keine Erfahrungen für einen treffenden Ausdruck von Gefühlen anzubieten haben. Eine Lehrperson, die beispielsweise eine Prüfung durchführt und zustimmende oder ablehnende Gefühle äußert, wird bald kein objektives Bild mehr vor sich haben, sondern eher eine Karikatur ihrer eigenen Vorstellungen. Wenn sie aber dem Gesprächspartner deutlich Neugier und Interesse zu vermitteln vermag, wird sich dieser bemühen, sich auf die beste Weise darzustellen, ohne in Prüfungsängste zu verfallen.

In einem anderen Fall gibt eine verärgerte Führungskraft einem Mitarbeiter ihren Unwillen über eine mangelhaft geleistete Arbeit kund: "Sie haben wohl in ihrer Ausbildung überhaupt nichts gelernt. Ihr Unterricht ist miserabel. Jetzt steht sogar die Elternvertretung bei mir und beschwert sich!" In dieser Formulierung steckt nicht nur ein massiver Vorwurf, sondern auch eine moralische Abwertung, die sicherlich keinen Beitrag zur Verbesserung der Motivation des Mitarbeiters leistet. Anders würde die Wirkung schon sein, wenn man den Mitarbeiter an der Verärgerung teilhaben ließe und er damit seinen eigenen Ärger über das Mißgeschick mit einbringen könnte. Das hat eine befreiende Wirkung und bietet für beide die Möglichkeit, zu einer positiven Sicht des Problems zu finden.

Wer auf ein Fehlverhalten mit dem Schlechtmachen des anderen reagiert, zerstört die Beziehung. Das beginnt bei vielen Menschen zum Teil schon in der elterlichen Kleinkinderziehung und setzt sich oft in Schule und Betrieb fort. Der nichtadäquate Ausdruck von Ärger über die Nichterfüllung einer Erwartung ist vielfach mitverantwortlich für das, was man global als negatives Betriebsklima bezeichnet. Umgekehrt ist der Ausdruck von Gefühlen der Zustimmung, der Anerkennung und der Wertschätzung beinahe ein Allheilmittel in der Menschenführung.

In einem weiteren Fall drückt ein Leiter seinen Standpunkt so aus: "Wenn ich nichts sage, dann ist das Lob genug!" Man kann vermuten, daß in seiner Welt Anerkennung als Eingeständnis von Schwäche verstanden wird. Sprüche wie "Der Starke ist sich selbst genug!" lassen eher auf mangelnde Selbstsicherheit schließen als auf wirkliche Souveränität. An Schulen, in denen die emotionale Distanz groß und die Kommunikation und Kooperation gering ist, herrscht permanentes Mißverstehen und wenig spontane Selbstorganisation, dafür aber ein hohes Konflikt- und Vermeidungspotential, wenn es um Innovationen geht. Die Fragen, die von den Mitarbeitern gestellt werden, sind dann auch frustrierend: "Muß das sein?" "Warum sollen wir schon wieder ...?" "Können nicht zuerst die anderen ...?" "Wieso geht es nicht so wie bisher?" "Was bringt uns das?" usw.

Es läßt sich daraus ableiten, daß die zwischenmenschliche Kommunikation eine höhere ethische Ebene erreicht und damit eine höhere wechselseitige Lebensqualität ermöglicht wird, wenn Emotionen situationsgerecht und kontrolliert, d.h. selbstgewählt zum Ausdruck gebracht werden. Das bedeutet für das tägliche Zusammenleben und Zusammenarbeiten, daß nicht nur darauf geachtet wird, daß es einem selbst gut geht, sondern auch allen anderen am Kommunikations- und Kooperationsprozeß Beteiligten. Die souveräne Beherrschung der drei Schlüsselfähigkeiten Plazieren, Transformieren und Ausdrücken von Gefühlen kann auf diese Weise eine neue Qualität des Zusammenlebens eröffnen. "Je mehr positive Emotionen und je größer der Signal-Austausch zwischen Menschen, umso mehr Ziel- und Handlungskohärenz in Teams, Firmen und Gruppen." (Gerken 1991, 116)

Man kann diesen energetischen Austausch bei Menschen beobachten, die sich gut verstehen. Ihnen ist auch das Nicht-Gesagte klar, und viele Handlungen sind ihnen "selbstverständlich", ohne daß darüber lange Verhandlungen geführt werden müssen.

Gefühle - ein diagnostischer Zugang zum Selbst

Die bisherigen Überlegungen lassen die Erwartung zu, daß wir einen bewußten Umgang mit Gefühlen lernen und damit unser zwischenmenschliches Leben bereichern können. Für das eigene Selbst, für die eigene Innenwelt, bieten Gefühle möglicherweise einen offenen Zugang, eine Tür zur Persönlichkeit. Damit wird die Frage nach einem diagnostischen Zugang auf dem Weg über die Emotionen aufgeworfen. In den letzten Jahren ist dazu in Kalifornien ein Verfahren entwickelt worden, bei dem aus der Gefühlsstruktur einer Person eine Art Lebens-Landkarte herausgefiltert wird (vgl. Cameron-Bandler / Singleton 1991).

Demnach ist die innere Welt einer Person voll von Erinnerungen und fortlaufenden Transaktionen. Der bewußte Zugriff zu diesen inneren Welten ist oft verschlossen, vor allem dann, wenn die Person in selbstzerstörerischen Denk- und Verhaltensmustern gefangen ist. Auffallend für diesen Zustand ist vor allem die emotionale Hilflosigkeit, die sich in ihren extrem manifestierten Formen als Verzweiflung, Haß, Depression u.a. ausdrückt.

So liegt der Schluß nahe, daß die Emotionen, in denen eine Person gewohnheitsmäßig lebt, einen Zugang zu den Wurzeln des inneren Selbst ermöglichen. Und tatsächlich ergaben die auf dieser Annahme beruhenden Erfahrungen, daß der zentrale Kern einer Persönlichkeit durch drei Bereiche faßbar und damit bearbeitbar wird:

- Die primären inneren Bedürfnisse und Zwänge,
- den perzeptionellen Schwerpunkt, unter dem die Welt betrachtet wird und
- steuernde Selbstinstruktionen und Glaubenssätze, die den Lebensbereich eingrenzen.

Wir wollen diese Bereiche im folgenden genauer erläutern.

Primäre Bedürfnisse und Zwänge
Obwohl sich primäre Bedürfnisse und Zwänge oft außerhalb unserer bewußten Wahrnehmung befinden, verdanken wir ihrer Erfüllung eine fundamentale, motivierende Kraft im Leben. Wir werden getrieben durch einen unstillbaren Hunger nach Erfahrungen wie Anerkennung, Freiheit, Macht oder Sicherheit. Wenn diese Grundbedürfnisse nicht erfüllt werden, dann fühlen wir das ähnlich wie den Mangel an Nahrung, der als schmerzähnliche Erfahrung des Hungers erlebt wird. Es besteht jedoch ein Unterschied zwischen Mangel an Nahrung und Mangel an der Erfüllung seelischer Grundbedürnisse in der Wirkung bei der Befriedigung. Essen bringt dem Hungrigen Erleichterung, die Erfül-

lung primärer seelischer Bedürfnisse bringt jedoch eine ungleich tiefgreifende-re Wirkung von Glück und höherer Lebensqualität.

Perzeptionelle Hinwendung
Die primären Zwänge, die jeden von uns treiben, lassen unsere Wahrneh-mung auf bestimmte Aspekte des Lebens fokussieren. Jede wahrneh-mungsmäßige Hinwendung bedeutet eine Festlegung, woran wir uns orien-tieren. Sie ist weitgehend von den Erfahrungen beeinflußt, die wir im Laufe unseres Lebens gesammelt haben. Unsere Gewichtungen determinieren, wo-rauf wir gezwungenermaßen reagieren. Wenn jemand beispielsweise geliebt werden möchte und ein primäres Bedürfnis hat, alle Erfahrungen seines Lebens nach Unterschieden zu sortieren, dann wird diese Neigung die Person zwin-gen, die Bedürfnisse und Wünsche von anderen zu beachten und darauf ein-zugehen, um geliebt zu werden. Wenn jedoch die primären Zwänge die Not-wendigkeit eines hohen Selbstwertgefühls einschließen, um Sicherheit für die Beziehung zu haben, dann wird die perzeptionelle Neigung die Person zwin-gen, das Selbst ständig mit anderen zu vergleichen und Wert- oder Unwert-gefühle daraus ableiten - eine unsichere Position, die von Zweifeln und nega-tiven Gefühlen begleitet sein wird.

Die Frage nach dem Wesentlichen einer Person
Im tiefen Wesen einer Person gibt es eine Reihe von Glaubenssätzen *(Core Beliefs)*, die das Verhalten bestimmen. Das Zusammenfassen aller wesentlichen Glau-benssätze und wirksamen, bewußten und unbewußten Selbstinstruktionen in einer repräsentativen Frage oder in einem Statement ist eine effektive Form, um sie auszudrücken. Die Erfahrung zeigt, daß die Formulierung aller wesent-lichen Glaubenssätze einer Person sowohl für sie selbst, als auch für einen Berater eine überwältigende und schier unlösbare Aufgabe darstellt. Aber in Form einer umfassenden Kernfrage oder in einem generalisierenden Statement lassen sich die multiplen Kern-Glaubenssätze und die einzigartigen Muster jedes Individuums leichter darstellen.

Hierzu ein einfaches Beispiel für eine solche umfassende Frage: "Wie kann ich das meiste aus meinem Leben herausholen?" Diese Frage zwingt die Per-son, die in der Aufgabe versteckten Möglichkeiten herauszufinden, und beflü-gelt die Vorstellung, diese Möglichkeiten zu optimieren. Wenn sie jedoch die Frage stellt: "Weiß ich den richtigen Weg, um die Aufgabe zu lösen?" und die Antwort nicht ja ist, dann wird sie ihre Fähigkeiten hinterfragen in der Sorge, vielleicht die Dinge nicht richtig zu machen, und sich gehemmt und unsicher fühlen. Das sind die natürlichen Reaktionen auf eine Frage, die den Glaubens-satz einschließt, daß es überhaupt einen richtigen Weg gäbe, Dinge zu tun, und daß eine gegebene Aufgabe nicht getan werden kann oder nicht getan werden sollte, wenn der richtige Lösungsweg nicht bekannt ist.

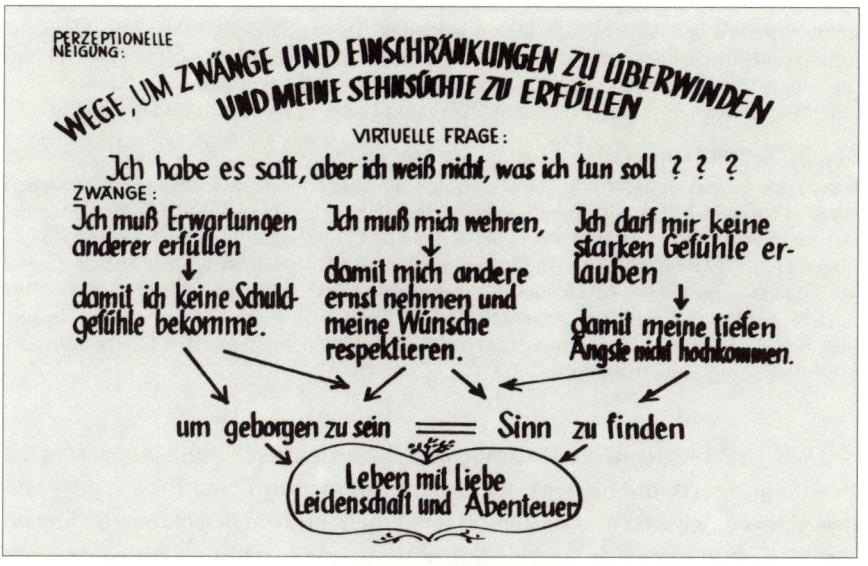

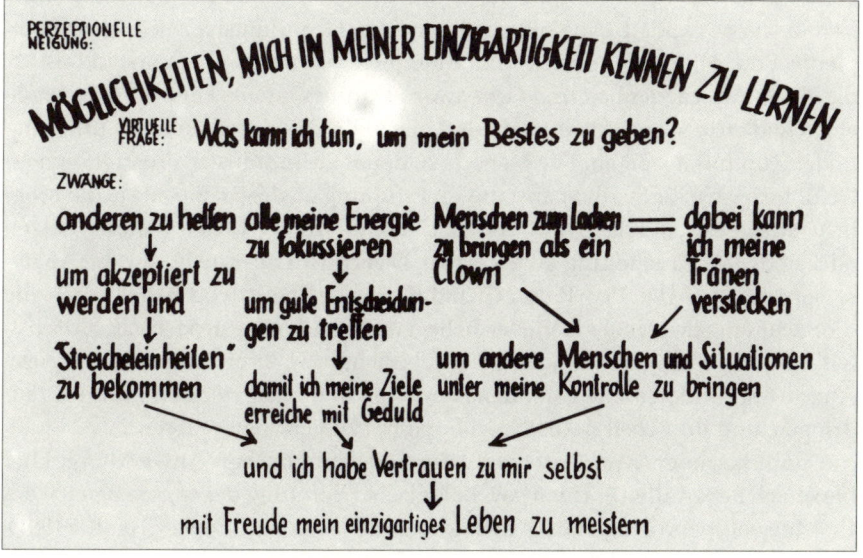

Beispiele zur "Imperative Self-Analysis" (Erläuterung siehe nächste Seite)

"Christine"[4] (36 Jahre)

Christine war zum Zeitpunkt ihrer IS-Analyse in einer schweren Krise. Sie hatte abzurechnen mit ihrer Vergangenheit, mit einer unbefriedigenden Beziehung und suchte Wege für eine Neuorientierung ihres Lebens. Die vorherrschenden Gefühle: Schuld, verlassen sein, mißbraucht werden, Unfähigkeit, Unzufriedenheit, Trotz und Zorn, Sehnsucht. Als es ihr gelang, eine nützlichere virtuelle Frage zu stellen und damit aus der Abwehr herauszukommen, legte sie eine neue Spur über starke Gefühle, die sie sich erlaubte, nachdem sie ihre alten Ängste bearbeitet hatte, zu einem "Leben mit Liebe, Leidenschaft und Abenteuer".

"Wolfgang" (35 Jahre)

Seine vorherrschenden Gefühle: Selbstvertrauen, energiegeladen, sich um andere Menschen sorgend, zuversichtlich, sprunghaft-ungeduldig, selbstsicher, lustig-kindisch. Wolfgang hat sich aus einer abhängigen und wenig befriedigenden Berufssituation durch eiserne Konsequenz befreit (Arbeitermatura und nebenberufliches Universitätsstudium) und hat seine eigene Firma gegründet. Aus seiner IS-Analyse kann man erkennen, daß er an sich selbst höchste Forderungen stellt und daß dabei einige humane Aspekte auf der Strecke bleiben. Sein weiteres Ziel wird sein, mehr Gelassenheit zu entwickeln, um den Druck auf seine Lebenssituation zu verringern.

Diese drei Elemente der Persönlichkeit, die primären Zwänge (wonach eine Person hungert), die perzeptionelle Neigung (worauf eine Person gezwungenermaßen reagiert) und die Grundannahmen über die Beziehung der Person zur Welt, sind immer daran beteiligt, andauernde Erfahrungen für jeden von uns zu schaffen. Die Interaktion dieser drei Elemente bestimmt, wer eine Person ist und wie sie handelt. Die Konfiguration dieser Grundmuster zeichnet ein komplettes Bild der Persönlichkeit und ermöglicht ein profundes Verständnis für die eigene Vergangenheit und Gegenwart. Darüber hinaus kann sie jedoch wie eine Landkarte Wege, Richtungen und generelle Orientierungen zur Erfüllung in der Zukunft anzeigen. Für Menschen, deren Grundmuster Frustration oder Gefühle der Unadäquatheit anstatt von Erfüllung auslösen, bieten sie die Möglichkeit, die wesentlichen, notwendigen Veränderungen in den Glaubenssätzen oder in der Wahrnehmung zu erkennen. Das betrifft aber nicht nur die Analyse, sondern auch den Plan dieser Grundmuster und beantwortet die Fragen, die die Suche eingeleitet haben. Vielleicht liegt da eine Chance für Menschen, die bisher nicht die richtigen Methoden zur Überwindung ihrer Vermeidungsspiele, Ängste und Widerstände gefunden haben, um in ihre versteckten Tiefen vorzudringen, und ihr Leben deshalb nicht optimal zu gestalten wußten.

Damit kommen wir zur letzten Frage, der praktischen Anwendung. Hier bietet sich neben allen Formen psychologischer Beratung der engere Bereich des Coaching als hervorragendes Anwendungsgebiet an (vgl. Beuse/Temme 1991). Nach C. D. Eck (1990) definieren auch wir Coaching als eine Form von Beratung,

---

4 Die Namen wurden geändert.

in der jemand für die Bewältigung seiner Berufsrolle durch einen Berater fachliche und emotionale Unterstützung erfährt und in der die Bearbeitung lebensgeschichtlich begründeter Hemmnisse und Defizite nicht ausgeschlossen ist, um die vorhandenen ungenützten Ressourcen der betreffenden Person zu aktivieren.

Für pädagogische Führungskräfte eröffnet sich damit ein weites Feld für die emotionale Unterstützung ihrer Mitarbeiter. Der bewußte Umgang mit Gefühlen, sowohl mit den eigenen als auch die Rücksichtnahme auf die Gefühle anderer Menschen, ist ein wesentlicher Teil pädagogischer Führung, der sich besonders in belastenden Situationen als außerordentlich hilfreich erweist. Für Gruppen, Organisationen und Institutionen schafft er die Brücke von der Anonymität zur Individualität und trägt damit zur Humanisierung der Arbeitsbedingungen bei. Die Einmaligkeit und Einzigartigkeit der menschlichen Persönlichkeit wird vor allem und gerade durch die spezielle Art des Gefühlslebens erfaßbar, verstehbar, angreifbar und liebenswert. Im erweiterten Bereich der Kommunikation und Kooperation in Familie, Schule, Beruf und Management ermöglicht das bewußte Einbeziehen der Gefühle ein breiteres Verständnis und größere Handlungsmöglichkeiten.

2 Beraten – ein Herzstück pädagogischer Führung

Seit der vom Deutschen Bildungsrat (1970) veröffentlichte Strukturplan für das Bildungswesen unter anderem dem Lehrer auch die Aufgabe der Beratung zugeordnet hat, wurde im System Schule Beratung als professioneller Bereich ausgebaut. Psychologische Beratungsdienste, Bildungsberater, Schullaufbahnberater u.a. speziell ausgebildete Fachleute ergänzen das Bildungsangebot der Schule, wobei sowohl direktive als auch nondirektive Beratungskonzepte angewandt werden (vgl. Hissnauer 1982, Heinze 1983, Flößner 1984).

Man sollte aber nicht übersehen, daß eine der wichtigsten Anlaufstellen für Ratsuchende im Schulbereich die Schulleitung ist. Wenn auch die praktischen Möglichkeiten manchmal eingeschränkt sind und deshalb eine kritische Sicht angebracht ist (vgl. Schönig 1986, Wirries 1988), geht das Bemühen um bessere Kommunikationsformen bei Schulleitern in Richtung Hilfestellung bei der Beratung von Eltern, Lehrern und Schülern. Diese Hilfestellung wird sowohl durch kursmäßiges Training als auch in der Form von Coaching eingefordert (vgl. Beuse/Temme 1991). Beratung kann bis zu Formen von Intervision und Supervision des gesamten Lehrerteams erweitert und intensiviert werden.

Im folgenden gehen wir zunächst auf die Grundlagen professioneller Beratung ein, stellen dann ein systemisches Modell schulischer Beratung vor und entwickeln zum Abschluß dieses Kapitels ein Konzept für den Bereich Klassenbesuche des Schulleiters und Lehrerberatung.

Miteinander reden - zwischenmenschliche Kommunikation

Aus der Führungspsychologie wissen wir, daß die Stimmigkeit der zwischenmenschlichen Beziehungen als eine der wichtigsten Voraussetzungen für ein erfolgreiches Führungsklima gilt.

Gespräch Mutter mit Schulleiter

Schulz von Thun (1981) hat ein Modell der zwischenmenschlichen Kommunikation entwickelt, das sich als Rüstzeug zur Überwindung von Schwierigkeiten und Störungen eignet. Weil gerade in der Schule vielfältige Kommunikationsprobleme auftreten, kann dieses Modell dem Schulleiter helfen, ein besseres Miteinanderauskommen mit und zwischen Lehrern, Eltern, Schülern, Vorgesetzten und Menschen in der außerschulischen Sphäre zu ermöglichen. Wenn wir im folgenden einige für den Beratungsbereich wesentliche Aspekte herausgreifen, möchten wir nicht verabsäumen, auch auf die erweiternde und vertiefende Fachliteratur zu verweisen (vgl. Schulz von Thun 1981, 1989, Scobel 1988, Thomann/Schulz von Thun 1988, Watzlawick/Weakland/Fisch 1988 u.a.).

Nach einem einfachen Grundmodell der Kommunikation können wir zwischen einem *Sender*, einem *Empfänger* und einer *Nachricht (Botschaft)* unterscheiden.

Die Nachricht hat mehrere Seiten: einen *Sachaspekt*, einen *Beziehungsaspekt*, einen *Selbstoffenbarungsaspekt* und einen *Appellaspekt*.

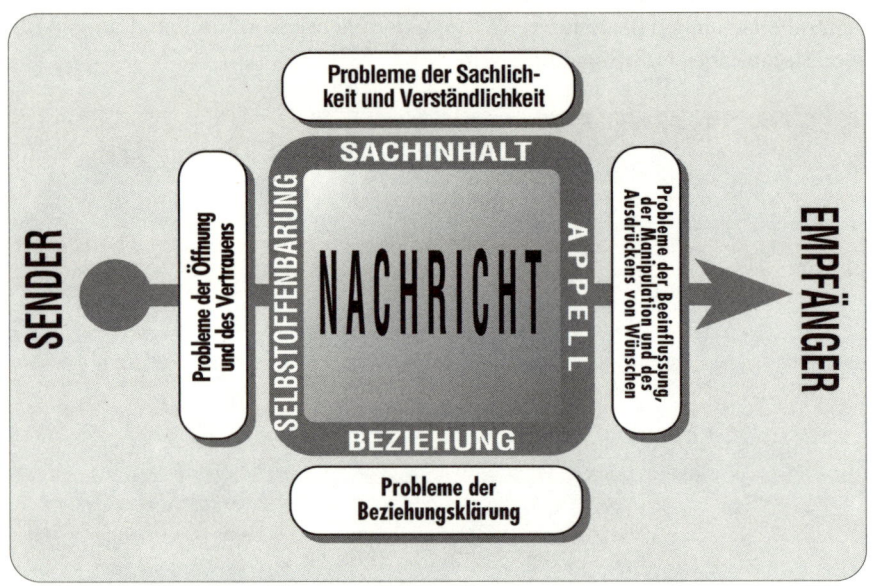

Abb. 1: Die vier Seiten einer Nachricht

Diese vier psychologisch bedeutsamen Aspekte, die in einer Nachricht enthalten sind, machen das Miteinander-Reden komplex und störanfällig. Im folgenden geben wir einen notwendigen Überblick, verweisen für die vertiefende Bearbeitung aber auf die weiterführende Literatur.

(1) Der Sachinhalt einer Nachricht
In jeder Nachricht steckt eine Sachinformation. Diese bildet jedoch nur einen Teil dessen, was übermittelt wird. Um diesen Teil jedoch möglichst effektiv zu transportieren, muß der Sender lernen, die "vier Verständlichmacher" einzusetzen.

Es gilt sowohl bei gesprochener als auch bei geschriebener Sprache, daß die folgenden Veränderungen den Grad der Verständlichkeit verbessern:

Kompliziertheit	⟶	Einfachheit
Unübersichtlichkeit	⟶	Gliederung, Ordnung
Weitschweifigkeit	⟶	Kürze, Prägnanz
keine Stimulanz	⟶	zusätzliche stimulierende Anregungen

!

Das betrifft nicht nur die rasche Informationsaufnahme, sondern auch die Speicherkapazität, das Gedächtnis. Auf der Seite des Empfängers kann die Übernahme des Sachinhaltes einer Nachricht durch verständnisvolles Zuhören trainiert werden. Zur Absicherung der Botschaft kann zurückgefragt werden: "Habe ich Dich richtig verstanden ...?"

(2) Der Anteil von Selbstoffenbarung in einer Nachricht
Der Sender teilt bei der Nachricht auch immer etwas über seine Person mit. Dabei stellt sich ihm die Frage: Wie werde ich von dem anderen wahrgenommen? Dahinter kann die Angst stehen, zu wenig Anerkennung der eigenen Person zu finden. Um diese Angst zu überwinden, werden Imponier- und Fassadentechniken angewandt. Imponiertechniken dienen dazu, die eigenen positiven Seiten ins helle Licht zu rücken und Pluspunkte zu sammeln. Fassadentechniken entspringen der Angst vor ungewollter Selbstenthüllung und dienen dazu, negativ empfundene Anteile der eigenen Person zu verbergen. Andere Techniken, mit der Angst umzugehen, bestehen darin, keine Schwächen und keine Gefühle zu zeigen. Fassaden-, Imponier- und Vermeidungstechniken wirken sich für die zwischenmenschliche Kommunikation schädlich aus. Wir können aber lernen, mit dem Selbstoffenbarungsteil der Nachricht und damit mit uns selbst besser umzugehen.

Lernmöglichkeiten ergeben sich, indem ich
- mir Fragen stelle: Wie gebe ich mich in einer Gruppe? Wie werde ich von den anderen erlebt? Wie fühle ich mich dabei? (Selbstkongruenz, Authentizität);
- *Ich*-Botschaften sende und *Du*-Botschaften vermeide;
- geheime "Giftsätze"[5], die mein Verhalten beeinflussen, aufspüre.
   Das Ziel besteht darin, eine Stimmigkeit zwischen meinem inneren Erleben und der äußeren "Wahrheit der Situation" zu erreichen.

---

5 Mit "Giftsätzen" bezeichnen wir handlungsleitende Selbstinstruktionen, die wir uns irgendwann einmal angeeignet haben und damit vielleicht sogar einen Nutzen verbinden konnten; jetzt aber haben sie ihren Sinn verloren und "vergiften" unser Leben.

(3) Der Beziehungsaspekt einer Nachricht

Was hält der Sender vom Empfänger? Wie stehen Sender und Empfänger zueinander? Wie reagiert der Empfänger auf die Botschaft? Was läuft zwischen den beiden? Beziehungsbotschaften beeinflussen auf Dauer das Selbstkonzept des Empfängers. Oft verzerrt eine starke Überempfindlichkeit auf seiten des Empfängers jede sachliche Kritik oder harmlose Stichelei zu einem Angriff auf seine Person. Diese persönliche Betroffenheit kann sich zu einer Überempfindlichkeit steigern und verhindert dann eine sachliche Kommunikation.

R. und A. Tausch (1977) haben zwei Dimensionen herausgefunden, die das Beziehungsgeschehen beeinflussen und in ihrem Zusammenwirken bestimmte Verhaltensstile auslösen.

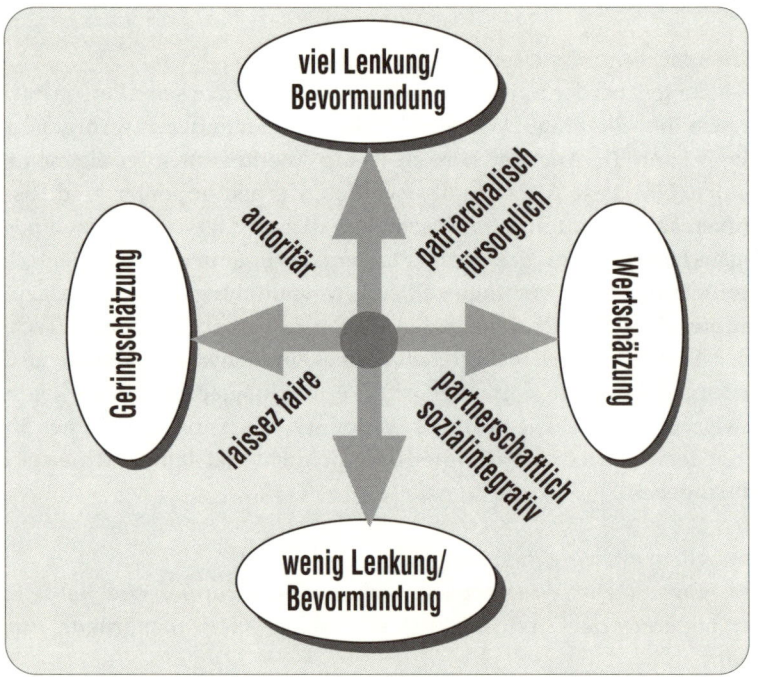

Abb. 2: Das "Verhaltenskreuz"

Partnerschaftliches Umgehen miteinander wird einerseits gefördert durch wertschätzendes, respektvolles Verhalten und andererseits durch Verringerung von direktiver Beeinflussung. Auf diese Weise kann sich der Partner in mehr Freiheit und Selbstverantwortung entfalten. Dies ist eine der wesentlichen Grundlagen einer vergrößerten Autonomie an unseren Schulen, die beim einzelnen

Individuum und seiner kommunikativen Kultur ihren Anfang nimmt. Oft werden ungeklärte Beziehungsprobleme auf die Sachebene verlagert, die als Ersatz für eine notwendige Beziehungsklärung herhalten muß. Gespräche sind dann sehr mühsam, verwirrend und ergebnislos. Beziehungsklärung ist die Voraussetzung, daß auf der Sachebene gearbeitet werden kann.

(4) Die Appell-Ebene der Nachricht
Nachrichten haben den Zweck, auf den Empfänger Einfluß zu nehmen. Dies ist offenkundig bei offenen Appellen wie Wünschen, Befehlen, Anweisungen, Geboten, Verboten u.a. Da die Wirkung von Appellen aber begrenzt ist, versucht der Sender manchmal den Empfänger durch verdeckte oder paradoxe Appelle zu manipulieren. Das geht aber meist ganz in die falsche Richtung ("Man merkt die Absicht und ist verstimmt!"). Es ist deshalb für beide Seiten hilfreich, wenn auf verdeckte Appelle durch "psychologische Enthüllung" reagiert wird, oder wenn das Spiel einfach nicht mitgespielt wird. Wirksames Senden von offenen Appellen kann man üben. Dazu braucht man eine Zielklärung, was beim Partner erreicht werden soll, eine Überlegung der Konsequenzen, was alles bewirkt werden kann, und schließlich stellt man Verbindungen zum bestehenden Kontext her.

Die vier Bereiche Sachinhalt, Beziehung, Selbstoffenbarung und Appell sind in unterschiedlicher Gewichtung in der Nachricht des Senders verpackt. Der Empfänger hat die Freiheit der Auswahl und trägt auch einen wesentlichen Teil der Verantwortung über den "Empfang der Sendung". Damit der Empfänger sicher sein kann, daß er die Nachricht so empfangen hat, wie sie vom Sender gemeint war, kann er sich den richtigen Empfang durch eine Rückfrage oder Rückmeldung bestätigen lassen. Auch diese Rückmeldung hat wiederum vier Seiten und muß manchmal auch weiter hinterfragt werden. Dieser Vorgang der Abstimmung von Sendung und Empfang wird in Abbildung 3 als vervollständigtes Modell der Kommunikation dargestellt.

Was kann man tun, wenn ein Gespräch unbefriedigend verläuft, wenn die Kommunikation gestört ist? In erster Linie sollte das Bemühen auf mehr Bewußtheit dessen gerichtet sein, was sich in mir und zwischen uns abspielt.

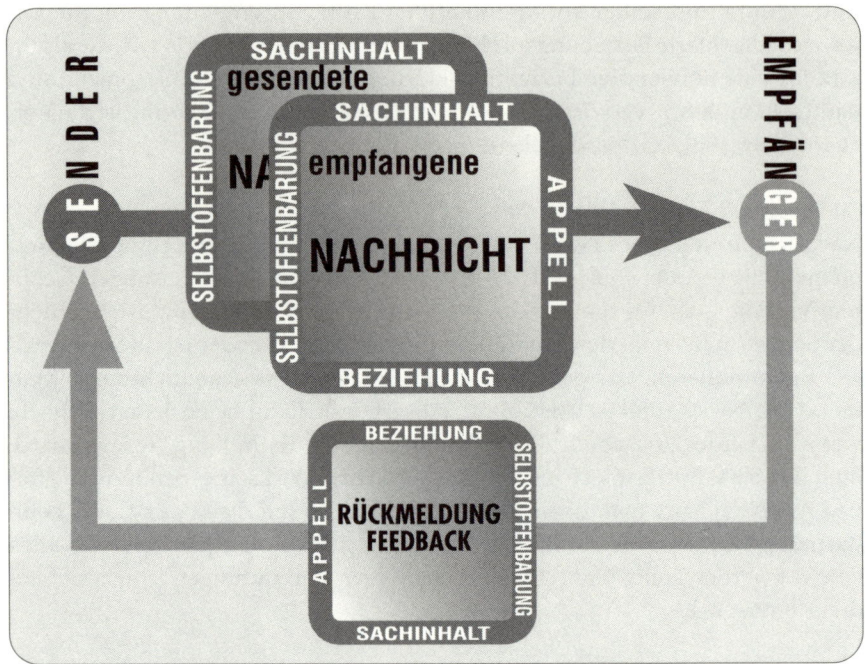

Abb. 3: Kommunikationsmodell

Die folgenden Fragen können helfen, mehr darüber zu erfahren:

> ■ Welche Gefühle hatte ich beim Gespräch?
> ■ Wodurch wurden diese Gefühle ausgelöst?
> ■ War mir klar, was ich eigentlich sagen wollte?
> ■ Wie habe ich es zu vermitteln versucht?
> ■ Was hat mich gehindert, das zu sagen, was ich eigentlich sagen wollte?
> ■ Was möchte ich dem anderen jetzt noch mitteilen?
> ■ Welche Phantasien habe ich über den anderen?
> ■ Wie habe ich den Gesprächspartner erlebt?
> ■ Wie hat er auf meine Nachricht reagiert?
> ■ Was ist zwischen uns gelaufen?

Diese Auseinandersetzung der Gesprächspartner über die Art zu senden und zu empfangen ist eine Kommunikation über die Kommunikation *(Metakommunikation)*. Sie kann ein Heilmittel sein, wenn sie nicht von der theoretischen Distanz eines unverbindlichen Darüber-Redens sondern von dem authentischen

Bemühen um Klärung, Offenlegung und Sichtbarmachen versteckter Fallen und Arbeit an sich selbst und an der Beziehung mit dem Gesprächspartner getragen wird.

Wenn Kommunikation im System Schule zum Gegenstand des Lernens gemacht wird, kann an drei verschiedenen Stellen angesetzt werden:

(a) Arbeit an der individuellen Persönlichkeitsentwicklung. Erheben der persönlichen Schwächen und Defizite und Erweiterung der eigenen Kompetenz in Einstellung und Verhalten.

(b) Arbeit an den Beziehungen und an der Art des Miteinander-Umgehens zwischen Gesprächspartnern und in Gruppen. Es geht hier vor allem um den Umgangsstil und um die Verwirklichung förderlicher Kommunikationsregeln.

(c) Weiterentwicklung des Systems Schule. Manchmal liegt es nicht an den Personen oder an der Art ihres Umgangs, daß sie nicht mehr miteinander auskommen. Es sind oft vielmehr die institutionellen Zwänge, etwa hierarchische Strukturen, Doppelbödigkeiten oder Abhängigkeiten, die jeden Versuch einer Klimaverbesserung verhindern. Im Bereich Schule wirken oft "heimliche Lehrpläne" und belasten die Beziehungen zwischen Lehrern, Eltern und Schülern. Da genügt es nicht, nur an sich selbst zu arbeiten. Die gesamte Bedingungsstruktur Schule ist ein Lernfeld und kann als Institution in einen Entwicklungsprozeß geleitet werden. In diesem Sinne ist auch das ständige Bemühen um Schulentwicklung und Schulreform als kommunikative Herausforderung und als Chance zur Anpassung an die Notwendigkeiten und Bedürfnisse der heutigen Gesellschaft zu sehen.

Feedback als Führungsmittel

Aus der obigen Beschreibung ist ersichtlich, daß im Funktionskreislauf einer gelungenen Kommunikation das Rückmeldesystem eine wesentliche Aufgabe hat. Es kann reinigend und nährend wirken und hat als Begriff "Feedback" Eingang in die deutsche Sprache gefunden. Wir finden es deshalb berechtigt, es als eigenes Führungsmittel im Bereich der Schulleitung zu behandeln. Feedback als Führungsmittel einzusetzen bedeutet, Feedback an seine Mitarbeiter zu geben, aber auch Rückmeldungen von seinen Mitarbeitern einzuholen.

Für das Geben und Empfangen von Feedback gibt es einige Regeln. Diese sollen als Orientierungspunkte helfen, das Feedback wohltuend und wirksam werden zu lassen (vgl. Schwäbisch/Siems 1974, 63 ff.; Vopel/Kirsten 1974, 112 ff.; Philipp 1992, 36 ff.).

(1) Feedback sollte sich auf konkretes Verhalten oder auf bestimmte Ereignisse beziehen.
Stempeln Sie Ihren Partner nicht mit Eigenschaften ab und geben Sie nicht
Feedback über seine ganze Person. Sie haben nur begrenztes Verhalten wahrnehmen können, und das sollte in Ihrer Äußerung deutlich werden. Selbst Kritik wird so vom Feedback-Empfänger besser zu verarbeiten sein, wenn er merkt,
daß nicht seine ganze Person unangenehm wirkt, sondern nur eine bestimmte
Verhaltensweise. Wenn Sie beispielsweise jemandem sagen, er sei dominierend,
so hilft ihm das weniger, als wenn Sie sagen: "Als wir in dieser Sache zu einer
Entscheidung kommen wollten, haben Sie nicht auf die Aussagen der anderen
gehört, und ich hatte den Eindruck, daß Sie mich angreifen würden, wenn ich
Ihren Argumenten nicht zustimme."

(2) Möglichst beschreiben, weniger bewerten oder interpretieren.
Beschreiben Sie vor allem das, was Sie wirklich beobachten konnten, und vermeiden Sie weitgehend Bewertungen und Interpretationen.

Statt "Herr Kollege, Ihre Darlegungen sind schrecklich langatmig, vielleicht
weil Sie sonst wenig zu Wort kommen", könnte man sagen: "Ich befürchte, daß
es zu ausführlich wird; wäre es Ihnen möglich, daß Sie jetzt kurz zusammenfassen?" Wenn Sie moralische Bewertungen wie "Dauerredner" oder
"Schwätzer" vermeiden, vermindern sie im anderen den Drang, sich zu verteidi-
digen. Dazu gehört auch, daß Sie Vermutungen deutlich als ihre Vermutungen
und Gefühle deutlich als ihre Gefühle mitteilen. Geben Sie auch nicht einen eigenen Eindruck als Gruppenmeinung wieder.

(3) Feedback soll Veränderungen unterstützen.
Feedback ist dann brauchbar, wenn es sich auf Verhaltensweisen bezieht, die
der Empfänger ändern kann bzw. die unter seiner Kontrolle sind. Ein Beispiel:
"Es hätte mir geholfen, wenn Sie Ihre Meinung nicht zurückgehalten, sondern
sie offen gesagt hätten." Feedback sollte nicht nur dann erfolgen, wenn etwas
schief gegangen ist. Es hat noch keine Person daran gelitten, daß sie zu häufig
Anerkennung bekommen hat. Eher daran, daß sie zu selten erfahren hat, daß
sie positive Gefühle in anderen auslöst.

(4) Feedback soll umkehrbar sein.
Was A zu B sagt, soll auch B zu A sagen können. Die Forderung der Umkehrbarkeit
wird oft dort verletzt, wo es Rangunterschiede gibt und ein Partner sich wichtiger
fühlt als der andere. Umkehrbarkeit meint also den "Ton", der die "Musik" macht.

(5) Feedback sollte möglichst unmittelbar erfolgen und vom Empfänger gewünscht sein.
Die Rückmeldung ist umso wirksamer, je kürzer die Zeit zwischen dem betref-

fenden Verhalten und der Information über die Wirkung des Verhaltens ist. Also nicht irgendwann "auspacken" und "abrechnen", sondern möglichst unmittelbar Feedback geben. Achten Sie aber darauf, ob Ihr Partner sich in einer Situation befindet, in der er auch ruhig zuhören und die Information verarbeiten kann, oder ob er innerlich mit anderen Dingen beschäftigt ist, so daß er Ihre Information nicht ungestört aufnehmen kann. Wenn Ihr Partner nicht in einer aufnahmebereiten Situation ist, Sie selbst aber aus Ihren Gefühlen platzen, dann machen Sie Ihren Gefühlen kurz direkt Luft und erklären Sie, daß ein ausführliches Feedback zu einer ruhigeren Stunde folgt.

Wenn der Partner selbst um Feedback bittet, sind von vornherein beide Gesprächspartner gleichermaßen am Gespräch interessiert, und die Gefahr der Abwehr verringert sich. Wenn Ihr Gesprächspartner nicht von selbst um Rückmeldung bittet, dann können Sie ihn zunächst fragen, ob er Feedback hören möchte. Meistens wird er neugierig sein und darum bitten, daß Sie ihm mitteilen, was Ihnen wichtig ist.

(6) Sie sollten Feedback nur annehmen, wenn Sie dazu auch in der Lage sind.
Wenn Sie ein Feedback zu einem bestimmten Zeitpunkt nicht hören wollen, weil Sie glauben, nicht entsprechend darauf eingehen zu können, so sollten Sie dies deutlich sagen. Geben Sie aber Ihrem Partner die Gelegenheit, sein Gefühl kurz loszuwerden, und schlagen Sie einen späteren Zeitpunkt für ein intensives Feedback-Gespräch vor.

(7) Wenn Sie Feedback annehmen, hören Sie ruhig zu.
Wenn Sie sofort eine Gegenantwort parat haben, zu argumentieren beginnen oder sich verteidigen und rechtfertigen, dann bekommt der Feedbackgeber nicht das Gefühl, daß Sie ihm zugehört und ihn verstanden haben. Fragen Sie gegebenenfalls nach, was gemeint ist. Hören Sie aber zuerst einmal in Ruhe zu und nehmen Sie sich Zeit, darüber nachzudenken. Später können Sie mitteilen, ob und was Sie daraus gelernt haben.

Zusammenfassung der Feedback-Regeln
(1) Feedback sollte sich auf konkretes Verhalten oder auf bestimmte Ereignisse beziehen.
(2) Möglichst beschreiben, weniger bewerten oder interpretieren.
(3) Feedback soll Veränderungen unterstützen.
(4) Feedback soll umkehrbar sein.
(5) Feedback sollte möglichst unmittelbar erfolgen und vom Empfänger gewünscht sein.
(6) Sie sollten Feedback nur annehmen, wenn Sie dazu auch in der Lage sind.
(7) Wenn Sie Feedback annehmen, hören Sie ruhig zu.

Ein Meta-Modell der Sprache

Erfolgreiche Kommunikation setzt im allgemeinen voraus, daß die Gesprächspartner offen und ehrlich miteinander umgehen. Stillschweigend setzen sie oft aber auch voraus, daß es so etwas wie eine gemeinsame Wirklichkeit geben müßte, die für alle Menschen gleich zu sein hätte. Um der Wirklichkeit oder "Wahrheit" willen ist jedoch schon viel Unheil in dieser Welt verübt worden. Erfolgreiches Kommunizieren ist deshalb eine Einladung, auf die "Wahrheit" zu verzichten und die "...gewohnten Gewißheiten loszulassen und so zu einer anderen Sichtweise dessen zu gelangen, was das Menschliche ausmacht." (Maturana/Varela 1987, 10) Wir wenden uns damit ab von der Austragung persönlicher Rivalitäten in der Form von Sieg-Niederlage-Strategien, hin zu einer neuen Kultur der Co-Existenz. Worüber wir tatsächlich kommunizieren können, sind nur Landkarten der Welt, und Kommunikation spielt sich nur über unterschiedliche Sichtweisen unserer individuell konstruierten Wirklichkeiten ab. Es wird also sehr schwierig sein, bei verschiedenen Gesprächen zu unterscheiden, ob mangelnde Ehrlichkeit oder unterschiedliche Eintragungen auf den persönlichen Landkarten der Welt der Gesprächspartner die Ursache für Mißverständnisse und Probleme sind. Wir können aber ein tieferes Verständnis für das Zustandekommen der sprachlichen Kodierungen gewinnen, die jene Unterschiede ausmachen. Unsere Sprache öffnet uns einen Zugang zu einer Welt-"Anschauung", die wir uns seit unserer Kindheit geschaffen haben.

!

Eine Annahme der Transformationsgrammatik (vgl. Chomsky 1973) besteht darin, daß zwischen zwei Sprachebenen unterschieden wird: einer *Oberflächenstruktur*, das ist der Teil, der als Problemformulierung geäußert wird, und einer *Tiefenstruktur*, das ist jener Teil, der dem, was formuliert wurde, zugrunde liegt, aber mit der vollständigen Information, auch der unbewußten Anteile. Die Problemannahme liegt darin, daß die Oberflächenstuktur nicht die vollständige Tiefenstruktur repräsentiert, sondern nur ein Teil ist, der nach einem Prozeß von fehlgeleiteter Information, vor allem durch *Generalisierung, Tilgung* und *Verzerrung* übrig geblieben ist. Der Kommunikationsprozeß soll die eingeschränkten Handlungs- und Wahlmöglichkeiten wieder freisetzen und über einen Transformationsprozeß die einschränkenden Mechanismen aufheben, indem die Oberflächenstruktur zu einer weitgehend vollständigen Repräsentation der Tiefenstruktur ergänzt bzw. erweitert wird. Da die benützten formalen Kriterien ein System bzw. ein Modell über das Modell der Sprache darstellen, wird es auch als Meta-Modell bezeichnet.

Wenden wir uns nun den Mechanismen zu, die unsere Handlungsmöglichkeiten einschränken bzw. unsere Wahrnehmung trüben, löschen oder verzerren.

Generalisierung ist normalerweise ein Prozeß, der uns hilft, aus einer Teilerfahrung auf etwas Ganzes zu schließen. Sie ist insofern nützlich, als sie uns ermöglicht, aus der Erfahrung von Teilen ein größeres Weltbild zu konzipieren, ohne alle einzelnen Erfahrungen gemacht haben zu müssen. So kann beispielsweise eine Schulleiterin die Erfahrung gemacht haben, daß eine verspätete dienstliche Meldung zahlreiche für sie unangenehme Folgen hatte, und sie verallgemeinert daraus, daß es wesentlich ökonomischer sei, ein entsprechendes Zeit- und Erledigungsmanagement anzuwenden, als nur auf Aufforderungen der vorgesetzten Behörde zu reagieren.

Umgekehrt können Generalisierungen unsere Handlungsmöglichkeiten einschränken. Wenn beispielsweise ein Schüler durch auffälliges Verhalten den Unterrichtsverlauf stört, ist etwa die Etikettierung "verhaltensgestört" eine Generalisierung, die, auf alle störenden Schüler angewendet, eine Verarmung pädagogischer Handlungsmöglichkeiten nach sich zieht. Der jeweilige Kontext, in dem das Störverhalten entstanden ist, der Auslöser und weitere determinierende Bedingungen werden zugunsten einer Generalisierung nicht mehr untersucht und schränken damit eine fruchtbare bzw. kreative Bearbeitung der Konfliktsituation wesentlich ein.

Ein weiterer Prozeß, der uns hilft, mit Problemsituationen effektiv umzugehen, ist der der *Tilgung*. Sie ermöglicht uns, aus der Fülle der Möglichkeiten die jeweils effektivste auszuwählen und das Unwichtige in den Hintergrund treten zu lassen. Hätten wir ständig alle Informationen, auch die nebensächlichsten, gegenwärtig, könnten wir in einer solchermaßen verwirrenden Welt nicht mehr existieren. Der Vorgang der Tilgung schließt auch das Zurückdrängen von hemmenden Erfahrungen der persönlichen Lerngeschichte und das "Vergessen" von traumatischen Erlebnissen ein. Tilgung reduziert unseren Erfahrungsgrund auf ein Ausmaß, das uns einen effektiven Umgang damit ermöglicht.

Umgekehrt kann eine Tilgung auch für uns bedeutungsvolle Informationen betreffen und unser Erleben damit in bestimmten Kontexten wesentlich einschränken. So hat vielleicht ein Leiter die Einstellung, daß korrekte Arbeit der Mitarbeiter etwas Selbstverständliches sei und nicht extra bestätigt zu werden brauchte. Das soll gar nicht so selten vorkommen (vgl. Hoos 1989). In seiner Wahrnehmung merkt er gar nicht mehr, wenn seine Mitarbeiter hervorragende Arbeit leisten; es ist für ihn normal. Er merkt nur dann etwas, wenn etwas nicht in Ordnung ist, und reagiert dann entsprechend strafend. Er übersieht und überhört also im wahrsten Sinn des Wortes die Anstrengungen seiner Mitarbeiter. Die Folge ist, daß er sich um ein Mittel der erfolgreichen Führung beraubt, nämlich der Anerkennung und Hervorhebung von Leistungen. In der Beratungssituation klagte dieser Leiter, daß seine Mitarbeiter destruktiv seien und nur das unbedingt Notwendige und oft nicht einmal das leisten würden. Indem er die positiven Verhaltensweisen seiner Mitarbeiter in seiner Wahrnehmung "gelöscht" hatte, sicherte er gleichzeitig sein eigenes Verhalten gegen Kritik ab, denn wo es keine positive Leistung gäbe, könne man auch nichts anerkennen. Zur Tilgung kommt eine Generalisierung dazu und legt damit eine Feedback-schleife, die wie eine sich selbst erfüllende Prophezeiung wirkt. Die Schulklimabedingungen an seiner Schule waren dann auch entsprechend frustrierend.

Der dritte Prozeß im Meta-Modell der Sprache ist die *Verzerrung*. Sie ermöglicht uns, entweder leidvolle Erfahrungen der Vergangenheit umzudeuten oder uns auf Erfahrungen der Zukunft vorzubereiten. Darauf sind etwa viele Kunstwerke und Erkenntnisse der Wissenschaften zurückzuführen. Die Verzerrung bietet uns die Möglichkeit, durch Erklärungen, Beschreibungen, Verständnis, Einsicht und Akzeptanz bedrohliche Phänomene in ihrer Wirkung zu mildern, abzuschwächen, zu verschönern und somit annehmbarer zu machen.

Umgekehrt kann Verzerrung auch im negativen Sinn wirken. Wenn etwa wirklich bedrohliche Phänomene verharmlost werden, wenn Situationen, die einer Verarbeitung bedürften, rationalisiert, d.h. mit einer Scheinerklärung stehengelassen werden, wenn Beziehungsstrukturen negativ umdefiniert werden. Schuldzuschreibungen und Verurteilungen bestimmen dann weitgehend den Kontext. Eine der häufigsten Formen der Verzerrung tritt in der Umformung von "Prozeß" in "Ereignis" auf. Im Rahmen einer Elternvorsprache berichtete eine Mutter dem Leiter: "Meine Tochter hat einen Mißerfolg nach dem anderen, ganz klar, denn die Lehrerin hat Vorurteile gegen sie." Die Aussage liefert zweierlei, erstens, daß die Tochter offensichtlich mehrmals negative Noten gebracht hat, und zweitens, daß die Mutter sich den Mißerfolg mit negativen Gedanken erklärt, die die Lehrerin ihrer Tochter gegenüber hege. Löst man in der Beratung den Zusammenhang beider Aussagen zunächst einmal auf, bleiben immer noch die als unerschütterliche Ereignisse festgemachten Punkte "Mißerfolg" und "Vorurteil". Mißerfolg kann als Ergebnis von Verhaltensfolgen gedeutet werden, die wahrscheinlich zu tun haben mit dem Lernen, mit der Vorbereitung, mit der Art, wie mit Prüfungsstreß umgegangen wird u.a. Bearbeitbar wird der Mißerfolg erst dann, wenn er vom endgültigen Ereignis in einen bearbeitbaren Prozeß zurückverwandelt wird. Dasselbe gilt für die Zuschreibung des Vorurteils an die Lehrerin. Hilfreich wären in der Beratungssituation Fragen nach der Gestaltung der Kommunikation zwischen Schülerin und Lehrerin, welche Wünsche und Erwartungen auf welche Weise beiderseits ausgedrückt werden. Damit wird die Zuschreibung des Vorurteils an die Lehrerin ebenfalls in einen bearbeitbaren

Prozeß zurückverwandelt und könnte auf diese Weise einer sinnvollen Beratungsarbeit zugeführt werden.

Die Aufarbeitung von Generalisierungen, Tilgungen und Verzerrungen bietet im Rahmen des sprachlichen Meta-Modells die Möglichkeit, verlorenes Terrain wiederzugewinnen bzw. durch Erweiterung des Weltmodells den Handlungsspielraum für neue Problemlösungsversuche zu erweitern. Die Leistung der Kommunikation besteht darin, durch eine entsprechende Fragestrategie diese Öffnung bzw. Änderung zu provozieren. Man wird dabei unwillkürlich an die Mäeutik, an die "Hebammenkunst", an die sokratische Methode des Fragenstellens erinnert, einen Prozeß, der ebenfalls Neues zum Gebären bringen sollte. Im folgenden werden nun einige explizite Beispiele für Generalisierungen, Tilgungen und Verzerrungen aus der Beratungspraxis der Schule vorgestellt, um ihre Bearbeitbarkeit darzulegen.

Generalisierungen hinterfragen
Hinderliche Generalisierungen sind an dem umfassenden Wahrheitsanspruch erkennbar, den sie erheben. Von einem begrenzten, möglicherweise stimmigen Sachverhalt, wird auf einen größeren Bereich oder gar auf das Ganze geschlossen, wo es dann eben nicht mehr stimmt. Generalisierungen klingen beim oberflächlichen Zuhören meist recht plausibel. Man neigt dazu, sich der Meinung des Gesprächspartners anzuschließen, und es gehört ein geübtes Ohr dazu, die Falle zu erkennen, die weiteres Explorieren der Sprachstruktur verhindert. Die folgenden Beispiele sind Übungsangebote für das Erkennen und Bearbeiten von Generalisierungen.

Eine mögliche Einschränkung im Weltmodell des Beratung-Suchenden ist daran erkennbar, daß seine Kommunikation in der Oberflächenstruktur Worte und Satzteile enthält, die keinen Bezugsindex haben, und Verben, die unvollständig spezifiziert sind.

Lehrerin:	"Ich habe einfach Angst."
Leiter:	"Wovor?"
Lehrerin:	"Vor denen."
Leiter:	"Vor wem genau?"
Lehrerin:	"Ja, da sind einige Schüler - Peter, Georg ..."

Das Hinterfragen der Generalisierung, die mit dem Begriff Angst ausgedrückt wird, geschieht in unserem Beispiel in zwei Schritten. Auf die erste Frage des Beraters kann sich die Lehrerin noch nicht eingestehen, vor wem sie genau Angst hat. Dies aber ist der Punkt, von dem aus der Angstabbau erst möglich wird. In Fällen, wo der Widerstand groß ist, kann der Berater als zusätzliche Hilfe selbst einen Vorschlag bringen und ihn der Lehrerin als Vermutung anbieten, ihre Einschränkung damit zu prüfen. Für alle Wörter und Satzteile ohne Bezugsindex gilt die Fragestellung: "Wer genau?" – "Was genau?" – "Wie genau?" Weitere Schlüsselsätze:

> | Junge Lehrerin: | "Niemand kümmert sich in diesem Lehrerkollegium um mich." |
> | --- | --- |
> | Ältere Kollegin: | "Auf welche Weise kümmern? Wer genau sollte sich um Sie kümmern?" |
> | Mutter: | "Ich komme immer in Situationen, wo ich nicht mehr weiter weiß." |
> | Schulleiterin: | "Beschreiben Sie bitte diese Situationen?" |
> | Lehrer: | "Ich kann einfach mit netten Kindern besser arbeiten." |
> | Schulaufsichtsbeamter: | "Wie sollen sich die Kinder verhalten, daß Sie mit ihnen gut umgehen können?" |

Die Wörter *keiner, alle, jeder, niemand, nirgends, niemals, immer* ... sollten den Berater wegen ihres allumfassenden Anspruchs hellhörig machen.

> | Schulwart: | "In diesem Haus kann man sich auf niemanden verlassen." |
> | --- | --- |
> | Schulleiter: | "Können Sie sich eine bestimmte Situation vorstellen, in der es Ihnen möglich wäre, sich auf jemand zu verlassen? - Auf wen möchten Sie sich verlassen können?" |
> | Lehrer: | "Keiner kann mir einreden, daß es an meiner Unterrichtsmethode liegt, wenn einige Schüler Schwierigkeiten haben." |
> | Schulleiterin: | "Wer sollte Ihnen solche Vorwürfe machen?" |
> | Lehrerin: | "Alle sagen, daß man pädagogisches Geschick nicht lernen kann, das hat man oder man hat es nicht." |
> | Schulpsychologin: | "Wer genau sagt das?" |
> | Vater: | "Ich finde nirgends einen Hinweis auf eine Lösung." |
> | Klassenlehrer: | "Wo haben Sie bisher gesucht?" |
> | Lehrerin: | "Niemals könnte ich so etwas in meiner Klasse zulassen." |
> | Schulleiter: | "Was befürchten Sie, wenn es doch geschehen würde?" |

Aus einer anderen Situation liegen drei Varianten von Beschwerden bei
einem Leiter vor:

> **Mutter 1:** "Der Lehrer hat meinen Sohn verletzt."
> **Mutter 2:** "Der Lehrer hat meinen Sohn an den Ohren gezogen."
> **Mutter 3:** "Der Lehrer X. hat meinen Sohn mit beiden Händen an den Ohren aus dem Sitz hochgezogen und ihm dabei das linke Ohrläppchen eingerissen."

In diesen Beispielen werden die Aussagen zunehmend klarer und spezifizierter. Während im ersten Beispiel noch vieles möglich ist, etwa auch eine verletzende Bemerkung hätte diese Wirkung haben können, sind im zweiten Beispiel die Möglichkeiten bereits eingeschränkt und im dritten ist die Beschreibung nachvollziehbar. Im Prinzip ist jedes Verb mehr oder weniger unvollständig spezifiziert. In der Beratungspraxis wird man jeweils entscheiden müssen, ob die Beschreibung eines Sachverhaltes hinreichende Klarheit vermittelt oder ob man im Zweifelsfall nachfragen soll. Als genereller Fragemodus empfiehlt sich: "Wie genau?" – "Wie spezifisch?" – "Auf welche Weise?"
Weitere Beispiele :

> **Schülerin:** "Die Lehrerin hat mich beleidigt."
> **Schülerberaterin:** "Auf welche Weise hat sie Dich beleidigt?"
>
> **Lehrer:** "Der Schüler zwingt mich, ihn zu bestrafen."
> **Schulleiter:** "Wie macht er das genau, daß er Sie zwingt?"
>
> **Schüler:** "Die Lehrerin übersieht mich immer."
> **Schulpsychologe:** "Auf welche Weise nimmst Du das wahr?"
>
> **Lehrerin:** "Der Leiter versucht mich auf die Palme zu bringen."
> **Kollegin:** "Was tut er da, wie macht er das genau?"

Viele Ratsuchende formulieren generalisierende Urteile über die Welt, die sich
als Einschränkungen darstellen oder als Regeln, die vergessen lassen, daß sie
eigentlich von einem bestimmten begrenzten Kontext abgeleitet wurden. Dadurch
erheben sie einen Universalanspruch, den sie nicht verdienen. Der Zusammenhang ist verloren gegangen. Ein Beispiel:

> **Vater:** "Strenge ist noch immer das beste Erziehungsmittel!"

Hier wird ein Modell von Wirklichkeit vermittelt, das seinen Ursprung vermutlich aus einer Erfahrung hat, die generalisiert wurde. Vielleicht sind es Erinnerungen an die eigene Kindheit, die sich in verklärter Form darstellen? Die Generalisierung der eigenen Überzeugungen ist jedenfalls nicht die Wirklichkeit selbst. Und im Zusammenhang mit einem Beratungsfall mag gerade diese Sicht als Einschränkung von Handlungsalternativen erlebt werden. Weitere Stichwörter, die uns hellhörig machen sollten sind: *gut, richtig, falsch, unrecht* usw.

Eine Relativierung gelingt dann, wenn der Sprechende als Quelle der Generalisierung entlarvt wird. Also für den obigen Fall:

> Schulleiterin: "Wer sagt das?"
> Vater: "Ja, ich sage das. Das ist meine Meinung! Jetzt erinnere ich mich an meinen eigenen Vater ..."

Und in der Folge wird sich der Erfahrungshintergrund für diese Aussage etwa als persönliches Erlebnis klären lassen, wo ein einmaliges Ereignis väterlicher Züchtigung Spuren der Befriedigung hinterlassen hat.

Eine spezielle Form der Generalisierung, bei der zwei an sich nicht ursächlich zusammengehörende Aussagen gleichgesetzt werden, kann oft eine besonders starke Klammer bilden.

> Lehrerin: "Unser Chef mag mich nicht. Er hat nie ein gutes Wort für mich."

In diesem Fall wird die zweite Aussage als Beweis für die Ablehnung herangezogen. Die Gleichsetzung bewirkt einen sich selbst bestätigenden Regelkreis, und damit ein Eingeschlossensein in eine wenig befriedigende Kooperationsform gegenüber dem Chef.

Auflösen könnte man diese Falle durch Hinterfragen jeder einzelnen Aussage oder durch eine verkürzte Fassung.

> Schulpsychologe: "Heißt das, daß Sie glauben, daß Ihr Chef, wenn er kein Lob ausspricht, Sie auf keinen Fall mag?"

Weitere Beispiele:

> Lehrerin: "Kollege X. schaut immer so finster drein. Er hat etwas gegen den Chef."
> Kollegin: "Also der finstere Gesichtsausdruck ist Deiner Meinung nach ein Beweis für finstere Gedanken?"
>
> Schülerin: "Mein Sitznachbar benimmt sich sonderbar. Er hat ein schlechtes Gewissen."
> Klassenlehrer: "Das Benehmen Deines Sitznachbarn läßt Dich vermuten, daß er etwas ausgefressen hat."

| Mutter: | "Die Beurteilung meiner Tochter ist negativ. Das Kind ist unbegabt." |
| Schulleiter: | "Sie glauben, daß Noten und Begabung zwangsweise zusammenhängen." |

Tilgungen hinterfragen

Ratsuchende kommen normalerweise mit einer unvollständigen Beschreibung in der Oberflächenstruktur zum Berater. Teile aus der vollständigen Tiefenstruktur sind unbewußt getilgt worden. Damit ist aber auch das Verhaltensrepertoire zur Problembearbeitung eingeschränkt. Veränderungsmöglichkeiten ergeben sich erst dann, wenn bestimmte, für die Lösung des Problems hilfreiche Teile wieder ins Bewußtsein geholt werden. Das bedeutet aber nicht, daß jeder fehlende Teil zurückgewonnen werden muß. Schmerzliche Erfahrungen etwa, die ihrerseits Leiden erzeugen und keine Alternativen erlauben, sind sinnvollerweise getilgt worden und sollten es auch bleiben. Der Intuition des Beraters ist es überlassen, solche hilfreichen Tilgungen von handlungseinschränkenden Blockaden zu unterscheiden. Die Wiedergewinnung fehlender relevanter Teile der Tiefenstruktur kann durch die Hilfe eines Beraters bzw. durch fragende Anleitungen auf der formalen Ebene geschehen.

Einfache Tilgungen liegen dann vor, wenn das Schlüsselelement zum Verständnis einer Aussage fehlt.

Schülerin:	"Ich habe kein Vertrauen."
Berater:	"Zu wem hast Du kein Vertrauen?"
Schülerin:	"Da sind einige Schüler ..."
Berater:	"Wer genau?"
Schülerin:	"Hans, Wolfgang und Michael."
Berater:	"Was könnte passieren, wenn Du ihnen vertrauen würdest?" ...

Die Tilgungen in diesem Beispiel werden zweifach aufgehoben. Zunächst werden die Personen identifiziert, um die dahinter liegende Generalisierung aufzuheben. Sodann wird die Erfahrung rekonstruiert, die zum Vertrauensverlust geführt hat. Die Aufarbeitung dieser Erfahrung ermöglicht in der Folge eine klarere Sicht der Dinge, die durch die Tilgung behindert war. Beispiele für auflösende Fragen sind: "Vor wem?" – "Wovor?" – "Worüber?" – "Für wen?" – "Womit?" Weitere Schlüsselsätze:

Schüler:	"Ich habe Angst, ich fürchte mich."
Schulpsychologin:	"Vor wem oder wovor hast Du Angst?"
Lehrerin:	"Ich bin frustriert (traurig, aufgeregt ...)."
Kollegin:	"Was frustriert Sie?" (macht Sie traurig ...)

Schülerin:	"Die Aufgabe ist langweilig."
Mutter:	"Was speziell ist es, was Dich daran langweilt?"
Lehrerin:	"Davonlaufen bringt nichts."
Schulleiterin:	"Vor wem oder wovor lohnt es sich nicht davonzulaufen?"

Steigerungsformen weisen auf eine spezielle Form der Tilgung hin.

| Schülerin: | "Monika ist besser." |
| Klassenlehrer: | "Besser als wer?" |

In den folgenden Beispielen können mit einfachen Fragestrukturen die fehlenden Teile ergänzt werden. Es geht darum, den Vergleichsmaßstab festzustellen bzw. das Kriterium der Steigerungsform zu erheben.
Weitere Beispiele:

Schüler:	"Diese Aufgabe ist die schwierigste."
Berater:	"Die schwierigste verglichen womit?
Schülerin:	"Margarete ist viel hübscher."
Berater:	"Hübscher als wer?"
Lehrerin:	"Die Kollegin setzt sich besser durch."
Berater:	"Besser als wer?"
Lehrer:	"Es ist besser, man sagt hier nichts."
Schulleiterin:	"Was wäre weniger gut und was wäre noch besser, als hier nichts zu sagen?"

Wörter wie "klar" und "offensichtlich" betreffen eine weitere Sonderform von Tilgung. Sie deuten eine scheinbare Selbstverständlichkeit an.

| Schüler: | "Klar, daß mich die anderen nicht mögen." |

Die Formulierung scheint eine Generalisierung zu beinhalten, so daß es allen Menschen klar sei, daß ... Durch die Wiedergewinnung des getilgten Materials wird es möglich, diese Verallgemeinerung erst gar nicht hochkommen zu lassen.

| Berater: | "Für wen ist das klar?" |

Weitere Beispiele:

Klassenlehrer:	"Offensichtlich hat die Klasse einen schlechten Ruf."
Schulleiterin:	"Offensichtlich für wen?"
Lehrerin:	"Erstaunlicherweise hat sie mit diesen Methoden Erfolg."
Schulleiter:	"Für wen ist das erstaunlich?"
Schulleiterin:	"Es ist peinlich, wie er sich bei der Konferenz aufspielt."
Andere Schulleiterin:	"Für wen ist das peinlich?"
Lehrerin:	"Offensichtlich macht es in diesem Kollegium niemandem etwas aus, wenn man angeschnauzt wird."
Berater:	"Woraus schließen Sie, daß das niemandem etwas ausmacht?"

Eine weitere Sonderform der Tilgung signalisieren die Modaloperatoren der Notwendigkeit und der Möglichkeit: *müssen, sollen, dürfen, können, wollen, notwendig ...*

Berufsschullehrer:	"Man darf Disziplinlosigkeiten nicht dulden."

In diesem Satz tritt eine versteckte Drohung hervor, die besagt, daß sich etwas ereignen wird, wenn die im Satz formulierte Disziplinlosigkeit trotz des Verbotes eintreten sollte. Die Regel "man darf nicht" ist eine Generalisierung, die wiederum aus einer Tilgung entstanden ist. Diese kann mit der folgenden Frage aufgehoben werden.

Berufsschulleiter:	"Was würde passieren, wenn Sie Disziplinlosigkeiten dulden würden?"

Damit wird die getilgte Konsequenz ins Bewußtsein gehoben und die Aussage einer neuerlichen Überlegung zugeführt.
Weitere Beispiele:

Schüler:	"Wir müssen zusammenhalten."
Schulpsychologe:	"Was würde geschehen, wenn ...?"

99

Lehrerin:	"Niemand vermag ohne Notendruck die Schüler zum Lernen zu zwingen."
Schulleiterin:	"Was hindert Sie, oder was hält Sie davon ab, es einmal ohne Notendruck zu versuchen?"
Elternvertreterin:	"Es ist notwendig, daß wir der Behörde gegenüber einen entschlossenen Eindruck vermitteln."
Schulaufsichtsbeamter:	"Was würde geschehen, wenn dieser Eindruck nicht vermittelt wird?"
Lehrer:	"Niemand kann auf verschiedene Bedürfnisse von Schülern gleichzeitig eingehen."
Schulleiter:	"Was wäre, wenn Sie es versuchen wollten?"
Schülerin:	"Ich kann mich nicht richtig ausdrücken."
Schulpsychologin:	"Was hindert Dich daran, Dich so auszudrücken, wie Du es für richtig hältst?"

Verzerrungen hinterfragen

Verzerrungen sind Veränderungen in der Wahrnehmung, die Handlungsmöglichkeiten einschränken oder Leiden erzeugen. Auch sie können in verschiedenen sprachlichen Wendungen der Oberflächenstruktur diagnostiziert werden. Wie schon in der Gegenüberstellung von Prozeß und Ereignis beschrieben, bedeutet eine Nominalisierung häufig die Fixierung eines Standpunktes oder die Erstarrung einer Handlung. Um wieder handlungsfähig zu werden, wird die Nominalisierung in ein Prozeßwort zurückverwandelt.

99

| Schulwart: | "Ich gehe. Mein Entschluß steht fest." |
| Schulleiter: | "Sie haben sich also entschlossen …" |

Die abgebrochenen Aktivitäten werden wieder in Bewegung gebracht durch eine prozessuale Formulierung. Aktivierende Fragen brechen den Hintergrund der Festlegung auf.

Weitere Beispiele:

99

Lehrerin:	"Ich habe die Beziehung abgebrochen."
Beraterin:	"Sie sind nicht mehr mit der Person zusammen?"
Lehrerin:	"Dieser Mensch ist eine große Enttäuschung für mich."
Schulleiterin:	"Er hat Sie enttäuscht?"
Mutter:	"Jetzt reicht es mir. Meine Geduld ist erschöpft."
Schulpsychologin:	"Sie sind zu einem Punkt gekommen, wo Sie ungeduldig werden?"

Eine semantische Fehlgeformtheit liegt dann vor, wenn eine Person ausdrückt, daß eine andere Person etwas tun kann, was bei ihr starke Gefühle auslöst. Es scheint, als sei die eine Person der anderen hilflos ausgeliefert. Der Sachverhalt stellt sich als scheinbare Ursache-Wirkung-Beziehung dar.

| Schüler: | "Wolfgang macht mich wütend." | 99 |

Der Schüler hat keine Kontrolle über seine Gefühle und übernimmt deshalb auch keine Verantwortung über sein Verhalten, weil ihn Wolfgang hilflos macht. Um diesen Teufelskreis zu durchbrechen, ist durch Hinterfragen des scheinbaren Ursache-Zusammenhanges eine Klärung anzustreben.

| Berater: | "Er bewirkt also, daß Du außer Kontrolle gerätst? Wie macht er das genau?" | 99 |

Weitere Beispiele:

Lehrerin:	"Er zwingt mich, daß ich mich schlecht fühle."	99
Schulleiterin:	"Wie übt er diesen Zwang aus?"	
Lehrer:	"Die ganze Klasse deprimiert mich."	
Schulleiterin:	"Wie schaffen die Schüler das, daß Sie sich deprimiert fühlen?"	
Lehrerin:	"Da sind einige Leute im Kollegium, die ärgern mich."	
Schulleiter:	"Auf welche Weise gelingt es den Leuten, Sie ärgerlich zu machen?"	

Ganz heimtückisch kann das Wort "aber" sein. Es impliziert einen Grund, der etwas Erwünschtes unmöglich oder etwas Unerwünschtes notwendig macht.

| Lehrerin: | "Ich möchte im Stoff schneller vorgehen, aber da sind einige Bremser in der Klasse." | 99 |

Die Lehrerin stellt dar, daß sie durch die Langsamkeit einiger Schüler daran gehindert wird, schneller vorzugehen. Sie möchte offensichtlich zügig arbeiten, hat aber durch die gegebene Einschränkung keine Alternativen.

| Schulleiterin: | "Wie machen diese Schüler das genau, daß sie Sie dazu bringen, daß Sie nicht weiterkommen?" | 99 |

Die Umkehrung ermöglicht Experimente, die das herausfiltern, was für die Lehrerin befriedigender ist bzw. wo sie tatsächlich bereit ist, die Verantwortung zu übernehmen. In unserem Beispiel zielt die Beratung in Richtung auf mehr didaktische Flexibilität. Damit hat die Lehrerin mehr Alternativen und ist nicht mehr gefangen in dem scheinbaren Ursache-Wirkung-Zirkel, in den sie sich selbst eingesponnen hatte. Ein Weg dazu ist, Alternativen zu finden. Es werden also spezifische Details erfragt, bis der Berater ein klares Bild von dem Prozeß der impliziten Kausalität hat, die die Lehrerin an der Lösung ihrer Probleme hindert.

Weitere Beispiele:

Schulleiter:	"Ich würde die Konferenz gerne anders gestalten, aber die meisten Mitarbeiter wollen die alte Form."
Schulaufsichtsbeamter:	"Wie viele und wie interessiert sind die Mitarbeiter, die so wie Sie eine neue Konferenzgestaltung möchten?"
Lehrerin:	"Ich möchte mich nicht ärgern, aber die Klasse will es ja so haben."
Leiterin:	"Wie zeigen Ihnen die Schüler und Schülerinnen, daß sie wollen, daß Sie sich ärgern?"
Lehrerin:	"Ich bin immer gut zu den Schülern, aber die fordern mich ja zum Strafen heraus."
Schulinspektorin:	"Da sitzen Sie ja ganz schön in der Klemme, wenn Sie ständig zum Strafen gezwungen werden?"
Mutter:	"Ich beschwere mich nie über die Lehrer, aber jetzt zwingen sie mich."
Schulleiter:	"Wie haben die Lehrer das geschafft, daß sie Sie zwingen?"

Beim "Gedankenlesen" wird impliziert, daß eine Person wissen kann, was eine andere denkt, ohne daß eine Kommunikation darüber erfolgt ist.

Lehrer:	"Die Schüler mögen mich nicht."

Abgesehen von der in diesem Satz enthaltenen Verallgemeinerung "die Schüler", wird unterstellt, daß die Schüler Gedanken oder Gefühle über den Lehrer haben, und sie der Lehrer durchschaut. Damit erfolgt eine Einschränkung, die eine Quelle für zahlreiche zwischenmenschliche Schwierigkeiten und fehlgeleitete Kommunikation darstellen kann. Der Berater löst diese Falle etwa so auf.

Berater:	"Wie genau wissen Sie, daß die Schüler Sie nicht mögen?"

Weitere Beispiele:

Schülerin:	"Ulrike mag mich nicht."
Klassenlehrerin:	"Auf welche Art und Weise zeigt sie Dir das?"
Lehrerin:	"Die Kollegin hat eine Wut auf mich."
Schulleiter:	"Wie genau haben Sie sich eine Bestätigung eingeholt, daß sie auf Sie wütend ist?"
Lehrer:	"Ich bin sicher, daß die Schüler über meine Strenge froh sind."
Schulleiterin:	"Was macht Sie so sicher?"
Lehrerin:	"Ich weiß, was Du sagen willst."
Kollege:	"Wie gelingt Dir das, soetwas vorauszuwissen?"

Unter Präsuppositionen, Vorannahmen oder Vorurteilen versteht man eine in die Zukunft projizierende Verzerrung von Grundannahmen, die das Denkmodell bzw. die Wahlmöglichkeiten des Ratsuchenden einschränken.

Klassenlehrer:	"Ich befürchte, daß Hans genauso lästig sein wird wie sein Bruder."

Damit dieser Satz einen Sinn ergibt, muß zunächst der Nachsatz als wahr angesehen werden: "Der Bruder von Hans ist lästig." Daher wird man dort ansetzen, wo dieser Zusammenhang hergestellt wird.

Schulleiterin:	"Wie genau hängt das zusammen. Auf welche Weise war der Bruder lästig und wie ist es bei Hans?"

Weitere Beispiele:

Lehrerin:	"Wenn der Leiter mit mir zufrieden gewesen wäre, dann wäre er nicht so schnell wieder aus der Klasse gegangen."
Kollegin:	"Du vermutest da einen Zusammenhang und hast damit auch eine recht einfache Erklärung gefunden".
Lehrer:	"Der neue Kollege kommt aus der Schule X. Da weiß man ja schon, was da zu erwarten sein wird."
Schulleiter:	"Kollegen aus der Schule X haben für Sie bereits ein Markenzeichen?"

Lehrerin:	"Ja, die Familie Y. kenne ich. Wenn da wieder ein Kind von denen an unsere Schule kommt, da können wir uns auf etwas gefaßt machen."
Schulleiterin:	"Sie befürchten, daß die Familie Y. nur Kinder in die Schule schickt, die für Sie eine Bedrohung darstellen?"
Schüler:	"Die Lehrerin gibt mir schlechte Noten, sie mag mich nicht."
Schulpsychologe:	"Schlechte Noten sind für Dich ein Beweis, daß Dich die Lehrerin nicht mag."

Im Bereich Schule hat Beratung einen hohen Stellenwert. Vor allem der Schulleiter ist oft Ansprechpartner für Ratsuchende. Mitarbeiter aus dem Lehrerkollegium, Eltern, Schüler u. a. kommen mit Gefühlen der Unzufriedenheit, der Betroffenheit, mit Frustrationen usw. und erwarten Hilfe. Die Einschränkungen, die diese Menschen erleben, liegen nicht in der Realität selbst, sondern in ihrem Erleben, in ihrer Repräsentation der Realität. Neben den sinnesspezifischen Repräsentationssystemen, die sich im Sehen, Hören, Fühlen, Riechen und Schmecken und in den nonverbalen Signalen wie Körperhaltung, Bewegung, Stimme u.a. darstellen, ist die Sprache das wichtigste Kommunikationssystem, das den Menschen zur Verfügung steht. Über die Sprache ist es deshalb dem Berater möglich, Einschränkungen in den Modellen bzw. Landkarten, die sich die Menschen von der Welt machen, aufzudecken und zu bearbeiten.

Wie aus den angebotenen Beispielen ersichtlich, ist vor allem in der Beratungspraxis, aber auch in sonstigen Kommunikationsformen eine genaue Abgrenzung der einzelnen Teilstrukturen von Meta-Modell-Verletzungen eher schwierig. Meist finden sich in den Formulierungen mehrere Einschränkungen gleichzeitig, und der Berater wird entscheiden müssen, bei welcher Verletzung er den Anfang macht. Im allgemeinen ergibt sich aus dem übrigen Kontext des Gesprächs die Relevanz, und man wird wie in der "Ersten Hilfe" bei der schwerwiegendsten Verletzung mit der Arbeit beginnen. Wir hoffen, damit Interesse für eine vertiefende Beschäftigung mit dem Thema geweckt zu haben, das einen wichtigen Platz im Gesprächsverhalten von pädagogischen Führungspersonen einnimmt.

Beraten in Problemsituationen

Sinn einer Beratung ist es, anderen zu helfen, ihre Probleme zu lösen, Entscheidungen vorzubereiten und Alternativen zu finden. Berater und Beraterinnen sollen dabei zwei Bedingungen erfüllen:

■ Sie brauchen das erforderliche Wissen und die Kenntnisse, um anderen bei der Lösung ihrer Probleme behilflich zu sein.

■ Sie müssen in der Lage sein, sich in die Position anderer Menschen hineinzuversetzen und unter deren Gesichtspunkten zu argumentieren. Eine wesentliche Voraussetzung dafür ist die Bereitschaft, sich mit den Problemen anderer zu beschäftigen. Ist das nicht der Fall, wird die Beratung scheitern. Aus unseren Erfahrungen hat sich für die Gestaltung eines Beratungsgesprächs ein zyklisches Modell bewährt, das sowohl den möglichen zeitlichen Ablauf als auch die wechselseitigen Verknüpfungen darstellt.

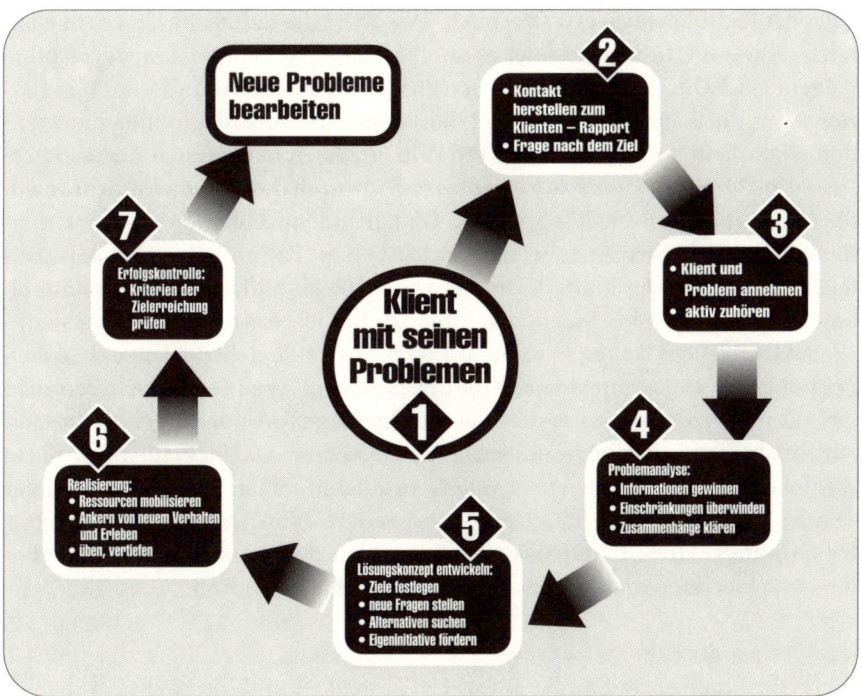

Abb. 4: Beratungsmodell

(1) Die Berater-Klient-Beziehung[6]

Beratung setzt gegenseitiges Vertrauen zwischen Berater und Klient voraus. Wenn also beispielsweise ein Lehrer, ein Elternteil, ein Schüler oder sonst jemand mit einem Problem zum Schulleiter kommt, ist zunächst die Tragfähigkeit dieser Beziehung zu prüfen. Nicht nur am Beginn, sondern auch im Laufe des Gesprächs ergeben sich möglicherweise Belastungen, die eine Zwischenkontrolle dieser Beziehung erfordert. Als Grundhaltung gilt, daß von seiten des Gesprächsleiters die Aktivitäten stets auf Seite des Klienten verstärkt werden, daß er ermutigt wird, seine Ressourcen zu aktivieren, um an seinem Problem arbeiten zu können. Der Klient steht als Mensch im Mittelpunkt und nicht der "Fall".

(2) Kontakt herstellen (Rapport)

Die Beratung ist ein Lernprozeß, in dem die Eröffnungsphase eine wichtige Rolle spielt. Wie gehen wir aufeinander zu? Wieviel Nähe oder Distanz brauchen wir? Was teilen uns die Sinne Auge, Ohr, Gefühl, Geruch usw. mit? Wieviel Sicherheit oder Bedrohlichkeit erwartet mich? Wie wirkt die räumliche Umgebung auf mich - fördernd, hemmend oder neutral? Ist jetzt die richtige Zeit, der richtige Augenblick? Um dem Klienten diese Phase zu erleichtern und unnötige Barrieren auf die Seite zu räumen, soll der Berater die äußere Situation so verändern, daß sie in höchstem Maße dazu beiträgt, einen lernbereiten Zustand herzustellen. Als Blockadebrecher bewährt hat sich auch das "Spiegeln" des Gegenübers, d.h. daß Körperhaltung, Gestik, Tonfall und Sprechtempo des Beraters an die des Gesprächspartners angepaßt werden. Dieses "Pacing" oder mentale Begleiten hat eine magische Kraft, die immer wieder weiterhilft, wenn der Kommunikationsfluß einmal ins Stocken geraten ist. Manchmal dauert die Phase des Kontaktherstellens länger, manchmal kürzer. Am Ende steht die Frage nach dem Beratungsziel. Das ist effektiver als die übliche Frage: "Welches Problem bedrückt Sie?" Damit werden meist nur die Schleusen für Klagen geöffnet, die einen Zustand außerhalb der Kontrolle des Ratsuchenden beschreiben. Die Frage nach einem Ziel fokussiert den Klienten von Anfang an auf denjenigen Bereich, den er unter seiner eigenen Kontrolle hat, den er selbst ändern kann. Damit wird die Selbstheilungskraft aktiviert, und Sie ersparen dem Klienten schmerzhafte Wiederholungen seiner alten und nicht zielführenden Verhaltensmuster.

(3) Annahme des Klienten und seines Problems

Wenn die Frage nach dem Beratungsziel gestellt ist und die Fokussierung auf die Problemlösung gerichtet ist, wird der Klient zunächst sein Problem und die Situation, in der er sich befindet, schildern. Dies ist die Phase, wo der Berater

---

6 Der Begriff "Klient" stammt zwar aus der Psychotherapie, wird aber heute im gesamten Umfeld professioneller Beratung verwendet. Wir gebrauchen ihn hier, um jeden Ratsuchenden in unserem Arbeitsfeld damit einzubeziehen.

in einer respektvollen, annehmenden Haltung zuhört. Er versetzt sich in die Situation des Klienten hinein und erlebt in einem Zustand der Empathie, wie der Klient seine Handlungsmöglichkeiten wahrnimmt. Der Berater nimmt sich ganz zurück, bestätigt, was er verstanden hat, vermeidet aber jede Stellungnahme, Zustimmung oder Ablehnung, Bewertung oder Interpretation. Dieses "Aktive Zuhören" ist ein Stück Begleitung durch den Problemraum des Klienten. Man erfährt dabei die logische Ebene, auf der der Klient agiert, seine Grenzen und Einschränkungen. Diese drücken sich vor allem in seinen Glaubenssätzen *(Beliefs)* und in der Art von Fragen aus, die er sich stellt.

Beispiele für einschränkende Glaubenssätze:

> "Ich bin ein Pechvogel."
> "Das werde ich nie schaffen."
> "Die anderen sind schuld." usw.

Beispiele für einschränkende Endlosfragen:

> "Wieso habe gerade ich das Problem?"
> "Warum muß mir das immer passieren?"
> "Warum gerade jetzt?"

Es empfiehlt sich, für bestimmte Beratungssituationen die Problembeschreibung schriftlich einzuholen, Zeichnungen anfertigen oder sie sonstwie darstellen zu lassen. Die Verschriftlichung zwingt zur Präzisierung, die Verwendung von bildgestaltenden Materialien aktiviert die Sinne und hilft, Verschüttetes freizulegen.

(4) Problemanalyse: Vom Problemraum zum Lösungsraum
Wir gehen von der Annahme aus, daß die eingeschränkte Denkweise des Klienten, also der Problemraum, die Lösung nicht beinhaltet. Man kann ein Problem nicht auf derselben Denkebene, auf der es entstanden ist, lösen. Denn es ist ja eine bestimmte Art des Denkens, die die Schwierigkeiten erzeugt hat, in denen sich der Klient gerade befindet; und diese Art des Denkens schafft auch weiterhin Probleme, wenn es nicht unterbrochen wird.

Ein erster Schritt ist die Überwindung der Hilflosigkeit, des Gefühls des Überwältigtseins. Für viele Menschen liegt schon in der Definition eines Problems als Problem eine Schwierigkeit. Sie verbinden damit Erfahrungen des Versagens oder des Schmerzes und versuchen eine Wiederholung dieser Gefühle dadurch zu vermeiden, daß sie sich zurückziehen und Hilflosigkeit signalisieren. Sie reagieren mit einer Gefühlsblockade: "Ich kann nicht und ich will nicht!" Der

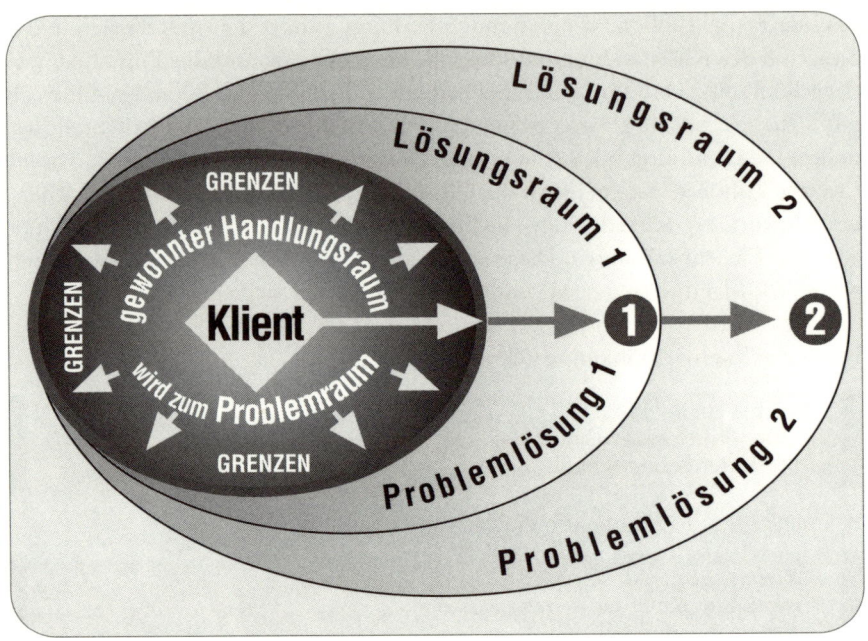

Abb. 5: Problemraum - Lösungsraum

Berater kann deshalb dem Klienten helfen, das Problem selbst umzustrukturieren, zu *"reframen"*, etwa als *"Herausforderung"*, als eine Möglichkeit, etwas Neues zu lernen. Das inspiriert und macht kreativ. Man kann die Herausforderung noch steigern und die Vorstellung wecken, daß jede Problemlösung Spaß und Vergnügen macht und mit Gefühlen des Stolzes und des Erfolges assoziiert wird. Diese innere Einstellung ist eine ressourcevolle Basis für das Herangehen an die weitere Problemanalyse. Ein nächster Schritt besteht darin, die Grenzen des gewohnten Denkens zu überschreiten, sozusagen in Neuland vorzustoßen. Eine wichtige Hilfe dazu kann darin bestehen, fehlenden Informationen nachzugehen, Einschränkungen, die durch Generalisierung, Tilgung oder Verzerrung entstanden sind, bewußt zu machen und damit aufzuheben. Das Meta-Modell der Sprache gibt uns dazu nützliche Hinweise. Vielfach werden auch Zusammenhänge neu zu ordnen und der Kontext wird neu zu bewerten sein. Mit dem Fragerahmen "Was wäre, wenn ...?" werden neue Zugänge zur Problemlösung geschaffen, die zur selbstverantwortlichen Auseinandersetzung und zu Möglichkeiten hinüberführen, die vorher noch ausgeschlossen wurden. In dieser Phase sollte dem Gesprächspartner auch bewußt gemacht werden, daß jede Problemlösung außerhalb seines bisherigen Kompetenzbereiches seine Fähigkeiten erweitert und seinen Aktionsradius vergrößert. Je mehr Probleme wir erfolgreich gelöst haben, desto größer die Erfahrung und die Kraft der Persönlichkeit.

(5) Ein Problemlösungskonzept entwickeln
Eine plumpe Methode wäre es, dem Gesprächspartner Ratschläge zu geben, was er tun und wie er nun handeln sollte. Damit wäre seine Eigeninitiative blockiert, und er verließe sich auf die Unfehlbarkeit des Beraters. Wenn es schief geht, hätte der Berater die Schuld, und der Klient würde in der Meinung bestärkt, daß es keine Lösung gäbe. Um diese Falle zu vermeiden, wird der Klient ermutigt, Lösungsalternativen zu suchen. Meist lauern hinter einer Lösung noch drei bessere.

In dieser Phase haben wir gute Erfahrungen mit den folgenden fünf Problemlösungsfragen gemacht:

> Was ist interessant, gut oder großartig an der Problemsituation?
> Welcher Teil des Problems ist noch nicht so, wie ich ihn haben möchte?
> Was werde ich tun, um das Problem so zu ändern, wie ich es haben will?
> Was werde ich nicht mehr tun, um es so zu ändern, wie ich es haben will?
> Wie kann ich das Notwendige tun und dabei noch Spaß und Freude haben?

Die Größe des Problems spielt dabei keine Rolle. Eine weitere Möglichkeit, dem Klienten bei der Alternativensuche zu helfen, besteht darin, ihn durch weiterführende Fragen zu ermutigen oder ihn anzuleiten, seine sinnesspezifischen Blockaden zu überwinden.
Beispiele:

Lehrerin:	"Ich mache das immer so."
Schulleiter:	"Wie machen das andere?"
Lehrer:	"Das ist der einzige Weg."
Kollege:	"Stell Dir vor, Du würdest ein Geländefahrzeug benützen. Wie ginge es da weiter?"
Schülerin:	"Mir gefällt das eben so."
Lehrerin:	"Gibt es noch etwas anderes, was Dir gefällt?"
Lehrerin:	"Ich sehe nur eine Möglichkeit."
Schulleiterin:	"Stell Dir vor, es gäbe drei Möglichkeiten, wie könntest Du sie finden?"

In dieser Phase sollten mit dem Klienten auch die Grenzen von Problemlösungen diskutiert werden. Oft scheitern Lösungen an der Maßlosigkeit der Zielsetzung oder an der zugestandenen Zeit. Viele gute Lösungen sind nur Zwischenschritte zur Verbesserung einer gegebenen Situation - endgültige Lösungen sind meist Utopien, die selbst wieder neue Probleme schaffen. Wenn wir Probleme als Herausforderungen betrachten, dann sind sie Zwischenschritte einer permanenten Persönlichkeitsentwicklung, gleichsam die Würze des Lebens. Es wäre ziemlich langweilig auf dieser Welt, wenn wir schon alle Probleme gelöst hätten.

(6) Realisierung

Wenn eine entsprechend starke Motivation aufgebaut wurde, um Dinge zu ändern, und wenn die wesentlichsten gedanklichen und emotionalen Barrieren beiseite geschafft wurden, die eine Problemlösung verhindern könnten, dann liegt noch immer ein hartes Stück Arbeit vor uns. Denn Handeln, etwas tun oder etwas unterlassen, das muß der Ratsuchende selbst, wenn er sein Ziel erreichen will. Bekanntlich ist der Weg zum Mißerfolg gepflastert mit guten Vorsätzen. Was kann der Berater tun, um den Gesprächspartner in der konkreten Umsetzung zu unterstützen? Er wird den Plan für das konkrete Vorgehen mit ihm nochmals durchdenken und Inkongruenzen klären. So gut er kann, soll er die Ressourcen des Klienten mobilisieren. Einerseits, indem er ihm bewußt macht, was es ihn kosten wird, wenn sein Problem nicht gelöst wird. Andererseits, indem er darstellt, welche verlockend positiven Aspekte sich mit der Problemlösung eröffnen. Bewährt haben sich auch Verankerungen von *emotionalen Ressource-Zuständen*, die in der Bearbeitungssituation abgerufen werden können. Manchmal wird auch eine konkrete persönliche Unterstützung angebracht sein; sie sollte aber immer so dosiert sein, daß die Eigeninitiative des Gesprächspartners Vorrang hat.

(7) Erfolgskontrolle

Da es meist schon Überwindung kostet, ein Problem anzupacken, und noch mehr, um es zu lösen, ist es umso wichtiger, den Erfolg auch entsprechend zu dokumentieren. Wir unterscheiden zwei Arten der Evaluation. Die begleitende Erfolgskontrolle als schrittweise Überprüfung, ob und wie ich mich dem Ziel nähere. Hier kommt es vor allem auf die sensorische Genauigkeit der Beobachtung an, die ich bei der schrittweisen Annäherung an die Lösung des Problems einsetze. Die Endkontrolle bestätigt, daß ich das Ziel erreicht habe. Sie ist gleichzeitig ein starker *Anker* für Erfolg und ermutigt den Klienten, mit einer erweiterten Problemlösungskompetenz weitere Probleme zu bearbeiten.

Klassenbesuche und Unterrichtsbeobachtung

Eine Sonderform der Beratung stellt die Lehrerberatung im Hinblick auf den Unterricht durch den Schulleiter dar. In Konfliktsituationen ist das insofern eine heikle Angelegenheit, weil zur Abwehr einerseits die Methodenfreiheit und andererseits die gleiche Lehrerausbildung ins Treffen geführt wird. Von Sonderfällen abgesehen schließt sich aus, daß der Leiter eine Unterrichtsberatung aus der Position einer höheren Kompetenz durchführen kann. Bleibt die Konzeption der Kollegenebene, in deren Rahmen ein Beratungsdesign entwickelt werden kann. Dabei stellt sich die Frage nach der Notwendigkeit bzw. nach der Begründung für Klassenbesuche und Unterrichtsbeobachtung.

In vielen Ländern ist für den Schulleiter der gesetzliche Auftrag gegeben. In Österreich regelt diese Frage das Schulunterrichtsgesetz. Im § 56, Abs. 3 heißt es: "Der Schulleiter hat die Lehrer in ihrer Unterrichts- und Erziehungsarbeit zu beraten und sich vom Stand des Unterrichts und von den Leistungen der Schüler regelmäßig zu überzeugen." Das Niedersächsische Schulgesetz regelt diese Frage ähnlich. Nach § 30 Abs.1 heißt es dort: "Er (der Schulleiter) besucht die an seiner Schule tätigen Lehrkräfte im Unterricht und berät sie."

Einerseits stehen Lehrer im Unterricht im "Rampenlicht", denn Schüler und mittelbar auch die Eltern registrieren genau, wie sich der Lehrer in seiner Unterrichtsarbeit verhält. Andererseits sind viele Lehrer im Unterricht weitgehend isoliert. Ihr tatsächliches Verhalten ist meist nur für die Schüler beobachtbar. Aber nur wenige Lehrer lassen sich von ihren Schülern direkt Rückmeldungen geben. Zudem sind die Auswirkungen des Lehrerverhaltens nicht leicht zu messen und zu bewerten. Die berufliche Situation des Lehrers schließt also nicht unbedingt wirkungsvolle Information über die Auswirkung des eigenen Verhaltens mit ein. Diese Information ist aber für jedes Handlungslernen, natürlich auch für das des Lehrers, wichtig. Soll der Lehrer in seiner Unterrichts- und Erziehungsarbeit wirkungsvoll beraten werden, dann gibt es für den Schulleiter zwei wichtige Voraussetzungen:

> Das Unterrichtsgeschehen in seinen wesentlichen Aspekten differenziert wahnehmen können und die Rückmeldung konkret und für den Lehrer hilfreich gestalten. **"**

Unter Berücksichtigung dieser Prinzipien haben wir ein Beratungsdesign für Klassenbesuche entwickelt, das sich vielfältig variieren und auf unterschiedlichste Bedürfnisse anpassen läßt.

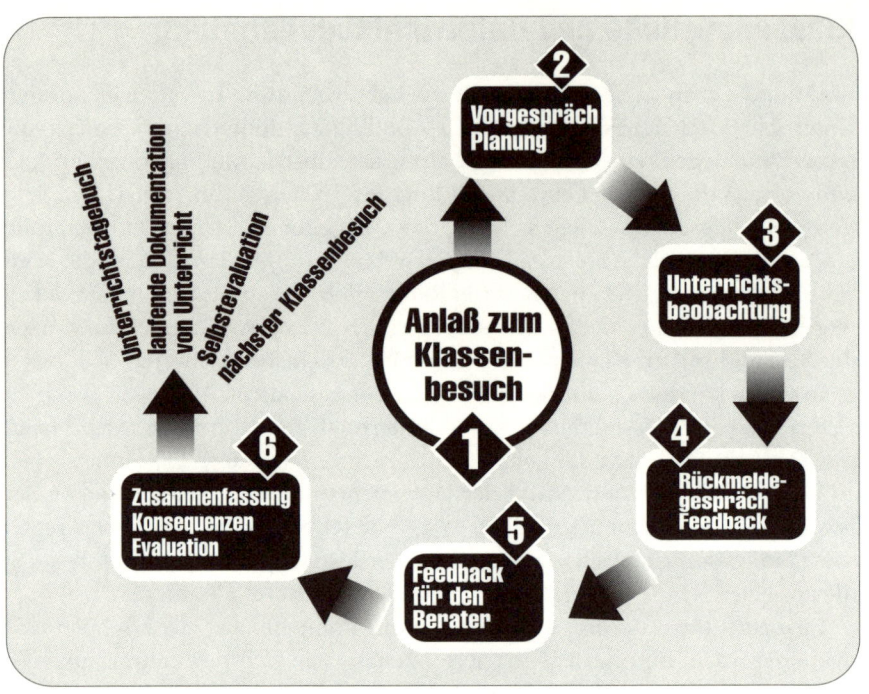

Abb. 6: Beratungszyklus zur Unterrichtsbeobachtung

(1) Der Anlaß zum Klassenbesuch

Wir gehen davon aus, daß der Schulleiter bzw. die Schulleiterin die Beratung durchführt (vgl. Dröge 1990). Im Grunde könnte aber genausogut ein Kollege oder eine Kollegin diese Aufgabe übernehmen. Die Normalsituation ergibt sich, wenn die Schulleitung ihre Verantwortlichkeit für die Qualität der Schule zum Anlaß nimmt, um einen Klassenbesuch anzukündigen. Sie setzt die Initiative. Ideal wäre natürlich, wenn Kolleginnen und Kollegen die Schulleitung zu einem Klassenbesuch einladen, weil sie an ihrer pädagogischen Weiterentwicklung interessiert sind. Hier steht der Wunsch nach Beratung im Vordergrund. Unangenehm wird es, wenn der Anlaß über Klagen oder Beschwerden von seiten der Schüler, Eltern oder Kollegen kommt. Solche Beratungen aus gegebenem Anlaß zeigen die Tendenz, als "Feuerwehraktionen" oder als "Alibihandlungen" den eigentlichen Zweck zu verfehlen. Grundsätzlich empfehlen wir, jeden Anlaß so umzuformen, daß er zum Rahmen für die persönliche Weiterentwicklung des Lehrers wird.

(2) Das Vorgespräch

Der Berater bzw. die Beraterin sollte sich für ein ausführliches Vorgespräch Zeit nehmen. Je besser der Klassenbesuch vorbereitet wird, umso fruchtbarer für beide Seiten. Wir halten es nicht für sinnvoll, nach Beobachtungslisten vorzugehen und damit ein starres Schema von gutem Unterricht festzuschreiben. Vielmehr sollte der Leiter auf einer globaleren pädagogischen Ebene Anregungen geben und kann dies durch Fragen mit dem Lehrer vorbereiten (vgl. Norman 1992):

■ Welchen Wert legt der Lehrer auf die zwischenmenschlichen Beziehungen in seiner Klasse?

■ Wie geht er mit den Unterschieden um, die die Einzigartigkeit jeder Schülerpersönlichkeit kennzeichnen?

■ Wie sichert er Aktivität, Autonomie und Verantwortlichkeit der Schüler für das eigene Lernen?

■ Was tut er, um Gruppenaktivitäten und soziales Lernen anzuregen?

■ Wie schafft er Möglichkeiten, den notwendigen Freiraum mit den Schülern auszuhandeln?

■ Wie sorgt er für Integration und Transfer der Bildungsangebote?

■ Auf welche Weise kann er offenes Lernen im Rahmen des curriculum-orientierten Lernens ermöglichen?

■ Was kann er tun, um ein möglichst global angelegtes Bildungsspektrum als Ergebnis zu sichern?

Im einzelnen sind, abgesehen von den allgemeinen Kommunikationsregeln, noch folgende Punkte für das Vorgespräch zu beachten:

■ Sicherstellen, daß der Besuch bei den Lehrerinnen und Lehrern positiv ankommt und daß der Nutzen eingesehen wird.

■ Die besonderen pädagogischen Interessengebiete der einzelnen Lehrerinnen und Lehrer erkunden.

■ Eine Auswahl dessen treffen, was Lehrer und Lehrerinnen für die spezielle Unterrichtssituation an Rückmeldungen haben möchten.

■ Die weiteren Rahmenbedingungen für den Klassenbesuch gemeinsam festlegen, den Zeitrahmen, die Art der Interaktion während der Anwesenheit des Leiters bzw. der Leiterin in der Klasse und die Art und Weise, wie die Rückmeldung erfolgen soll. Die Lehrer und Lehrerinnen sollten ermutigt werden, ihre Wünsche und Bedürfnisse offen zu äußern. Schließlich wissen sie selbst am besten, was sie brauchen.

(3) Die Unterrichtsbeobachtung

Die Anwesenheit des Leiters oder der Leiterin in der Klasse braucht auch für die Schüler eine plausible Erklärung. Ob diese vom besuchten Lehrer (Lehrerin) oder vom Leiter (Leiterin) gegeben wird, ist Sache der Vorabsprache. Alles, was zur Entspannung der Atmosphäre beiträgt, ist von Nutzen. Unserer Erfahrung nach wirkt es immer peinlich, wenn der Berater oder die Beraterin anfängt, sich in den Unterricht einzumischen. Eine solche Einmischung sollte deshalb grundsätzlich unterlassen werden. Es bringt auch wenig, wenn Berater an Ort und Stelle Rat-"Schläge" erteilen und zeigen, wie sie das machen würden. Wichtiger, als ein bißchen Unterrichtskompetenz zu vermitteln, ist, das Selbstvertrauen der Lehrperson zu stärken!

Wir haben auch gute Erfahrungen mit dem Einsatz der Videotechnik gemacht, aber auch das sollte nur im Einvernehmen mit dem Lehrer geschehen.

(4) Das Rückmeldegespräch für den Lehrer
Damit das Rückmeldegespräch fruchtbar wird, sind die Feedbackregeln einzuhalten. Günstige umgebende Bedingungen und eine gute Atmosphäre für das Gespräch sollten einen hohen Stellenwert einnehmen.

Es geht um Lernen, um Bewußtmachen, um Bestätigen dessen, was gelungen ist, und um die Erkundung von Veränderungsmöglichkeiten für die Dinge, die unbefriedigend sind. Es geht nicht darum, Fehler aufzuzeigen oder negative Kritik zu äußern, sondern darum, Persönlichkeitsentwicklung zu fördern.

(5) Das Rückmeldegespräch für den Berater
Gelungene Kommunikation ist reversibel. Daher sollte der Berater auch für sich ein Feedback einholen. Auch der Schulleiter bzw. die Schulleiterin lernt aus solchen Situationen. Folgende Fragen mögen dazu anregen:

- Wie war für den besuchten Lehrer bzw. für die Lehrerin das Vorgespräch?
- Wie hat er/sie sich gefühlt, als der Berater/die Beraterin in der Klasse war? Was hat sich verändert?
- Was hat dem Lehrer/der Lehrerin das Feedback gebracht? Was haben sie gelernt? Wie konnten sie sich verändern, weiterentwickeln?

Direktorin und Lehrer

■ Wie haben sie den Klassenbesuch insgesamt erlebt? Was werden sie anders machen, wenn der Klassenbesuch nochmals durchgeführt wird?

(6) Abschluß und Evaluation
Berater und Lehrer fassen am Schluß ihre Eindrücke nochmals zusammen und bewerten sie für das gemeinsame Weiterkommen an der Schule. Sie können auch Konsequenzen besprechen, Hinweise und weiterführende Literatur erarbeiten, Fortsetzungen planen, Methoden der Selbstevaluation entwickeln usw. Wir empfehlen Leitern und Lehrern, sich Unterrichtstagebücher anzulegen, wo sie ihre persönliche Entwicklung verfolgen können (vgl. Holly 1984 und 1989, Altrichter/ Posch 1990).

Das Klima, in dem sich der Klassenbesuch und die Beratung abspielt, ist ein Teil des gesamten Schulklimas. Daher sind die Erfahrungen, die hier verankert werden, Teile einer positiven Entwicklung für eine pädagogische Kultur, die das Eigentliche des Lernortes Schule ausmachen. In einem solchen Klima werden Unterrichtsbesuche nicht als "Kontrolle von außen" wahrgenommen, sondern als Chance, die an der Schule vorhandenen Ressourcen für die eigene Entwicklung und die der Schule zu nutzen. Bei Bedarf kann es hierbei auch nützlich sein, einen externen Berater als "critical friend" einzuladen, der eine neue Perspektive zur Weiterarbeit eröffnet (vgl. dazu etwa Höllrigl/Lanthaler 1999).

3 Zeit als pädagogische Dimension

Zielsetzungen und Umgang mit der Zeit in der Schule unterliegen nach Meinung vieler Pädagogen besonderen Regeln und Gesetzmäßigkeiten. Zum Unterschied von den ausbeuterischen Konzepten des Zeitmanagements der Wirtschaft, wo es primär um die maximale Ausnutzung der menschlichen Arbeitskraft gehe, berücksichtige das schulische Zeitmanagement mehr die humanistischen Aspekte. Dem "Immer-mehr" und "Immer-schneller" mit seinen physischen und psychischen Folgen steht das ökologische Synchronisieren, d.h. das gefühlsmäßige Übereinstimmen mit der Zeit gegenüber. Das Überraschende dabei ist, daß auch eine "Kultur der Verlangsamung" durchaus nicht leistungsverringernd wirkt, sondern oft die Qualität der Leistung sogar zu steigern vermag (vgl. Schuppert u.a. 1992). Die Entdeckung der "inneren Zeit" eröffnet neue Möglichkeiten für ein gesünderes Leben durch mehr Bewußtheit.

Bewußtes Zeitmanagement ist oft ein harter Kampf mit sich selbst, gegen den "inneren Schweinehund", gegen die "Zeitdiebe" und gegen die "Ineffektivität". Andererseits geht es um das Erwecken der inneren Kräfte, um das kollektive Übereinstimmen der Zeit und Energien für gemeinsame Aufgaben und Projekte - eine große Herausforderung für Führung in pädagogischen Leitungsfunktionen. Darüber hinaus scheint die Erfahrung der Zeit für die Menschen umfassender, tiefer und unmittelbarer zu sein, als alles andere, was ihr Leben bestimmt. Es überrascht deshalb nicht, wenn die persönliche Auseinandersetzung mit der Zeit oft mit dramatischen Ereignissen, Entwicklungen und Veränderungen verknüpft ist.

Wie wir unsere Zeit strukturieren

"Welche Gedanken kommen Ihnen in den Sinn, wenn Sie an den Begriff Zeit denken?" Diese Frage zum Seminareinstieg löst sehr unterschiedliche Reaktionen aus, von denen wir hier einige abdrucken:

> "Die Zeit läuft rasend schnell vorbei."
> "Mir wird die Zeit immer zu kurz."
> "Ich habe den Eindruck, daß ich in der Vergangenheit viel mehr Zeit
>   gehabt habe als jetzt."
> "Wenn ich an die Zukunft denke, dann bekomme ich Angst."
> "Ich lebe nur mehr in der Vergangenheit, seitdem mein Mann gestorben
>   ist."
> "Ich bin so froh, daß ich die Vergangenheit hinter mir habe."
> "Für mich ist nur die Gegenwart, das Hier und Jetzt, wichtig."
> "Zeit heilt Wunden."
> "Viele Entscheidungen sind überflüssig, denn mit der Zeit regelt sich alles
>   von selbst."
> "Zeit ist Geld."
> "Ich habe das Gefühl, daß ich keine Zukunft mehr habe, alles ist düster
>   und undurchsichtig."
> "Zeit ist für mich wie ein Tanz, ich genieße jeden Augenblick."
> "Ich habe keine Zeit."

Dazu ein Vergleich mit einer ganz anderen Sicht: Der Südseehäuptling Tuiavii hat seinen Stammesangehörigen in Tiavea von seinen Reisen in Europa berichtet und beschreibt, wie die Papalagi (Weiße, wörtlich 'Himmelsdurchbrecher') mit der Zeit umgehen, folgendermaßen: "Es gibt Papalagi, die behaupten, sie hätten nie Zeit. Sie laufen kopflos umher, wie vom Aitu Besessene, und wohin sie kommen, machen sie Unheil und Schrecken, weil sie ihre Zeit verloren haben. Diese Besessenheit ist ein schrecklicher Zustand, eine Krankheit, die kein Medizinmann heilen kann, die viele Menschen ansteckt und ins Elend bringt." (Scheurmann 1991, 67-68)

Für die Art und Weise, wie wir Menschen unsere Erfahrungen organisieren, spielt Zeit eine wesentliche Rolle. Drei Erfahrungsbereiche bestimmen dabei unsere Orientierung: Vergangenheit, Gegenwart und Zukunft. Wenn wir von Zukunft oder Vergangenheit sprechen, dann beziehen wir uns von einer sich fortwährend ändernden Gegenwart aus auf sie. Damit erleben wir aber auch Zukunft und Vergangenheit als ständig sich verändernde Qualität. Aus den einleitenden Aussagen kann man sehr unterschiedliche Arten des Zeitverständnisses und des Zeitgebrauchs erkennen. Manche Formulierungen haben den Charakter von Glaubens- oder Leitsätzen, die nicht nur Sachverhalte betreffen, sondern im Sinne eines "Feedforward" auch handlungsleitend wirken. Ver-

gangenheit, Gegenwart und Zukunft sind Schauplätze unserer Entfaltungsmöglichkeiten ebenso wie unserer Selbsteinschränkungen. Es lohnt sich daher,
die Hintergründe solcher Glaubens- und Wertsysteme zu erforschen, und man
wird dabei auf die Einzigartigkeit des individuellen Zeitverständnisses und Zeitgebrauchs stoßen. Die Auseinandersetzung damit kann sowohl zu einer besseren Organisation der äußeren Zeitfaktoren als auch zur Überwindung von
inneren Zwängen und Einschränkungen beitragen.

Unter *innerer Zeit* verstehen wir hier die vom inneren Selbst her gesteuerte
Zeit, die vor allem dem Gefühl zugänglich ist. In der Anschauung der alten Grie-
chen gibt es den Augenblick, der dem Menschen schicksalhaft entgegentritt,
der günstige Augenblick "Kairos", der aber von ihm auch genützt werden
muß. Ähnliche Phänomene werden auch als *"interne Zeit"* (Prigogine) oder *"ima-
ginäre Zeit"* (Hawking) bezeichnet. Die *äußere Zeit* des "Chronos" fließt dagegen gleichförmig. Sie wird gesteuert von Gegebenheiten und Zwängen, die außerhalb unseres Selbst liegen und mehr dem Verstand zugänglich sind. Die Ereignisse sind zwar beobachtbar, aber nicht immer beeinflußbar.

Um die Jahrhundertwende wurde der Boden für ein Zeitverständnis bereit-
tet, das den Beginn einer beispiellosen Akzeleration von Zeit setzte. Die industrielle Entwicklung benötigte Menschen, die pünktlich zur Arbeit kamen,
Fließbänder mußten exakt bedient werden, und der Konkurrenzkampf invol-
vierte nicht nur die Unternehmer, sondern genauso die arbeitenden Massen.
Dazu benötigte man Zeitpläne, Kontrolluhren und eine perfekte Zeitorganisa-
tion. Das mechanistische Zeit-System wurde so perfektioniert und verwissen-
schaftlicht, daß man die Vorstellung verfolgte, es gäbe für jeden Arbeitsablauf
nur einen richtigen Weg, den perfekt zu organisieren die Hauptaufgabe sei; man
müsse ihn nur herausfinden.

Aus den Notwendigkeiten des technisch-maschinellen Lebens entwickelte
sich die Maxime der "maximalen Zeitnutzung". Die Erkenntnis, daß Zeit nicht
gespeichert, nicht vermehrt und nicht übertragen werden kann, führte zur Frage, was der Mensch mit der Zeit überhaupt anfangen könnte. Man kann Zeit
vor allem planen und nutzen. Ausgehend von der einfachen Rechnung, daß eine
durchschnittliche Lebensarbeitszeit ca. 88.000 Stunden beträgt (bei 40 Jahren
und 220 Tagen jährlich und 10 Stunden täglich), sollte das sinnvolle Durchpla-
nen der gesamten verfügbaren Zeit zur maximalen Ausnutzung von Zeitres-
sourcen führen. Zeitverlust stand für Frust und sinnvolle Zeitnutzung bedeutete Freude, Zufriedenheit, Wohlstand und Erfolg. Zeit und Geld wurden immer
mehr gleichgesetzt und begründeten eine neue Wertdimension.

Hilfsmittel zur Optimierung der Arbeitsorganisation

Die Vorstellung, daß man Zeit gewinnen könne, beflügelte Arbeitsökonomen, Wissenschaftler und Management-Experten zur Entwicklung einer immer perfekteren Technologie zur Beherrschung der Zeit. Die Anstrengungen richteten sich vor allem auf die Bereiche des zeitgewinnenden Zielesetzens, auf das professionelle Planen, auf die Optimierung von Entscheidungsprozessen, auf Realisierungsvorgänge und Organisation und auf die Kontrolle. Selbst Kommunikations- und Interaktionsprozesse wurden auf ihre Zeitgewinn- oder Verlustmöglichkeiten hin untersucht. Einige der bekanntesten Instrumente seien im folgenden exemplarisch dargestellt, da sie mit gewissen Vorbehalten auch manchen Schulleitern nützliche Dienste leisten können.

(1) Checklisten zur Zeitverlustanalyse
Sie dienen der Fehlersuche im Rahmen des Managements und ermöglichen das Aufspüren von letzten Resten besser verwertbarer Zeit. Sie basieren meist auf Erfahrungswerten und werden berufsgruppenspezifisch angeboten. Aus vielfachen Erfahrungen kann festgestellt werden, daß die Tempoqualität von Zeit bei Schulleitern viel unterschiedlicher wahrgenommen wird als beispielsweise bei Führungskräften der Wirtschaft. Manche Leiter haben viel zu wenig und manche viel zu viel Zeit. Die Notwendigkeit einer Verbesserung der persönlichen Situation verlangt genauere Diagnosemittel, als dies mit Checklisten möglich ist.

(2) Selbstbeobachtung oder Fremdbeobachtung und Auflistung von Tätigkeiten
Führungskräfte, die sich der Mühe unterziehen, über einen oder mehrere Tage genaue Aufzeichnungen über ihre sämtlichen Tätigkeiten zu erstellen, können durch Einschätzungen und durch die Anwendung von Berechnungsformeln ihre Effektivität überprüfen. In der Regel ist dieses Vorgehen genauer als eine Checklistenanalyse und führt oft zur Entdeckung von erstaunlichen persönlichen Zeitreserven. Das heißt natürlich nicht, daß damit schon alle Zeitprobleme gelöst wären. Es erfordert meist ein hartes Stück konsequenter Arbeit an sich selbst, die Verhaltensweisen so zu verändern, daß aus vergeudeter Zeit wertvoll genutzte Zeit wird. Eine wesentlich aufwendigere Methode der Zeitanalyse stellt die Fremdbeobachtung dar. So könnte ein Leiter einen Kollegen einladen, eine tätigkeitsbegleitende Beobachtung durchzuführen und die Ergebnisse anschließend gemeinsam auszuwerten. Das Auswertungsgespräch kann sich als sehr fruchtbarer Coaching-Prozeß entwickeln, der weit über die Wirkung einer reinen Zeitanalyse hinausgeht (vgl. Fischer 1987, Bd. 1, 34 ff.).

(3) Das Pareto-Prinzip

Um die Jahrhundertwende entdeckte der italienische Volkswirtschaftler Vilfredo Pareto einen Zusammenhang zwischen Wert und Mengenanteilen in der Vorratslagerwirtschaft. So brachten zum Beispiel bei Inventurkontrollen 20 % der Bestände ca. 80 % des gesamten Lagerwertes, die anderen 80 % des Lagerraumes wurden von Beständen gefüllt, die nur 20 % des Gesamtwertes repräsentierten. Überträgt man dieses Prinzip auf Arbeitsvorgänge, so ergeben sich folgende Auswirkungen: Die ersten 20 % der Zeit, die für die wichtigsten 20 % des Arbeitsbereiches aufgewendet werden, erbringen 80 % des gesamten Leistungsergebnisses. Die restlichen 80 % der Zeit, die man für weniger wichtige Dinge umsetzt, erbringen nur 20 % der Gesamtleistung. Die folgende Skizze mag dies veranschaulichen (vgl. Seiwert 1990, 130).

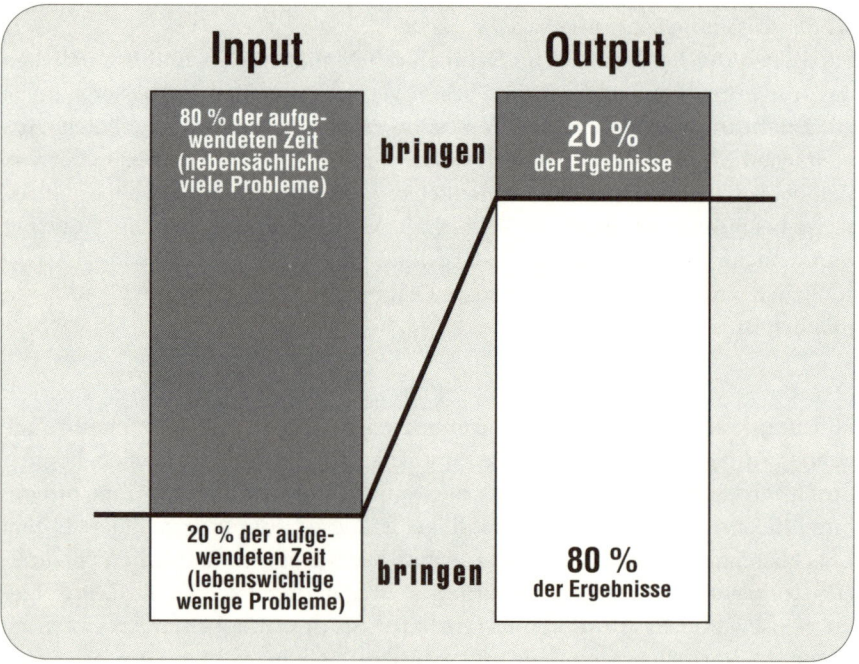

Abb. 7: Das Pareto Prinzip

Für das tägliche Leben veranschaulicht das Pareto-Prinzip, wieviel Zeit wir tatsächlich für weniger wichtige Dinge "vertrödeln".

(4) Prioritätensetzung durch ABC-Analyse

Eine Variante zum Pareto-Prinzip besagt, daß die Prozentanteile von wichtigen, weniger wichtigen und unwichtigen Aufgaben an der Menge aller Aufgaben ungefähr konstant ist. Wenn wir die Einzelaufgaben in A-, B- und C-Aufgaben einteilen, so sollen sie nach ihrer Wichtigkeit für die Erreichung beruflicher und privater Ziele klassifiziert werden. Die A-Aufgaben umfassen etwa 15 % der Menge aller Tätigkeiten einer Führungsperson. Ihr eigentlicher Wert im Sinne der Zielerreichung liegt jedoch bei ca. 65 %. B-Aufgaben machen etwa 20 % an Menge und bringen auch etwa 20 % an Wert. C-Aufgaben machen ca. 65 % an Menge aus, haben aber nur einen Wertanteil von ca. 15 % am Ergebnis. Die folgende Skizze faßt diesen Sachverhalt zusammen (vgl. Seiwert 1990, 132).

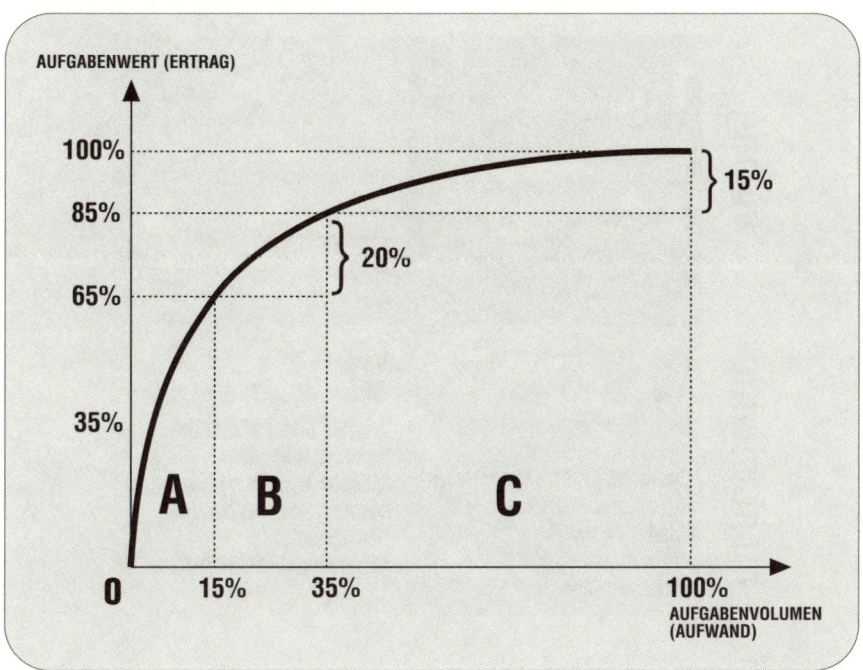

Abb. 8: Die ABC-Analyse

Eine Schlußfolgerung, die wir daraus ziehen können, ist, daß die A-Aufgaben als wichtigste Aufgaben des Tages immer zuerst und mit vollem Einsatz erledigt werden. Stundenpläne, Unterrichtvorbereitungen und die gesamte Lehr- und Lernorganisation könnten im Hinblick auf ihre Effektivität nach diesem

Prinzip optimiert werden. Die Zielorientierung des Unterrichts ist ein Schritt in diese Richtung. Was oft noch fehlt, ist die Bestimmung der Wertigkeit nicht nur aus der Sicht der Lehrplanverfasser, sondern auch als eigene Entscheidung von Lehrern und Schülern im Sinne einer erweiterten Schulautonomie.

(5) Wichtigkeit versus Dringlichkeit

Eine sehr einfache und nützliche Unterscheidungsregel hat der US-General Dwight Eisenhower eingeführt. Je nach hoher oder niedriger Dringlicheit oder Wichtigkeit einer Aufgabe lassen sich die folgenden Möglichkeiten bei der Bewertung und Erledigung von Aufgaben unterscheiden.

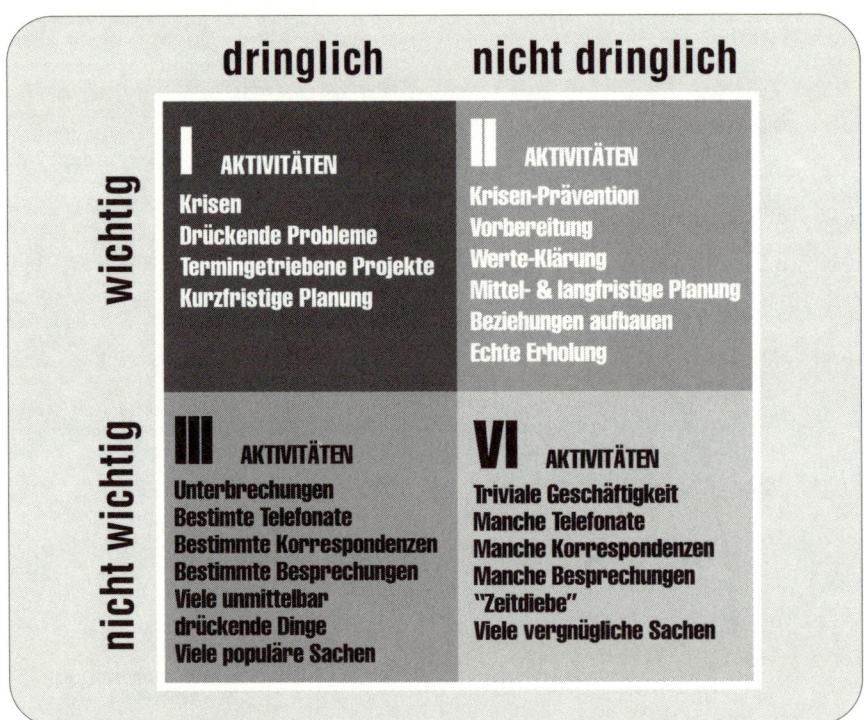

Abb. 9: Wichtigkeit und Dringlichkeit

Wir verbringen unsere Zeit in einer der vier Möglichkeiten, wie sie in der Skizze veranschaulicht werden. Die meisten tüchtigen Menschen agieren vorrangig in den Quadranten I und III (Bereich Dringlichkeit) und flüchten manchmal zu den nicht wichtigen und nicht dringlichen Aktivitäten des Quadranten IV, zu den "Zeitfressern".

Dringliche Dinge belasten uns, und wir reagieren gewöhnlich sensibel auf sie. Aber die Forschung bestätigt uns, daß erfolgreiche Menschen die Dinge nicht anders machen, sondern daß sie andere Dinge tun. Wenn Sie sich also auf die wichtigen und nicht dringlichen Dinge des Quadranten II fokussieren, dann machen Sie einen Quantensprung in Ihrer persönlichen und organisatorischen Effektivität. Die meisten vitalen Notwendigkeiten Ihres Lebens sind wichtig, aber nicht dringlich. Weil sie nicht dringlich sind, werden sie oft nicht getan. Wir müssen antizipieren und die wichtigen Dinge tun, nicht die dringlichen. Statt daß wir "nein" sagen zu den unwichtigen Dingen, sollten wir "ja" sagen zu den wichtigen.

Nehmen Sie das Beispiel "Krisen". Wenn Sie die "Prävention von Krisen" aus Quadrant II vernachlässigen, dann werden ständig "Krisen" in Quadrant I Ihr Leben erschüttern. Und wenn sie täglich statt wöchentlich planen, werden Sie mehr Streß in Quadrant I erleben und Ihre kurzfristige Planung wird dort nur mehr Prioritäten für die "hausgemachten" Probleme setzen können.

Aus den Erfahrungen mit dem Berufsalltag von Schulleitern ergibt sich immer wieder ein unverhältnismäßig hoher Anteil an dringlichen, aber nicht wichtigen Aufgaben, die weitgehend das Tagesgeschäft ausmachen. Die langfristigen wichtigen Dinge kommen dabei weitgehend zu kurz. Die Weisheit, die in der Unterscheidung von wichtig und dringlich steckt, führt zu einer inneren Gelassenheit und in der Folge zum Verändern zeitfressender Gewohnheiten. Damit wird der Freiraum geschaffen, der beispielsweise notwendig ist, um pädagogische Führung zu ermöglichen. Unsere Erfahrungen zeigen, daß dieser Lernprozeß gut in die Schulpraxis transferiert werden kann.

(6) Delegation von Verantwortung
Unter Delegation versteht man heute bekanntlich die Übertragung von Aufgaben oder Tätigkeiten aus dem Arbeitsbereich einer Führungsperson auf einen oder mehrere Mitarbeiter. Mit den Aufgaben muß aber auch die Kompetenz und die fachliche Verantwortung übertragen werden. Dabei ist zwischen Handlungs- und Führungsverantwortung zu unterscheiden. Handlungsverantwortung ist zu delegieren, Führungsverantwortung bleibt bei der Führungsperson und ist nicht delegierbar. Das Delegationsprinzip ist in der Schule nur begrenzt einsetzbar. So ist beispielsweise der Schulleiter in Österreich ab einer Schulgröße von 9 Klassen vom Unterrichten freigestellt, während die Lehrer grundsätzlich durch die Ausschöpfung ihrer Lehrverpflichtung genug delegierte Arbeit leisten. Wenn also kein Schulsekretariat und kein Stellvertreter zur Verfügung steht, hat der Leiter die Verwaltungstätigkeiten innerhalb seiner Freistellung (abgegolten durch eine Leiterzulage) selbst zu leisten. Eine zusätzliche Delegation von Aufgaben aus dem Verwaltungsbereich der Schule an die Lehrer wür-

de bei ihnen den Eindruck erwecken, daß der Leiter nur Arbeit abwälzen wollte, die er eigentlich selbst tun müßte. Das schafft Konflikte und ist durch das
Delegationsprinzip nicht abgedeckt. Umgekehrt kann man dort, wo Delegation möglich ist, Führungsaufgaben einer breiteren Trägerschaft überantworten.
Delegation bildet so die Basis für kooperatives Handeln und stärkt die gemeinsame Verantwortung.

> Bei der praktischen Anwendung des Delegationsprinzips sind einige Fragen
> und Grundsätze zu beachten:
> a) Was kann delegiert werden? Was muß der Leiter selbst tun?
> b) An wen kann delegiert werden? Nicht jeder ist für jede Aufgabe geeignet.
> c) Ist die Motivation für die delegierten Aufgaben gesichert? Wenn nicht, dann
>   erfolgt Rückdelegation.
> d) Gibt es genug Sicherungen und Kontrolle, um einen Mißerfolg zu ver-
>   meiden? Wenn nein, darf man sich nicht wundern, wenn die Sache anders
>   verläuft, als erwartet.
> e) Sind alle äußeren Rahmenbedingungen geklärt? Ressourcen, Kompeten-
>   zen, Zeitfaktoren, Kosten usw.
> f) Ist der erfolgreiche Abschluß gesichert? (Evaluation)

(7) Rationelle Information und Kommunikation

Information und Kommunikation gelten gleichsam als das Getriebe des Mana-
gementprozesses. Die rationelle Verarbeitung der täglich auf uns einstürmen-
den Informationsflut schützt uns nicht nur vor Verwirrung und ungesundem
Streß, sondern unterstützt uns auch bei den Führungsaufgaben in sozialen Systemen. Führungspersonen verbringen durchschnittlich 80 % ihrer Zeit mit Lesen,
Korrespondieren, Besprechungen, Telefonaten und anderen Kommunikationsformen. Es lohnt sich daher, etwa die persönliche Verarbeitungskapazität
von schriftlichen und mündlichen Informationen zu testen. So sollte etwa eine
durchschnittliche Lesegeschwindigkeit von 800 Wörtern pro Minute bei Erhaltung der je nach Textsorte und Leseziel unterschiedlichen Speicherkapazität
bzw. Strukturerfassung zum Standard einer Führungsperson gehören. Die Betreuung von Besuchern, die Leitung von Dienst- und Mitarbeiterbesprechungen,
Beratungs- und Kritikgesprächen, die Konferenzleitung u.a. gehören zu den
oft nicht sorgfältig auf das Verhältnis von aufgewendeter Zeit zu erreichtem
Ergebnis überprüften Führungsmitteln. Das betrifft zunächst das Gesprächsverhalten des Leiters oder der Leiterin selbst. Aber auch im Umgang mit Kollegen und bei Außenkontakten spielt der Zeitfaktor eine zeitsparende oder
zeitfressende Rolle. Manche Leiter fürchten unhöflich zu wirken, wenn sie
abschweifende und langatmige Monologe ihrer Gesprächspartner unterbrechen.
Tun sie es aber nicht, dann entstehen negative Gefühle, die in der Folge viel mehr

ungünstige Effekte erzeugen als ein straff und ergebnisorientiertes Gespräch, bei dem Wertschätzung dadurch zum Ausdruck kommt, daß auf die eigene kostbare Zeit ebenso wie auf die des Gesprächspartners geachtet wird.

In diesem Zusammenhang wird auch auf das Telefonmanagement hingewiesen. Im allgemeinen wird sehr großzügig mit dem Telefon umgegangen. Ob das Telefon zum Zeitfresser oder zum Zeitsparer wird, hängt vom persönlichen Gebrauch ab. "Lieber Herr Kollege, wie geht es Dir?" ist so eine Einladung, die eher einen gemütlichen Tratsch einleitet als eine Informationsübermittlung. Seminare zum Telefonmanagement, wie sie heute im Wirtschaftsbereich angeboten werden, wären auch im Führungsbereich der Schule eine sinnvolle Investition. Rationelle Korrespondenz und Schriftgutverwaltung wird durch die unübersehbare Flut von Gesetzen, Verordnungen und Erlässen, von amtssprachlichen Floskeln und von bürokratischen Leer-

läufen überlagert. Hier könnte die Anwendung der Prinzipien der Verständlichkeit (vgl. Langer/Schulz von Thun/Tausch 1981) eine wesentliche Verbesserung im Sinne einer ökonomischeren Arbeitsorganisation bewirken.

Zusammenfassend kann gesagt werden, daß sich diese hier beispielhaft aufgezählten Instrumente aus dem klassischen Zeitmanagement auch bei der Anwendung im Führungsbereich der Schule bewährt haben. Wie bei allen Instrumenten kommt es aber auf die Art der Anwendung an. Dort, wo sie zur "Beherrschung der Zeit" eingesetzt werden, erzeugen oder verstärken sie negativen Streß mit allen seinen Folgen. Viele Leute tragen ihre Zeit-System-Mappen in Leder wie Statussymbole mit sich herum, aber die Auswirkungen sind oft anders als erhofft. Schreibtisch-Menschen, die mit einem Zeitplanungs-System herumlaufen, erwecken den Eindruck, daß sie ihr ganzes Büro mithaben. Sind sie tatsächlich dem Geheimnis des Zeitmanagements auf der Spur? Oft ist es nur ein Vorwand, sich nicht tatsächlich mit einer genauen Analyse der eigenen Zeiteinteilung auseinandersetzen zu müssen. Das Material, das in der Zwischenzeit bereits als Computersoftware vorliegt, kann die Arbeitsorganisation unterstützen, aber es managt nicht die Zeit. Das Managen der Zeit bleibt nach wie vor dem Benutzer und seiner Zeit-Intelligenz überlassen. Wer jedoch mit Hilfe solcher Zeitmanagement-Instrumente seine Arbeitsorganisation verbessert und optimiert, wird daraus für sich und seine Mitarbeiter Nutzen ziehen.

Der Wettlauf mit der Zeit, mit allen seinen Nebenerscheinungen, ist die letzte Konsequenz eines mechanistischen Weltbildes mit dem Ziel einer vollständigen Ausbeutung der ökologischen Reserven. Die Folgen sind sowohl beim einzelnen Menschen als auch in der Natur verheerend. Herz und Kreislauf können selbst bei bester Anpassung oft das Tempo nicht mehr verkraften. Der Hexenkessel der Süchtigkeit nach der Beherrschung der äußeren Zeit gibt seine Opfer nicht mehr frei. Die Folgen der kollektiven Hetzjagd durch die schnelle Route von Daten, Ereignissen und Erfahrungen, die alle global verbunden und vernetzt sind, führen rasch zum Verlust der persönlichen Sensitivität für Zeit, die Lebensqualität wird eingeengt, übrig bleibt Frustation und ein nervlich überstrapazierter Organismus. Eine großartige Metapher für diese Situation, die uns betroffen machen sollte, ist die Geschichte von Momo, dem Mädchen, das den Menschen die von den Zeitdieben gestohlene Zeit wieder zurückbringt (vgl. Ende 1973).

Schulleitung zwischen Chaos und Zukunftsmanagement

Aus der Annahme einer mechanistischen Ordnung und damit eines mechanistischen Zeitbegriffs sind die Problemlöser in unserer Zivilisation immer mehr in eine Sackgasse geraten. Eine Sicht der Welt, die das Universum auf ein riesiges Uhrwerk reduziert hat, läßt sich heute nicht mehr aufrecht erhalten. Der Glaube an Vorhersagbarkeit im alten Sinne, eine sogenannte starke Kausalität, schafft heute in vielen Lebensbereichen Fehlentwicklungen, Irrtümer und Katastrophen, die Machbarkeit und Beherrschbarkeit als Utopie entlarven. Die "neuen Realitäten" (vgl. Drucker 1990) stellen sich vielfach als komplex und dynamisch dar, das alte Ordnungsdenken kann damit nichts mehr anfangen. Der Sammelbegriff für alles, was der Mensch heute als bedrohlich empfindet in der Politik, in Ökonomie und Ökologie, im Denken, ja die ganze Welt ist Chaos.

Eine zusammenfassende Erkenntnis aus der Chaosforschung besagt, daß jenseits eines bestimmten Zeithorizonts der Verlauf eines Ereignisses weder reproduzierbar noch vorhersagbar ist. Ilya Prigogine spricht von einem Umbruch der Zeittheorien. Die daraus resultierende höhere Zeitgeometrie mündet in ein Meta-Bewußtsein.

Was wir für das Zeitmanagement aus der Chaosforschung lernen können, ist vor allem ein besseres Verständnis von Komplexität. Die gegenseitige Verkoppelung von Einflußfaktoren wirft jede längerfristige Planung über den Haufen. In der Zukunftsforschung etwa zeigen die Zukunftsszenarien immer größere Streuungen, je weiter wir vorauszuplanen versuchen.[7] Darüber hinaus werden irreversible, d.h. nicht umkehrbare Prozesse zur Erfahrungstatsache. Die Naturgesetze enthalten keine Richtung der Zeit. Jeder noch so kleine störende Einfluß auf Systemprozesse wächst "nichtlinear" an und wird chaotisch. Der "Pfeil der Zeit" bleibt kreativ. Die Zeit ist aus dieser Sicht eine entscheidende Voraussetzung für alle Vorgänge, die nicht umkehrbar sind, also auch für die Entstehung von Chaos und Ordnung (vgl. Breuer 1990). Auch wenn im täglichen Leben das statische Denken noch sehr stark in der Bevorzugung von Homogenität, von Disziplin, von starren Ordnungen u.ä. verankert ist, werden doch immer mehr Dogmen des alten Denkens fragwürdig. Wachsende Komplexität, Instabilität und Dauerturbulenzen finden sich nicht nur in der Wirtschaft, sondern auch im Schulsystem.

Beinahe unberührt von dem veränderten und sich weiter verändernden Kontext organisiert sich die Schule ihre Zeit auf ihre eigene Weise. Die Pausenglocke

---

7   Die Szenariotechnik versucht diesem Sachverhalt dadurch gerecht zu werden, daß sie mehrere mögliche Entwicklungen annimmt und diese auf ihre Wahrscheinlichkeiten hin untersucht (vgl. Seite 101).

organisiert das Zeitbewußtsein von Lehrern und Schülern. Das Läuten als Taktvorgabe begünstigt die Rationalisierung des Schullebens und spiegelt den Glauben an ein System, in dem die Zeit einen geordneten Verlauf nimmt. Wenn Stundenpläne und Lehrfächerverteilungen ausgehandelt werden, dann gilt das Prinzip der Zeittrennung, das auch für die Festlegung von Terminen durch den Schulleiter zu beachten ist. Das Gegenteil wäre die zeitliche Isolierung, die ununterbrochene Verfügbarkeit. Der dahinterliegende Glaubenssatz lautet etwa: "Ich muß als Leiter immer für alle da sein." In diese Richtung argumentiert der Rektor einer Realschule, wenn er schreibt: "Zeitmanagement bedeutet demgemäß nicht, Arbeitszeit zu managen, sondern heißt in erster Linie, Raum zu schaffen, um Probleme zu lösen oder anzupacken" (Heise 1984, 16). Leiter, die dieses Prinzip konsequent vertreten, kommen in Gefahr, daß sie sich aus einer Sklaverei der von außen auferlegten Zwänge nicht mehr befreien können. Das drückt sich beispielsweise darin aus, daß Arbeiten mit nach Hause genommen werden, daß auch am Wochenende die dienstlichen Telefonate nicht abreißen und daß solcherart die Freizeit zum verlängerten Dienst wird. Die Arbeitszeit sollte grundsätzlich so gemanagt werden, daß nicht nur das Tagesgeschäft erledigt wird, sondern daß darüber hinaus Freiräume für längerfristige konstruktive Tätigkeiten verfügbar werden.

Damit Menschen ihr Handeln koordinieren können, organisieren sie eine Sozio-Zeitlichkeit, in der eine soziale Gegenwart erschaffen und bewahrt wird. Eine Soziokultur entsteht, wenn Gefühle und Einstellungen auf Dienstleistungen und Kulturfähigkeit ausgerichtet werden. Zeitpläne sind so für den Schulbereich nichts anderes als eine Synchronisation auf die Notwendigkeiten kollektiven Lehrens und Lernens. Beispiele für die Regelung der Sozio-Zeitlichkeit finden wir sowohl in den Regeln des Heiligen Benedikt, in den Stundenbüchern des Mittelalters, in der Organisation von Institutionen, in den Zulieferstrategien von industriellen Fertigungsstraßen u.v.a. Die Sozio-Zeitlichkeit kann durch die heutigen modernen Informations- und Nachrichtensysteme auf einen weltumspannenden Augenblick eingeengt werden.

Trotzdem klagen neu bestellte Führungskräfte in pädagogischen Leitungsfunktionen über die verlorene Zeit, über erbarmungslose Terminzwänge und Zeitdruck, je höher sie die Karriereleiter emporsteigen. Und die Regeln des äußeren Zeitmanagements, meist aus der Wirtschaft übernommen, bringen nicht das erwünschte Ergebnis, weil die Zielsetzungen in der Schule andere sind und deshalb nicht einfach in diesen Bereich übertragen werden können. Eine besondere Herausforderung für das Schulmanagement liegt vielleicht darin, die Verfügbarkeit der Schulleitung als Dienstleistung mit der Autonomie zur Selbstgestaltung zeitlicher Strukturen zu verknüpfen. Das betrifft einerseits den Wertewandel und vor allem die Kinetik, die Beschleunigung von Prozessen, denen viele Verantwortliche hilflos gegenüberstehen. Flüchtlingsströme, Verhaltensstörungen, Lernschwächen u.a. sind Phänomene, die heiße Debatten unter Schulpolitikern, Pädagogen und anderen Experten auslösen. Der Versuch, mit Anpassung diese Probleme zu lösen, genügt nicht mehr, die Schule müßte mehr Zukunftsorientierung zeigen! Die Zukunft ist eine Qualität, die nicht einfach auf uns zukommt, sondern durch unsere Visionen und Glaubenssätze gestaltet wird. *Multimind* (vgl. Ornstein 1990) und Mind-Design (vgl. Kapellner 1990) sind Begriffe, die uns darauf hinweisen, das Bewußtsein so zu aktivieren, daß es zukünftige Wirklichkeiten schafft. Die Schule braucht ein visionäres Management, das Zukunft gestaltet und nicht aus verunglückten Erfahrungen der Vergangenheit Verallgemeinerungen trifft und sie als Lösungen anbietet. Die Schule selbst wird zum irreversiblen Prozeß, innerhalb dessen sich die Betroffenen ihren Lehr- und Lernprozeß gestalten können. Die "springende Zeit" entwickelt dabei eine Dynamik, die unsere starren Lehrpläne und andere Requisiten in ihrer zeitüberholten Form entlarvt. Jede Generation wird sich ihre eigenen "Lernpläne" als flexible Vorgaben erschaffen müssen, wenn sie auf die Anforderungen der Zukunft vorbereitet werden will. Eine heilsame Selbstorganisation kann man nicht befehlen oder einführen. Entwickelte Persönlichkeiten handeln aus ihrer inneren Autonomie heraus durch die freiwillige Übernahme von Verantwortung.

Jede Zeit erschafft sich ihre Zeit-Intelligenz, ihren "schnellen Geist". Durch mentales Training und andere neue Kommunikationsformen kann der Prozeß unterstützt werden. Es handelt sich um ein soziales Lernen mit Hilfe von kollektiven "Mind-Programmen" zur zukunftsorientierten Entwicklung des Bewußtseins. Imaginative Prozesse in Gruppen aktivieren kollektive Energien und erleichtern kollektives Ent-lernen. Ent-lernen bedeutet, den alten und unnütz gewordenen Ballast über Bord zu werfen, damit Neues entstehen kann. Dazu ist Vertrauen und innerer Friede notwendig. Ent-lernen kann man auch beschreiben als De-programmieren, als Auflösen von fehlerhaften Denkweisen. Es wird Zeit, das Lernen selbst umzuorganisieren und neue sozio-dynamische Bildungskonzepte zu installieren. Es wird höchste Zeit, daß die Schule ihre eigentlichen Aufgaben wahrnimmt, die Grundlagen für das Erlernen des Lernens neu zu konzipieren. Es genügt nicht, daß sich nur einzelne Lehrer und Lehrerinnen oder einzelne Alternativschulen in esoterischen Nischen mit diesen Fragen beschäftigen. Es ist eine neue Generation von Führungskräften in pädagogischen Leitungsfunktionen gefragt, die die Verantwortung für die Weiterentwicklung einer neuen Zeit-Kultur und der darin noch verborgenen Kompetenzen übernehmen, entsprechende Visionen entwickeln, konkrete Ziele daraus ableiten und den Wandel managen. Führungskräfte, die die schnelle, springende Zeit als Feind erleben, tendieren zum Bremsen und zur Vergangenheitsorientierung. Diese wiederum bewirkt einen Konservativismus, der nur verwaltet, aber nicht in die Zukunft gerichtet ist. Konservativismus, der nur verwaltet, aber nicht bereit ist, in die Zukunft zu investieren, kann heute nicht mehr als neutral oder unschädlich verharmlost werden. Im Notfall nicht handeln bedeutet Schaden stiften und zerstören! Verwalter möchten die Zeit beherrschen. Transformative Führungskräfte nutzen die Zeit. Das Zeitbewußtsein, das ein Leiter im Kopf hat, ist ein entscheidendes Potential für eine neue Qualität von Führung (vgl. Diehl 1992, 45 ff.). Damit verändert sich auch die Bedeutung von Schulmanagement in Richtung auf dynamische Bewußtseinsbildung. Führungskräfte sind Entwickler, die Prozesse der Selbsterneuerung ermöglichen und lenken. Ein neues Führungsmodell, das wir "Transformational Leadership" nennen, macht diesen Bewußtseinswandel zum Leitthema (vgl. Kapitel 7). Die europäische Schulkultur ist historisch zeitgeprägt und überwiegend von linearen Zeitvorstellungen getragen. Diese Schulkultur wird ihr Zeit-Bewußtsein zu einem evolutionären Bewußtsein von Zeit verändern müssen, das sich stärker an den Notwendigkeiten der Gegenwart orientiert und wesentlich intensiver als je zuvor in die Zukunft entwirft. Visionen, Zukunftszenarien und gewandelte Kontexte werden die Bildungspolitik für ein neues Europa bestimmen. Es gilt, junge Menschen auf eine neue Qualität von Zeitverständnis und Zeitgebrauch vorzubereiten. Zeitmanagement ist ein Thema wie Lernen-lernen oder Ethik. Es ist ein Lebensprinzip, das nicht nur die Einseitigkeit mechanistischer Zeitauffassung sondern eine ganzheitliche Sichtweise thematisiert.

Eine ganzheitliche Sichtweise von Zeit

Wenn wir von einer evolutionistischen Beschreibung des Universums ausgehen, stoßen wir auf die Kinetik, die Lehre von der Bewegung. Die Beobachtung, daß das Wandlungstempo sich in beinahe allen Lebensbereichen so sehr beschleunigt hat, führt uns zu der These "Evolution und Zeit wandern so sehr aufeinander zu, daß Evolution zum Augenblick wird. Evolution wird Gegenwart." (Gerken 1991, 22) Das Universum entwickelt sich als Ganzes, und damit läßt sich auf eine Richtung der Zeit und der Ereignisse schließen, die unabhängig von Lebewesen existiert. Der Pfeil der Zeit ist ihre Irreversibilität. In der Zeit des mechanistischen Weltbildes war die Zeit reversibel. Man konnte Fehler reparieren und durch Schaden klug werden. Aus reversiblen und deterministischen Gesetzen kann man keine Irreversibilität ableiten. Heute ist Reversibilität eher eine Ausnahme und nicht mehr die Regel. Bio-Technologie und Gen-Technologie weisen auf Veränderungen hin, die irreversibel sind. Eine dramatische Veranschaulichung findet die Irreversibilität heute im Ökologiebereich.

Umweltzerstörung und Naturverseuchung zu reparieren ist, als ob man versuchen wollte, Tote wieder lebendig zu machen. Materie selbst ist wie das Leben ein irreversibles Ereignis, in dem Offenheit herrscht und nicht Gleichgewicht.

Für unsere Aufgaben bedeutet dies, daß wir für jedes Handeln, für jeden Versuch nur eine einzige Chance in der Zeit haben. Es gibt keine Wiederholung desselben, womit das Phänomen Verantwortung eine ungeheure Bedeutung erhält.

Die Entdeckung der inneren Zeit schafft uns nicht nur mehr Freiheit, sondern auch innere Konflikte: die Freuden, die vergangen sind, die Enttäuschungen über nicht erreichte Ziele und die Hoffnungen, Befürchtungen und Ängste im Hinblick auf die Zukunft. Wir wollen das im folgenden Vergleich aufzeigen.

Kehren wir zum Alltag zurück. Wenn wir am Morgen aufstehen, ist es meist ein Wecker, der uns wachruft; ein Blick auf die Uhr nach dem Frühstück; und tagsüber werden viele äußere Taktzeichen unseren Lebensablauf bestimmen. Schließlich tragen viele Menschen ja trotz Wecker, Schuluhr, Zeitzeichen im Radio und Fernsehen ihre Armbanduhr am Handgelenk immer mit sich herum. Diese von außen her kontrollierenden Taktgeber vermitteln die äußere Zeit. Diese ist verbunden mit Begriffen wie Pünktlichkeit, zu spät oder zu früh kommen, etwas versäumt zu haben, einen Termin eingehalten oder verpaßt zu haben. Wir leben danach, ohne uns noch viele Gedanken darüber zu machen. Die äußere Zeit bestimmt unsere Arbeitswelt und meist auch unsere Freizeit. Daher gibt es auch ein reichliches Angebot an Zeitmanagement-Büchern, -Systemen und -Seminaren, die dem perfekteren Umgang mit dieser äußeren Zeit dienen. Tatsächlich haben auch viele Schulleiter mit dieser äußeren Zeit Probleme und versuchen sie mit derartigen Instrumenten zu lösen.

Daneben gibt es aber noch eine andere Dimension von Zeit. Wer beispielsweise auf Urlaub in südliche Länder gefahren ist, hat vielleicht erlebt, daß abgesprochene Termine nicht eingehalten und Fahrpläne nicht so genau genommen wurden, wie man das gewohnt ist. Die geordnete Pünktlichkeit der äußeren Zeit stimmt plötzlich nicht mehr. Man hat auf einmal unendlich viel Zeit und zwar eine andere Qualität von Zeit, die innere Zeit. Diese innere Zeit verläuft bei ein und demselben Menschen im Lauf seines Lebens verschieden schnell. Stellen Sie sich vor, Sie sind mit einem geliebten Menschen zusammen und Sie empfinden, wie die Zeit im Flug verstreicht. Umgekehrt kann eine Minute des Schmerzes als unendlich lang empfunden werden.

Wie entsteht dieses unterschiedliche Zeitverständnis und der unterschiedliche Zeitgebrauch? Wir können annehmen, daß sich diese unterschiedlichen Arten der individuellen Zeit allein in unserer Vorstellung, in unserem Geist, gespiegelt von Gefühlen, abspielen. Diese innere Zeit ist intensiv person-zentriert, "high touch", und ermöglicht uns, Energien aus dem eigenen Sein zu aktivieren. Sie hat etwas mit Offenheit, Stimmigkeit, Balance und Harmonie zu tun. Das Sein liefert die vitale Energie, Tun und Haben kommen von selbst, wenn der Energiefluß stimmt. Darum wird ein richtig verbrachter Urlaub als Auftanken, als Entspannung, als Regeneration erlebt und auch von Ärzten empfohlen. Im Unterschied zum "Immer-schneller" der äußeren Zeit erleben wir die Kultur der "Verlangsamung" in der inneren Zeit als Synchronisation mit unserer Umwelt und im erweiterten Sinn mit dem Universum als glückliche Bereicherung unseres Daseins.

Prinzipien des Umgangs mit der inneren Zeit sind:

- Widerstände vermeiden oder nutzen,
- individuelle Stärken fördern,
- Zentriertheit und Balance suchen,
- Flexibilität und Offenheit entfalten,
- kreative Problemlösungen durch laterales Denken anstreben,
- eine neue Zeitintelligenz durch Mind-Design entwickeln,
- Vertrauen zu den eigenen Gefühlen und zur eigenen Intuition gewinnen,
- Selbstorganisation und synergetische Prozesse unterstützen und
- in Harmonie und Synchronisation mit Kontext, Umwelt und Universum leben.

Statt vom Haben mit Zeitdruck und Streß geht die innere Zeit vom Ziel aus, wo wir sein möchten, und hilft uns, die eigene Wahrnehmung zu erweitern für die Fülle der Möglichkeiten und Alternativen, wie das Ziel zu erreichen ist. Dabei entwickelt der Geist eine Schnelligkeit, die aus einem höheren Meta-Bewußtsein kommt. Mit einem Minimum an Aufwand gelingt es uns, veraltetes Wissen zu "ent-lernen", Pläne zu ändern, neue Aspekte einzubringen und die Methoden der Zielerreichung zu variieren (*Abb. 10*).

Zeit innovativ gestalten

Nach unseren Erfahrungen bereitet vielen Schulleitern und Führungspersonen in pädagogischen Leitungsfunktionen der Umgang mit der äußeren Zeit bzw. mit der Arbeitsorganisation Probleme und Schwierigkeiten, wofür wir hier auf die entsprechende praxisorientierte Literatur (z. B. Döring 1979, Heise 1984, Marx 1984, Heymann 1990, Seiwert 1990 u.v.a.) verweisen. Darüber hinaus ist aber die Formung des inneren Zeitverständnisses und Zeitgebrauches als berufliche Unterstützung und Mittel für die Persönlichkeitsentwicklung von Bedeutung. Ein neues, umfassenderes Zeitmanagement läßt sich in seinen Wirkungszu-

Äußere Zeit CHRONOS	Innere Zeit KAIROS
"Ich habe keine Zeit." "Die Zeit arbeitet gegen mich."	"Ich bin in der Zeit." "Die Zeit arbeitet für mich."
Nach außen gerichtet: Uhr, Kalender, Termine	*Nach innen gerichtet:* Bewußtsein.
Wir werden gesteuert: Fremdsteuerung Maschinerie, Mechanik	*Wir steuern uns selbst:* Selbststeuerung Organismisches Wachsen
Temposteigerung durch Zeitregelung: □ Zeitanalyse □ Prioritätensetzung □ Pareto-Prinzip □ Delegation usw.	*Tempokontrolle durch* Selbstkontrolle
Wettlauf gegen die Zeit: "Meine Zeit wird immer weniger." Psychosomatische, Beschwerden, Streß, Krankheit	*Synchronisation mit der Zeit:* "Ich habe die Zeit, die ich brauche." Gesteigerte Lebensqualität
Leistung als Arbeitszwang und Depressionsabwehr	*Leistung verbunden mit* schöpferischer Freude und als Beweis meiner Existenz
HABEN/BEKOMMEN	**SEIN**

Abb. 10: Äußere und innere Zeit

sammenhängen durch fünf Sektoren darstellen: das äußere und das innere Zeitmanagement, der Kontext des Wandels und individuelle und kollektive Anwendungen *(Abb. 11)*.

Aus dem Zeitmanagement für pädagogische Führungsfunktionen werden im folgenden einige Beispiele aus dem Leitertraining vorgestellt. Freilich gilt die Einschränkung, daß das Lernen vor allem auf der Ebene der eigenen Erfahrungen vorausgesetzt wird, wenn man tatsächlich eine wirksame Veränderung an sich selbst erleben will. Wissen um diese Dinge kann noch nicht gleichgesetzt werden mit Können, und Können auf der Fähigkeitenebene setzt bekanntlich inten-

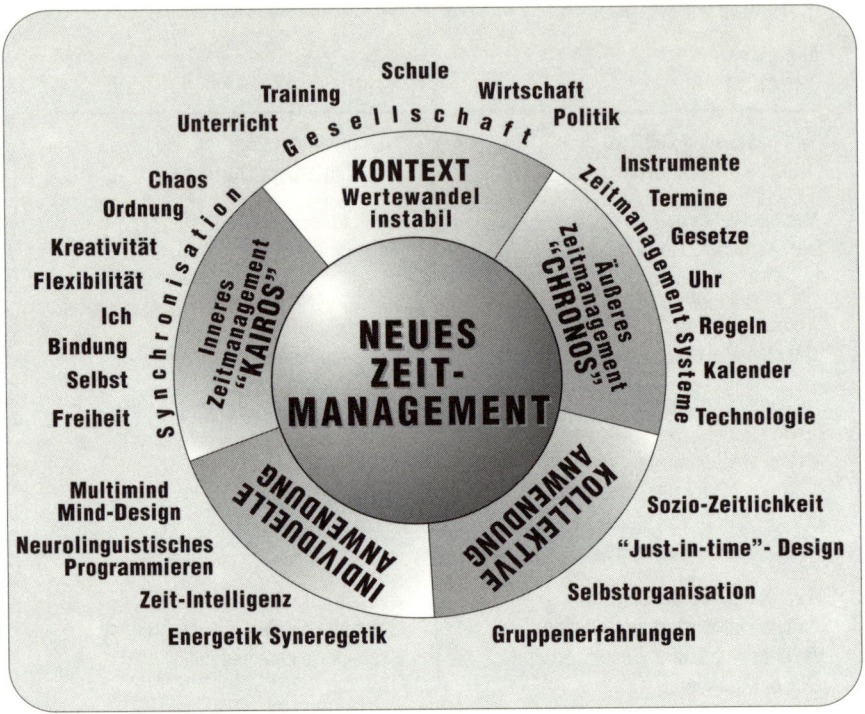

Abb. 11: Ein neuer Zeit-Geist in einem neuen Zeitmanagement

sivere Lernprozesse voraus als etwa nur das Lesen dieses Beitrages. Die folgenden sechs Themen haben sich im Laufe unserer Experimente als kongruent mit dem inneren Zeitmanagement erwiesen: Zeit und Ethik, Visualisierung und Imagination, Zeit strukturieren, Verändern von negativen Selbstinstruktionen und hinderlichen Glaubenssätzen, Zeitlinien-Arbeit und Zeitreisen.

(1) Zeit und Ethik

Der Begriff "Sieger" impliziert einen Prozeß, in dem es auch Verlierer gibt. So kämpfen viele im Sport um den Sieg bei den Olympischen Spielen oder in einer Weltmeisterschaft, aber nur einer kann gewinnen. Auch der Begriff "Gewinner" deckt im Alltagsleben vordergründig nur den Sachverhalt ab, wo jemand einen Triumph durch einen Ausgangsvorteil oder einen Handlungsvorteil über andere erlebt. Der Begriff "Gewinner" bekommt dann eine veränderte Bedeutung, wenn der Gewinn nicht auf Kosten anderer geht, sondern sich als bereichernde Zugabe bei den Herausforderungen des täglichen Lebens ergibt. Statt andere zu übervorteilen, sammelt der Gewinner Reichtümer für das innere Leben und erweitert seine Persönlichkeit im Hinblick auf Wahrhaftigkeit, Autonomie, Verantwortung, Partnerschaft und andere Werte. Solche echten Gewinner handeln bewußt in der Zeit. Zeit ist für sie ein kostbares Geschenk, das sie verantwortlich nützen, um die Einzigartigkeit ihrer Person voll zur Entfaltung zu bringen.

Die Auseinandersetzung mit den folgenden Fragen kann zu einer wertorientierten Entwicklung beitragen:
    Wer und was ist mir wertvoll?
    Für wen und wofür lebe ich?
    Für wen und wofür würde ich sterben?
    Was bedeutet mir mein Leben jetzt?
    Was bedeutet mein Leben für andere?

Legen Sie eine Werteskala an, reihen Sie sie nach der Wichtigkeit und überlegen Sie, welche Beziehung Ihre Werteordnung zu Ihrem Leben, zu Ihrem Umfeld und zu Ihrem Beruf hat.

(2) Visualisierung und Imagination

Die Kräfte, die unser Verhalten steuern, die Gründe, warum wir glücklich oder unglücklich, kreativ oder destruktiv, erfolgreich oder Versager sind, lassen sich durch Erforschung der tieferen Schichten des Bewußtseins hinterfragen. Die Sprache bietet den Zugang durch die Methode der freien Assoziation, wie sie Freud eingeführt hat, oder mit hypnotherapeutischen Mitteln, wie sie Milton H. Erickson auf eine einzigartige Weise benützte. Die archaischen Wahrnehmungen der Wirklichkeit gewinnen Gestalt in den archaischen Schichten unseres Gehirns, die auf ihre besondere Art das Wesen der Zeit wahrnehmen.

Wenden wir uns einer praktischen Anwendung zu. In einer Gruppensitzung fallen Sprachwendungen wie "Ein Problem sitzt mir schon lang im Nacken", "Mich verfolgt die Vorstellung ...", "Ich möchte gar nicht mehr an die Zukunft denken ...". Solche Aussagen drücken aus, daß irgend etwas Unklares, Undeutliches und Uneingestandenes in Vergangenheit, Gegenwart oder Zukunft als Bedrohung erlebt wird. Die damit verbundene Angst wird dadurch erzeugt, daß nicht erkennbar ist, was die Bedrohung erzeugt. Der Realität in die Augen zu sehen ist eine Hilfe, um damit überhaupt umgehen zu können. Der Trainer greift als Beispiel den Satz "Ein Problem sitzt mir schon lang im Nacken" auf. "Stellen Sie sich vor, das Problem, das Sie da schon lange verfolgt, Ihnen sozusagen wie ein Reiter im Nacken sitzt, hätte eine Gestalt. Lassen Sie Ihrer Phantasie freien Lauf und stellen Sie sich vor, wie sie munter dahingaloppieren, und irgend so ein Wesen sitzt Ihnen im Nacken. Wie sieht es aus? Wie genau können Sie es beobachten? Wie bewegen Sie sich? ... Können Sie sich nun vorstellen, daß Sie nach einer Zeit einmal Rast machen und Ihren Reiter absetzen? Jetzt können Sie ihn genauer betrachten. Wie sieht er aus? Was teilt er Ihnen mit? ..."

Das bewußte Visualisieren und damit Aktualisieren einer bedrängenden Vorstellung kann nicht nur Einsichten über die Art der Schwierigkeit geben, in der sich jemand gerade befindet, sondern auch über die größeren Zusammenhänge, aus denen heraus sie entstanden ist. Bekanntlich ist es weniger bedrohlich, einer Gefahr ins Auge zu sehen, als sie ständig als etwas Unbestimmtes mit sich herumzutragen.

In der Partner- und Gruppenarbeit ergeben sich verschiedene Möglichkeiten, die Auseinandersetzung zu einem befriedigenden Ende zu bringen. Letztendlich liegt das Ziel im Bewußtmachen beängstigender oder traumatisierender Vorstellungen, die sich in Zeitbegriffen manifestieren.

(3) Zeit strukturieren

Im Volksmund heißt es, daß Müßiggang aller Laster Anfang sei. Gemeint ist offensichtlich ein wenig effektiver Umgang mit Zeit. Jedenfalls drückt sich eine Erfahrung darin aus, daß Langeweile längerfristig eine Beeinträchtigung des psychischen und physischen Gesundheitszustandes bewirken kann. Die Menschen versuchen deshalb, die Langeweile durch Strukturierung der Zeit zu überwinden. Sechs Möglichkeiten bieten sich dazu an: Rückzug, Rituale, Zeitvertreib, Spiele, Aktivität und Intimität (vgl. James/Jongeward 1978).

Rückzug:

Dies geschieht, wenn wir uns von anderen Menschen zurückziehen mit dem Ziel der Entspannung oder Erholung. Man kann auch aus schwierigen Lebenssituationen in Phantasien und unzensierte Tagträume ausweichen. Das kann als Flucht bewertet werden, aber auch als Kräftesammeln für eine spätere Aufarbeitung.

Rituale:

Unser soziales Zusammenleben wird vor allem in Organisationen und Institutionen über weite Teile durch Rituale und Zeremonien bestimmt. Sie bieten die Möglichkeit, mit einem Minimum an Engagement und Aufwand ein Mindestmaß an sozialen Verstärkern zu sichern. Die solchermaßen verbrachte Zeit bleibt zwar hohen Ansprüchen gegenüber unerfüllt, schal und leer, aber die restliche Energie kann umso mehr tieferen Erlebnissen gewidmet werden.

Zeitvertreib:

Dazu zählen Belanglosigkeiten, etwa das Reden über das Wetter usw. Man geht dabei kein Risiko ein, fühlt sich sicher und braucht nichts von sich selbst zu offenbaren.

Spiele:
Es sind die Spiele der Erwachsenen gemeint, wie zum Beispiel das "Fehler-spiel" (bei anderen Menschen Fehler aussetzen), oder das "Schuldenmachen", in das sich Menschen für ein ganzes Leben stürzen, indem sie immer mehr Geld ausgeben, als sie verdienen. Manche dieser Spiele strukturieren die Zeit nur kurz, manche für ein ganzes Leben. In den Spielen steckt oft ein hohes Risi-ko, für die oft viel investiert aber nichts gewonnen wird. Im schlimmsten Fall droht der Verlust.

Aktivitäten:
Sie werden vor allem als "Arbeit" verstanden, allein oder mit anderen zusam-men, weil man soll oder weil man möchte. Aktivitäten haben einen hohen Erfüllungseffekt, d.h. man kann damit Anerkennung, Zuwendung und Selbst-bestätigung erreichen. Manchmal entstehen Probleme, wenn jemand gewohnt ist, seine Zeit vorwiegend durch Aktivitäten zu strukturieren, und plötzlich damit aufhören muß (wegen Krankheit, Pensionierung o.a.).

Intimität:
Sie findet auf einer tieferen Ebene als die bisher angeführten Zeitstrukturie-rungen statt. Meist begleiten sie starke Gefühle wie Zartheit, Sympathie u.ä. Oft ist es nur ein Moment gemeinsamen Verstehens, Erkennens oder der Betrof-fenheit. Sie kann zwischen Menschen, die sich zum erstenmal begegnen, genau-so eintreten wie zwischen Menschen, die sich schon lange kennen, aber sich nie wirklich gespürt haben. Intimität bedeutet auch Risiko und Verletzbarkeit. Ihre Kapazität liegt in der Entfaltung von Autonomie und Souveränität.

In der Gruppensitzung versuchen die Teilnehmer einzuschätzen, wieviel Zeit sie für diese Teilbereiche durchschnittlich verwenden, und stellen dies in einer Grafik dar. Sie diskutieren die Ergebnisse in Kleingruppen. Es geht letzten Endes um die Erkenntnis, wie die persönliche Strukturierung der Zeit genützt wird, um Zuwendung zu bekommen, zu geben oder zu vermeiden. Rückzug ist dabei eine Möglichkeit, Zuwendung zu vermeiden. Rituale und Zeitvertreib bringen Zuwendung nur minimal und auf eine oberflächliche Weise. Spiele brin-gen oft negative Zuwendung. Nur Aktivität und Intimität bewirken bzw. machen positive Zuwendung und Verstärkung möglich. Die echten Gewinner im Leben sind imstande, sich das notwendige Maß an Zuwendung aus dem Umfeld zu sichern und durch Selbstverstärkung so zu dosieren, daß sie ihre inneren Kräf-te und Energien beliebig entfalten und zum Einsatz bringen können (vgl. Rob-bins 1992).

(4) Verändern von negativen Selbstinstruktionen und hinderlichen Glaubenssätzen
"Ich habe immer Pech", "Ich muß immer verfügbar sein", "Man soll sich nicht

zuviel vornehmen", "Man muß das beste daraus machen", "Ich bin immer das Opfer und nicht der Regisseur", "Ich habe schlechte Noten, daher bin ich unbegabt", "Ohne Fleiß kein Preis", "Ich muß immer mehr tun als andere, um etwas zu erreichen" .... Solche Aussagen können wir oft hören, und kaum jemals werden sie auf ihre hinterhältige Gestaltungskraft geprüft. Ihr gemeinsamer Hintergrund liegt in ihrer Entstehung. Sie sind meist Ergebnisse von Verallgemeinerungen, Tilgungen oder Verzerrungen von Erfahrungen, die die betroffene Person irgendwann einmal in ihrer Vergangenheit gemacht hat. Also eine zeitliche Hypothek, die in die Gegenwart und Zukunft ihre Wirkungen oft in verheerender Weise ausübt. Ein "Feedforward", das oft dauernde Einschränkungen der Lebensqualität nach sich zieht. Nehmen wir das Beispiel "einfach das beste aus den Dingen machen". Der Satz scheint vordergründig eine positive Zuschreibung zu vermitteln, und trotzdem kann er eine Quelle für Enttäuschung und Frustration sein (vgl. Bandler/MacDonald 1990, 53 ff.).

Vergleichen wir dazu die folgenden Traineranweisungen: "Denken Sie an eine Zeit, wo Sie eine bestimmte Erwartung an ein Ereignis hatten, und es ist eingetroffen. Sie waren zufrieden. Oder oft haben Sie gut geplant und waren vorbereitet darauf, das beste daraus zu machen, und es ging schief. Enttäuschung, Frust oder Ärger waren die Folge. Erinnern Sie sich an eine andere Situation, wo Sie in eine andere Situation hineingingen, und Sie waren in guter Laune und es gelang Ihnen, die Dinge besser zu machen, als sie hätten sein sollen. Welch tolle Erfahrung!"

Worin liegt der Unterschied in diesen beiden Erlebnisweisen? Wie anders wurde in diesen verschiedenen Situationen mit verschiedenen Sinnen die Welt wahrgenommen, und wie wurden die Erfahrungen sinnesspezifisch repräsentiert? Das Herausarbeiten der strukturellen Grundmuster hilft uns, diese bewußt auch auf andere Situationen zu übertragen. Damit eröffnet sich die Möglichkeit, dadurch erfolgreich zu sein, daß einfach eine Sache besser gemacht wird, als sie sich voraussichtlich entwickeln würde, gleichsam über das eigene Ziel hinauszuschießen. Negative Selbstinstruktionen sind manchmal direkt in die Zukunft gerichtet, etwa die Aussagen "Das werde ich nie schaffen", oder "Da kann ich üben, soviel ich will, das Ziel werde ich nicht erreichen". Wenn wir die zeitliche Ausdehnung untersuchen, dann ist die Zukunftsvorstellung sehr weit ausgedehnt, so weit, daß der Sprecher den Mut verliert und aufgibt. Wenn wir die Zukunft aber in der Vorstellung etwas verkürzen, sodaß das Ziel klar erkennbar wird, dann wird es sich lohnen, einen Einsatz zu riskieren. Diese Form der Veränderungsarbeit bedeutet, die Vorstellung von Zeit zu verändern. Wir werden im nächsten Absatz näher darauf eingehen.

(5) Arbeit mit Zeitlinien

Ein nützliches Modell, mehrere Techniken miteinander zu verknüpfen, ist die Vorstellung, daß Zeit eine Art Linie wäre, die sich bei jedem Menschen in einer ganz bestimmten Struktur und Form darstellt. Alle jemals angelegten, gegenwärtigen oder zukünftigen Ereignisse, Kriterien und Referenzerfahrungen wären auf dieser Linie organisiert und repräsentiert. Jeder Mensch hat eine ganz persönliche und einzigartige Weise, innerlich seine Erfahrungen in bezug auf die Zeit zu gliedern und zu strukturieren. Es gibt zwei untrügliche Zugangshinweise zu dieser individuellen Zeitverwendung. Einerseits, indem wir die Sprache wörtlich nehmen, und andererseits durch die nonverbalen Signale der Köpersprache. Wenn jemand beispielsweise "seine Vergangenheit hinter sich läßt" und dabei sogar über die Schulter zurück deutet, dann darf man getrost annehmen, daß diese Vergangenheit tatsächlich aus dem Blickfeld geraten ist. Oder wenn jemand nur an die Zukunft denkt und alles andere mit einer verächtlichen Geste abtut, dann wird damit eine bestimmte einschränkende Haltung zur übrigen Zeit ausgedrückt. Gegenwart und Vergangenheit werden als unwichtig abgetan. So liegt es nahe, die individuelle Repräsentation von Zeit zu erkunden und damit zu experimentieren.

In unseren Seminaren arbeiten wir dazu in Dreiergruppen, wobei Person A die Klientenrolle übernimmt. Person B ist Berater und Person C steht als Beobachter (bzw. als Ressourceperson) zur Verfügung.

Der folgende Gesprächsausschnitt aus einer Gruppenarbeit soll den Ablauf an einem einfachen Beispiel dokumentieren.

> B zu A: "Denken Sie an ein alltägliches Verhalten, an etwas, das Sie schon immer getan haben und auch in Zukunft weiter tun werden. Wie ist diese Tätigkeit lokalisiert, wenn Sie sich vorstellen, es gäbe eine Art Zeitlinie mit Vergangenheit, Gegenwart und Zukunft?"
>
> A: "Ja, ich lege sehr viel Wert auf ein gutes Frühstück. Das ist eine Kultur, an die ich mich schon aus meiner Kindheit erinnere" (zeigt nach links). "Heute nehmen wir uns genauso Zeit" (schaut auf einen Punkt vor sich) "und ich stelle mir vor, daß wir auch in der Zukunft diese Kultur pflegen werden" (schaut nach rechts vorn).
>
> B: "Sie haben also ein Bild vor sich, wie Sie sich früher zum Frühstück Zeit genommen haben" (bestätigt durch eine Handbewegung auf den Punkt, auf den A vorher gesehen hat) "und sehen sich heute mit Ihrer Familie beim Frühstückstisch" (zeigt vor A auf einen Punkt) "und sehen sich auch in der Zukunft diese Kultur pflegen" (zeigt nach rechts von A).
>
> A: "Ja genau, das ist mir wichtig."
>
> B: "Ihre Zeitlinie erstreckt sich also von links über die Mitte nach rechts vorne. Wie weit dehnt sie sich etwa aus?"
>
> A: "Von da bis da" (macht eine entsprechende Gebärde).
>
> B: "Da ist aber die Vergangenheit sehr weit zurück, während die Zukunft sehr kurz ist. Versuchen Sie einmal, die Zukunft etwas zu verlängern."

A: "Ja, das geht, das schaut gut aus!"

B: "Welche Farbe (Helligkeit, Größe, Entfernung, Bildschärfe ...) haben die Bilder?"

A: "Gedämpfte, angenehme Farben in der Vergangenheit. Helle und kräftige Farben in der Gegenwart und grau und farblos in der Zukunft."

B: "Probieren Sie einmal aus, wie es für Sie ist, wenn Sie das Zukunftsbild in gedämpfte, warme Farben setzen, ähnlich wie in der Vergangenheit?"

A: "Ja, das sieht sich gut an. Da gefällt mir mein Lebensstil noch besser."

B: "Wenn Sie jetzt das Frühstück einmal lassen und an etwas anderes denken?"

A: "Mir fällt da spontan ein, daß ich früher sehr gerne gelernt habe und jetzt eigentlich richtig faul geworden bin."

B: "Was möchten Sie denn gerne lernen?"

A: "Eine Fremdsprache, und zwar Spanisch."

B: "Stellen Sie sich vor, wie Sie früher mit Begeisterung etwas Neues gelernt haben. Welche Farbe (Helligkeit, Größe, Entfernung, Bildschärfe ...) und sonstige Bildqualitäten hat diese Vorstellung? Stellen Sie sich nun vor, daß Sie in Zukunft Spanisch lernen, und sehen Sie sich beim Lernen und tauchen Sie das Bild in ähnliche Bildqualitäten, wie das Bild der Vergangenheit."

A: "Das macht richtig Spaß. Das ist eine Verlockung, gleich mit dem Lernen zu beginnen. Ich habe nämlich vor ..."

Die verkürzte und vereinfachte Darstellung aus dem Seminarprotokoll läßt natürlich vieles aus und kann nur als Andeutung für einen Prozeß verstanden werden, bei dem Lernen nicht vom Inhalt, sondern von den sinnesspezifischen Strukturen her gesteuert wird. Allein die Art, wie Menschen ihre Zeitlinie unterschiedlich im Raum anordnen, ergibt Differenzierungen, die jeweils eigene Interpretationen erfordern. Viele Menschen sehen z.B. nicht die ganze Zeitlinie vor sich. Bei manchen ist ein Teil hinter ihnen oder verzieht sich in der Ferne. Manchmal geht sie senkrecht von unten nach oben oder windet sich in Schleifen oder in einer Spirale. Jede Form ergibt andere Möglichkeiten und Erlebensweisen. Das Nützlichmachen jeder besonderen Art wird dann gesteigert, wenn man mit den Zeitlinien anderer Menschen experimentiert. Wenn es gelingt, eine neue Möglichkeit gut in das eigene Erleben zu integrieren, und sich damit neue Perspektiven und Alternativen eröffnen, dann sollte sie als bleibende Bereicherung gefestigt und gespeichert werden.

Die Frage nach dem Was und Wie der möglichen Veränderungen ist die nach den persönlichen Veränderungszielen. Gilt es etwa eine leidvolle Erfahrung der Vergangenheit, die noch immer Störungen in das derzeitige Leben hereinbringt, aufzuarbeiten, oder werden gegenwärtige Probleme thematisiert, dann gibt es eine Fülle von Möglichkeiten der Submodalitätsveränderungen, um zum gewünschten Ziel zu kommen. Auch Ziele in der Zukunft können auf der Zeitlinie konsequenter und bestechender angepeilt werden. Der Vorteil der Arbeit auf der Zeitlinie liegt vor allem darin, daß das Ausbreiten einer Erfahrung oder eines Erlebnisses im Raum ähnliche Orientierungshilfen bietet wie das Planlesen auf einer Landkarte. R. Dilts spricht deshalb von einer "Psychogeographie", die zusätzlich Möglichkeiten eröffnet, entsprechende Raum-Anker für die Veränderungsarbeit zu setzen. Darüber hinaus bringt die inhaltsfreie strukturelle Veränderung einen Wechsel des Erlebens mit sich, der Transfermöglichkeiten eröffnet, die bisher mit den üblichen Lehr- und Lernmethoden des Zeitmanagements nicht erreicht wurden (vgl. James/Woodsmall 1991).

(6) Zeitreisen

In seinem Zukunftsroman "Die Zeitmaschine" beschreibt H. G. Wells 1904 die unglaubliche Möglichkeit des menschlichen Geistes, sich in einer Ekstase der Zeitlosigkeit in die Vergangenheit oder in die Zukunft zu bewegen. Nicht nur innerhalb der Geschichte des eigenen Planeten kann sich die Phantasie des Menschen ausdehnen, auch in Millionen Lichtjahre entfernte Galaxien dringt der Geist in Augenblicken ein. Die Grenzen der Lichtgeschwindigkeit gelten hier nicht. Die Gleichzeitigkeit wird zur Zeitlosigkeit. Das Erlebnis der Zeitlosigkeit zum Unterschied zur wachen, bewußten Erfahrung entsteht, wenn beim Vergleich mehrerer innerer Zeituhren etwas fehlt, die Dauer, die Richtung, der Horizont oder der Maßstab. Das Gefühl des zeitlichen Außer-sich-Seins (griech. ekstasis) wird vom Menschen als Bewußtseinszustand erlebt, der auch in Verbindung mit Musik, Tanz, Liebe, Natur, Drogen, Spiel, Jagd, Religion u.a. auftreten kann (vgl. Fraser 1991, 363 ff.). Ein Beispiel, die Ekstase der Zeitlosigkeit in einer Gruppe als gemeinsame Erfahrung zu installieren, bietet eine geleitete Phantasiereise, die üblicherweise in einem sehr entspannten Zustand *(Trance)* erlebt wird. Wir wollen dies wiederum mittels eines Ausschnitts aus einem Führungstraining illustrieren. Jeder Gruppenteilnehmer wählt sich dazu einen Platz im Raum und nimmt eine entspannte Haltung ein. Leise entspannende Musik erklingt. Der Trainer spricht mit gedämpfter, monotoner Stimme:

"Setz Dich oder leg Dich bequem hin und schließe die Augen. Wähle für Dich eine Möglichkeit zur Entspannung und laß Dich in einen Zustand der inneren Ruhe und Sammlung hinübergleiten."
Pause.
"Mach Dir bewußt, daß Dein Geist schneller als Licht alle Räume und Zeiten durchdringen kann. Dein höheres Bewußtsein ist verbunden mit dem Kosmos, mit Vergangenheit und Zukunft. Und die Zeit hat keine Bedeutung."
Pause.
"Erlaube Deiner Phantasie nun, eine Reise anzutreten, heraus aus dem Erdenraum und aus der Erdenzeit. Stell Dir vor, Du würdest in ein Raumschiff steigen, das unendlich viel schneller als Licht mit Dir zu fernen Galaxien

starten wird, die Millionen Lichtjahre entfernt sind. Du startest - und bist
jenseits von Raum und Zeit im All."

Pause.

"Nun bewegst Du Dich in einer fernen Galaxie und setzt zur Landung auf
einem Planeten an. Und Du erlaubst Deiner Phantasie, Dir auszumalen,
daß Du Lebewesen begegnest, deren Kultur durch drei Merkmale gekennzeichnet ist. Das erste Merkmal dieser Wesen ist, daß sie mit Leidenschaft
von Unterschieden lernen und mit Unterschieden leben."

Pause.

"Das zweite Merkmal ist, daß sich diese Wesen auf vollendete Weise in ihre
Mitwesen hineinfühlen und sie verstehen können."

Pause.

"Das dritte Merkmal ist, daß sie alles Lebendige und auch alles Nichtleben-
de lieben."

Pause.

"Beobachte nun und nimm in Dich auf, auf welche Weise sie diese dreifache
Kultur leben. Wandere durch diese fremde Welt und lerne selbst das Anderssein, das Verstehen und das Lieben - vorbehaltlos, grenzenlos."

Pause.

"Wenn Du alles in Dich aufgenommen hast, dann kehre zurück zum Lan-
deplatz Deines Raumschiffes. Du startest und begibst Dich auf die Reise
zurück zur heimatlichen Galaxie."

Pause.

"Nun taucht ein wunderbarer, blauer Planet im Sichtfenster auf. Du erkennst
die gute alte Erde. Doch je näher Du kommst, desto mehr merkst Du, wie
Zerstörung, Verschmutzung und Unheil sich ausgebreitet haben. Nach der
Landung beobachtest Du die wenigen Menschen, wie sich ihr Aussehen
verändert hat. Die Zeit auf der Erde ist inzwischen weitergeeilt. Es sind
in Deiner Abwesenheit vielleicht hundert Jahre vergangen. Kultur und
Natur sind weitgehend zerstört. Die letzten Menschen empfangen Dich
wie einen Gott. Du bringst ihnen die Botschaft des fernen Planeten."

Pause.

"Drei Dinge sind es, die Hoffnung und Erneuerung bewirken, die Sehnsucht, von Unterschieden zu lernen und mit Unterschieden zu leben, das
gegenseitige Verstehen und die Lieben zu allem, was die Welt noch beher-
bergt."

Pause.

"Stell dir vor, wie Du diese Botschaft den anderen Menschen vermittelst
und wie sich das Zusammenleben ändert und eine neue Welt entsteht."

Pause.

"Stell Dir nun vor, daß sich in Deiner Phantasie der Zeitablauf umkehrt. Die
Botschaft von dem fernen Planeten wird in die Vergangenheit zurückge-
geben. Die Eltern entwickeln sich zurück zu Kindern und geben die Botschaft als Kinder wiederum an ihre Eltern zurück. Auch diese Eltern werden Kinder und geben ihre Weisheit an ihre Eltern zurück und so weiter
- so wie ein Film rückwärts läuft. Bis Du am Zeitpunkt Deiner Gegenwart
ankommst."

Pause.

"Und Du hast die Chance, mit all Deinem Wissen von dem fernen Planeten

> aus der Zukunft und all Deinen Fähigkeiten Dein Leben so zu gestalten, wie Du möchtest, daß deine Zukunft werden soll."
> *Pause.*
> "Kehre nun zurück aus Deiner Phantasiereise in die Realität dieser Gruppe und dieses Raumes. Atme tief durch und bewege Dich. Sprich über Deine Erlebnisse mit den anderen oder überlaß es einfach Deinem Unbewußten, das beste oder etwas Schöneres daraus zu machen."

Im Anschluß an diese Übung hatten wir in einer Gruppe auch eine sehr angeregte Diskussion darüber, wofür der Mensch verantwortlich sei. Das Ergebnis war, kurz zusammengefaßt, daß es eine Zeitkrankheit der heutigen Menschen, eine "angina temporis" sei, die Verantwortung für alles Mögliche zu übernehmen, nur nicht für das, was tatsächlich in ihrer eigenen Kompetenz liegt. So übernehmen viele Menschen Verantwortung nicht nur für ihre Ziele, sondern auch für das Resultat, obwohl dieses meist nicht mehr unter ihrer Kontrolle liegt. Wir sollten vielmehr die Verantwortung für Unterscheidung, für Auswahl und für den Weg, für Flexibilität und unser Lernen übernehmen. Es setzt die Anmaßung göttlicher Fähigkeiten voraus, neben dem Ziel auch die Zielerreichung ausschließlich in die eigene Verantwortung zu übernehmen. Aus dieser Sicht muß man sich auch vor wohlmeinenden Freunden schützen, ebenso wie vor dem Allmachtsanspruch des Staates, der die Bevormundung seiner Bürger ins Maßlose übertreibt. Wer schützt die Kinder vor Eltern, Lehrern und Erziehern, die ihnen durch Übernahme falscher Verantwortung die Entfaltungsmöglichkeiten zu reifen Erwachsenen einschränken und wegnehmen?

Dies nur als Beispiel, wie die Zeitreise nicht nur einer bestimmten Zielstellung folgen muß, sondern auch Anregung sein kann, vielfältige Problemstellungen aufzugreifen und unter neuen, ungewöhnlichen Gesichtspunkten zu betrachten. Darüber hinaus kann in einer Gruppe Begeisterung und Leidenschaft für Aufgaben geweckt werden, die Mut und Enthusiasmus erfordern.

Wir entdecken mehr und mehr, daß das Problem nicht die Zeit ist, sondern wie wir damit umgehen. Ein neues Zeit-Bewußtsein entsteht, das sich als Zeit-Intelligenz, als der Umgang mit dem persönlichen Zeit-Modell entfaltet. Dabei werden äußere und innere Zeit nicht so sehr als Gegensatz, sondern als Zusammenwirken integrierender Systeme erlebt. So wie in der Musik Takt und Rhythmus eines das andere bedingen, so sind die Rahmenvorgaben der äußeren Zeit durch Uhr, Termine und Pläne die Grundlage, auf der sich innere Zeit entfalten kann. Dabei wird Energie freigesetzt, die zeitliche Konventionen zu sprengen vermag. Wir bekommen unendlich viel Zeit für glückliche Augenblicke, indem wir sie ausdehnen, oder lassen schmerzvolle Erfahrungen auf einen Punkt zusammenschrumpfen. Solcherart erfüllt uns Zeit mit innerem Frieden und mit der Ekstase der Ausgeglichenheit. Die Kunst oder Kultur, die es dabei zu erlernen gilt, ist die Flexibilität, die eine direkte Wirkung auf unsere Perzeption von Zeit ausübt. Sie erlaubt uns, mit einem Minimum an Aufwand augenblicklich auf neue Herausforderungen zu reagieren, Pläne zu ändern, Alternativen zu entdecken, neue Aspekte einzubringen und intuitive Kräfte zu aktivieren. Unsere Gedanken setzen zu Höhenflügen an, und dabei fallen oft schnelle Entscheidungen, die wir sonst nie für möglich gehalten hätten.

Auch die Welt der Gefühle nimmt aus dieser Sicht wieder einen Stellenwert ein, der lange Zeit unterbewertet war, aber in einer neuen Bewußtheit unsere Lebensqualität wesentlich zu erweitern vermag. Einen sichtbaren und damit realen Ausdruck findet ein integriertes Zeitmanagement von äußerer und innerer Zeit darin, daß unsere Lebensziele wieder gespeist werden von der Macht der Träume und Visionen, den eigentlichen Triebfedern unseres Handelns. Damit nützen wir eine Chance, aus zeitgetriebenen Sklaven zu eleganten Tänzern durch die Zeit zu werden.

Schulentwicklung als Führungsaufgabe 4

Schule in die Zukunft entwerfen

Der gesellschaftliche Wandel entfaltet eine zunehmende Dynamik, deren Wechselwirkungsprozesse durch unser auf Stabilität und gesellschaftliche Reproduktion eingestelltes Schulwesen immer weniger mitvollzogen werden können. Es bleibt damit bereits hinter den Erfordernissen und Notwendigkeiten der Gegenwart und noch mehr im Hinblick auf die Bewältigung zukünftiger Aufgaben zurück. Eine Schule, die es versäumt, ihre Struktur und Inhalte an den Bedarf der Gesellschaft von heute und vor allem der Zukunft auszurichten, stellt sich selbst in Frage (vgl. Drucker 1990). Was im Bildungswesen offensichtlich fehlt, sind langfristige Zielsetzungs- und Planungsinnovationen, die in die noch unbekannte Zukunft gerichtet sind. Sie unterscheiden sich von den üblichen kurz- und mittelfristigen Zielsetzungen durch größere Unsicherheit und Ungenauigkeit, je weiter sie in die Zukunft greifen. Ein mögliches Verfahren bietet die Szenario-Technik (vgl. Frank 1985 und Studien am Battelle-Institut, Frankfurt). Dort wird nicht nur eine Ziel- und Planungsidee verfolgt, sondern es werden mehrere Möglichkeiten untersucht. Die folgende Skizze gibt einen Überblick über die Vorgehensweise.

Abb. 12:
Langfristige
Planungs-
konzeption

(1) Ziel- und Planungsebene
Auf der Basis einer interdisziplinären Zusammenarbeit zwischen Vertretern aller mittel- und unmittelbar am Schulwesen beteiligten Personengruppen werden Szenarien bzw. Landkarten für die Zukunft (z.B. 10, 20 oder 30 Jahre) entworfen, die einigermaßen einschätzen lassen, in welche Richtung die künftige Bildungspolitik orientiert sein wird. Es genügen im allgemeinen zwei bis drei solcher Szenarien, die zunächst eine Gegenüberstellung gleichberechtigter Zukunftsmöglichkeiten darstellen. Im Rahmen eines Schulleiterkurses hat eine Arbeitsgruppe die Konzeption von drei derartigen Szenarien folgendermaßen entworfen:

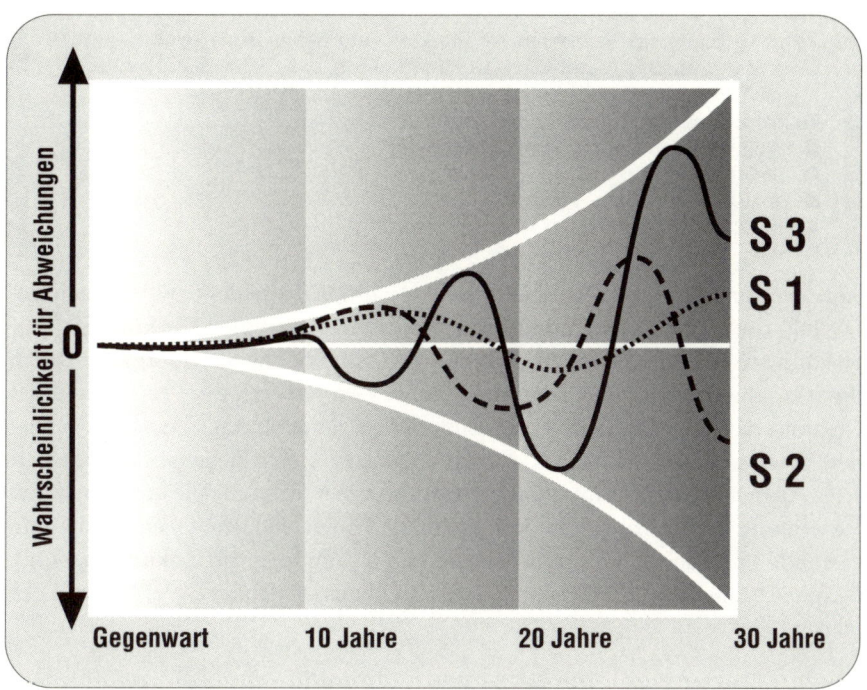

Abb. 13: Szenario Schulentwicklung

Szenario 1: *Pragmatismus*
Es wird davon ausgegangen, daß Schulpolitik eine Verwirklichung des Möglichen darstellt. Fehler werden verbessert und Probleme gelöst. Spektakulären
Perspektiven wird mißtraut, weil sie erfahrungsgemäß nur die Schwierigkeiten vergrößern. Abweichungen und Experimente werden vermieden.

Szenario 2: *Fortschritt*
Es wird von der Annahme ausgegangen, daß unter günstigen finanziellen Bedingungen und entsprechender Förderung von Lehreraus- und -weiterbildung und
einer Aus- und Weiterbildung von Führungskräften in pädagogischen Leitungsfunktionen große Fortschritte erzielt werden.

Szenario 3: *Transformation*
Die Bedingungen von Szenario 2 werden durch eine bewußte Auseinander-
setzung mit der Gesellschaftsentwicklung und ihrem Wertewandel erweitert.
Krisen werden als Lernpotentiale genützt.

! Zum Aufbau einer Szenarien-Architektur sind neben einer Problem- und Umfeldanalyse der gegenwärtigen Situation folgende Schritte notwendig:

- Ermittlung von Entwicklungstendenzen,
- Auswahl von Entwicklungsannahmen,
- Störfallanalysen,
- Auswirkungsanalysen und
- Maßnahmenplanung.

Auf der Grundlage der Szenario-Konstrukte werden Leitbilder bzw. Visionen entwickelt, die Möglichkeiten, Hoffnungen und Motivationen für künftige Entwicklungen eröffnen. Sie unterscheiden sich von üblichen Zielvorgaben durch ihre Ganzheitlichkeit und Komplexität. Sie bieten durch die Projektion einer Gesamtschau die Möglichkeit, den Sinn der einzelnen Details besser zu verstehen. So wie sich beim Start eines Hubschraubers von einem kleinen Feld eine Überschau über die ganze Landschaft bietet, bekommen die Teilziele erst durch ihre Vernetzung im Ganzen ihren Sinn. Leitbilder haben eine sinngebende und aktivierende Funktion. Ihr Entwurf bereitet eine Wende in die Zukunft vor (vgl. Gaspari/Millendorfer 1987; Capra 1987; Beckhard/Pritchard 1992; Nanus 1992; Stacey 1992).

(2) Entscheidungsebene

Auf der Grundlage von Leitbildern bzw. Visionen werden auf der Entscheidungsebene Strategien entwickelt. Sie haben aber nur dann eine Chance, in die Praxis umgesetzt zu werden, wenn sie von den Betroffenen mitentwickelt wurden. Strategien, die außerhalb oder am Rande einer Institution entwickelt werden, erzeugen eher Widerstand und Abwehr bei denen, die sie einsetzen sollen. Eine Arbeitsteilung in "Planende" und "Realisierende" erweist sich im Schulbereich oft als äußerst restriktiv. Die Einbindung der Betroffenen in die Strategieentwicklung bedeutet etwa, daß in Lehrerkollegien neue Formen des Lehrens und Lernens erprobt werden, daß neue Technologien eingesetzt sowie neue Formen der Kommunikation und Kooperation angewendet werden. Daß hier Anordnungen "von oben" nur wenig fruchten, wenn die Lehrer nicht gleichzeitig in die Zukunftsplanung der Schule miteinbezogen werden, dürfte auf der Hand liegen. Hier liegt auch eine der grundlegenden Stärken für die Autonomisierung des Schulwesens, in deren Rahmen die einzelne Schule stärker ihre eigene Zukunft planen kann.

(3) Konkretisierungs- und Kontrollebene

Die Konkretisierung zukunftsorientierter Konzeptionen erfordert Menschen, die aus sich selbst heraus motiviert sind und selbstverantwortlich zu handeln vermögen. Autonomie und Verantwortung werden innerhalb eines Systems primär von einzelnen Menschen getragen. In der Folge entsteht eine kollektive Kultur, die ethische Werte wiederum an die einzelnen Mitglieder des Systems zurückgibt. Wenn Pläne in die Wirklichkeit umgesetzt werden, sind aber auch entsprechende Mittel notwendig. Das wirft die Frage an Bildungsverantwortliche in Politik und Administration auf, was uns Bildung im Rahmen der Gesamtgesellschaft überhaupt wert ist. "Teuer geplant und billig gebaut" dürfte kein Motto für eine verantwortungsvolle Bildungspolitik sein.

Szenarien, Leitbilder und Strategien sollten nicht verwechselt oder vermischt werden. Erst eine sorgfältige Trennung dieser drei Planungsbereiche ermöglicht den nötigen Handlungsspielraum und läßt die unterschiedlichen Problemfelder sichtbar werden.

Menschen, die sich einer solchen langfristigen Planungskonzeption bedienen, lernen auch, ihre Denkweisen von einem eher mechanistischen in Richtung auf ein ganzheitliches Denken zu verändern. In der folgenden Übersicht haben wir einige dieser Denkweisen gegenübergestellt.

	Mechanistisches Denken:	Ganzheitliches Denken:
Leitbild:	Maschine. Ersatzteile, Reparatur	Organismus. Erkrankter Teil ist Symptom für erkrankten Organismus.
Manager:	Machertyp. Er kann alles	Entwickler. Er wirkt wie ein Katalysator.
Devise:	Alles ist machbar	Leben mit Unsicherheiten. Komplexität ist nicht erfaßbar.
Prognosen:	Vorhersagen der Zukunft.	Denkmöglichkeiten für eine zukünftige Entwicklung.
Denkschema:	Ursache - Wirkung	Vernetzung, wechselseitige Abhängigkeiten.
Krisen:	Widersprüche und Konflikte sind Fehler bzw. Pannen, die nicht passieren dürften.	Widersprüche akzeptieren, mit Fehlern leben lernen. Chance für Entwicklung.
Verfahren:	Suche nach Schuldigen. Objektiv richtig handeln.	Der "Schuldige" ist nur Symptomträger einer Entwicklung. Situationsgerecht handeln.

Abb. 14: Veränderung von Denkweisen

Ganzheitliches Denken entspricht demnach einem strategischen Denken in Richtung Problemlösung, Grundsätzlichkeit und übergeordneter Konzeptionen (vgl. Kramer 1987, 36).

Auf dem Weg zu einem erneuerten Bildungsverständnis

Die Gestaltung dieser Szenarioarbeit sollte den im Schulsystem Agierenden vor dem Hintergrund eines erneuerten Bildungsverständnisses bewußt werden. Wir lehnen uns in Umrissen an die Ausführungen von Klemm u.a. (1985, 168 ff.) an, die argumentieren, daß nicht vorherzubestimmen ist, worin Bildung besteht, sondern Merkmale zu benennen sind, die Bildung als Selbstbildung erst ermöglichen.

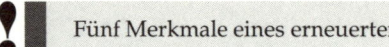

Fünf Merkmale eines erneuerten Führungsverständnisses:

- Gestaltbarkeit, die aufzeigt, daß historisch-politische Zusammenhänge einen nicht unwesentlichen Einfluß auf die Entwicklung ausüben;
- Durchschaubarkeit, die den einzelnen dazu befähigen soll, durch Wissenschaft gewonnenes Wissen durchschaubarer zu machen und dadurch auch "aufklärerisch" zu wirken;
- Sinnlichkeit, damit das menschliche Erfahrungspotential im Zeitalter der zunehmenden Automatisierung nicht "entsinnlicht", das heißt seiner unmittelbaren (Lebens-)Erfahrungen beraubt wird;
- Ganzheitlichkeit, um der gegenwärtigen Zerstückelung von Alltag entgegenzutreten und zumindest eine teilweise Rückgewinnung dessen, was Pestalozzi unter Bildung als die Selbstentfaltung der Grundkräfte von Kopf, Herz und Hand verstand;
- Solidarität, um die Ungerechtigkeiten zwischen Menschen(gruppen) auf sozialer, nationaler und internationaler Ebene abzubauen und damit der Sehnsucht des Menschen nach mehr Freiheit näherzukommen.

Für die Einleitung konkreter Maßnahmen im Sinne von Organisationsentwicklung[8] liegt es nahe, diese Merkmale bereits "vor Ort", das heißt in der laufenden Arbeit an der jeweiligen Schule zu berücksichtigen, was wiederum den Einbezug der Betroffenen voraussetzt. Denn erst die Auseinandersetzung mit diesen vielperspektivischen Anforderungen lassen eine eher funktional orientierte Planung zur individual-orientierten, sozial-kommunikativen und ganzheitlich ausgelegten Schulentwicklung verändern. Dies setzt eine Herangehensweise voraus, die viele Leerstellen, Brüche und Diskrepanzen bei der Arbeit - einschließlich der daraus erwachsenden Konflikte - ernst zu nehmen versucht. Daß damit ein

---

8 In Kapitel 5 werden wir uns noch ausführlicher mit dem in der Schulentwicklung bisher eher unüblichen Begriff Organisationsentwicklung (OE) auseinandersetzen.

auf bürokratische Administration ausgerichtetes Verständnis von Schulleitung nicht mehr korrespondiert, liegt nach diesen Ausführungen auf der Hand. Da muß der Leiter sich schon selbst mit seinen Mitarbeitern in einen Prozeß einlassen, der die Auseinandersetzung mit dem gesamten systemischen Gefüge an seiner Schule umfaßt.

Als eine prinzipielle Anforderung für die Umsetzung dieser Überlegungen erscheint uns, daß die einzelnen Schulen im Rahmen bestehender Vorgaben als etwas Veränderbares angesehen werden. Die bisherigen Reforminitiativen haben dies auch bisher in unterschiedlicher Weise getan, wenn sie etwa eine "innere Schulreform" zur Diskussion stellten. Manche Reformer sehen aber auch diesen Weg als Sackgasse an. Allzusehr haben sie die Grenzen des Machbaren erfahren, um nicht mit Skepsis allen weiteren Versuchen zu begegnen.

"Die Schulreform ist also in eine schwere Krise geraten, gerade auch im Bewußtsein der sie ehemals tragenden Gruppen. Diese Kritik drückt sich in einer Verunsicherung der Reformer aus, die sich fragen, ob die Schulreform sinnvoll war, ob und wem sie genutzt hat, ja, ob sie überhaupt stattgefunden habe. Selbst diejenigen, die die Bemühungen um die Reform der Schulen über Jahre getragen haben, bezweifeln, ob es Maßnahmen gegeben habe, die sie ganz und gar befürworten könnten; kaum eine Maßnahme erscheint ihnen wirklich geglückt. ... Während sich antiautoritäre Pädagogen der späten sechziger und frühen siebziger Jahre - lediglich, muß man aus heutiger Sicht sagen - gegen eine überholte, auf Gehorsam und Unterordnung ausgerichtete Erziehung wendeten, verstehen sich heute etliche Lehrer, viele Referendare und ein beträchtlicher Teil der Lehrerstudenten als weitaus radikalere Schulkritiker: Sinnvolles Lernen, so formulieren sie, sei in der Institution Schule prinzipiell nicht möglich, jeder Versuch zur Reform des Schulwesens sei deshalb vom Ansatz her unsinnig." (Klemm u.a. 1985, 11)

Die Vorgänge wiederholen sich mit erstaunlicher Regelmäßigkeit: Da hat jemand eine tolle Idee, entwickelt eine überzeugende Theorie oder macht eine überwältigende Erfahrung in der Praxis. Natürlich möchte er seine Entdeckung an andere weitergeben. Ein Plan zur Dissemination wird ausgearbeitet, ein Versuch wird in das sogenannte Regelschulwesen übertragen, und dann passiert es. Was vorher so überzeugend gewirkt hat, produziert plötzlich Abwehr, Widerstände und endet im Mißerfolg. Innovationen lösen unter bestimmten Systembedingungen ein Selbstvernichtungsprogramm aus, das sich an der satirischen Ereigniskette ablesen läßt, welche die Entwicklungsgeschichte von Innovationen folgendermaßen beschreibt:

- Am Anfang herrscht Begeisterung.
- Dann folgt Verwirrung
- und Ernüchterung.
- Bald beginnt die Suche nach den Schuldigen,
- es folgt die Bestrafung der Unschuldigen
- und letzten Endes die Auszeichnung der Nichtbeteiligten.

Die Linearität im Ablaufschema klassischer Organisationsentwicklungskonzepte hat sich auch in der Wirtschaft bereits als problematisch bewiesen. Die Mentalität des Eins-nach-dem-Anderen kann die Komplexität nicht berücksichtigen, die lebende Systeme unter anderem von mechanistischen Abläufen unterscheidet: Gleichzeitigkeit und Wechselwirkungen. Damit stellt sich die Frage nach einem neuen Paradigma für die Veränderungen von Organisationen (vgl. Maturana/Varela 1987, Wilber 1988, Banathy 1991 und 1992).

Selbstorganisation als treibende Kraft

Die herkömmliche Vorstellung der Funktion von Organisationen und Institutionen wurde in der Vergangenheit vom Modell eines mechanistischen Weltbildes abgeleitet, in dem alles als machbar, reparierbar und austauschbar galt. Reform bedeutete so gesehen, daß Teile des Systems, die nicht optimal funktionierten, durch besser funktionierende Teile ersetzt wurden. Da diese Veränderungen wiederum Auswirkungen auf die alten Teile hatten, wurden Systembereiche, die bisher gut funktionierten, plötzlich dysfunktional. Die Reform löste weitere Reformen aus, und so manche Organisation wurde auf diese Weise wegreformiert. In den Anfängen der betrieblichen Organisationsentwicklung kursierte folgender Spruch darüber, wie man eine Firma zugrunde richten könnte: am angenehmsten mit Hilfe des Spielkasinos, am schnellsten mit EDV und am gründlichsten mit einem Organisationsentwicklungsunternehmen.

Wir fassen den Veränderungsmechanismus bzw. die gestaltenden Prämissen der angedeuteten Reformvorgänge im herkömmlichen Paradigma zusammen:

(1) Die Wirklichkeit ist ungeordnet - Ordnung, Organisation und Regeln müssen erst geschaffen werden.
(2) Für die zu schaffende Ordnung brauchen wir einen obersten Wert, an dem sich alles orientiert. Das historisch dominante Ordnungsprinzip ist "Macht".
(3) Ordnung ist hierarchisch aufgebaut. Die "Spitze" entscheidet, hat immer recht und trägt die Verantwortung.

Diese Prämissen liegen den meisten normativen Gesellschaftsmodellen (Religionen, Ideologien ...) und damit jeder Gesellschaftsordnung zugrunde. Sie sind das Muster für den Aufbau von Firmen, Verwaltungen, Krankenhäusern, Parteien, Verbänden, Schulen usw. Das Modell gilt als hierarchisch gegliederte "Vorgabe" und alle Abweichungen werden als Störungen angesehen. "Alles unter Kontrolle haben" heißt das Motto für ein solches System. Wenn etwas schief geht, dann wird repariert oder ausgetauscht. Mitarbeiter, die nicht "funktionieren", werden entlassen, versetzt oder befördert - je nach den institutionellen Möglichkeiten und Gegebenheiten.

Heute werden diese Annahmen und Vorgangsweisen - nicht zuletzt unter dem Eindruck der jüngsten Entwicklungen im ehemaligen Ostblock - immer mehr in Zweifel gezogen. "Oben" geplante Ordnungen lassen sich meist nur gegen Widerstände von "unten" verwirklichen, sind nicht immer kongruent und können höchstens als grobe Orientierungen dienen. Sie veralten schnell und funktionieren oft nur, weil sie informell und in den Details außer Kraft gesetzt werden (z.B. "Dienst nach Vorschrift"). Ordnungssysteme werden immer mehr als Organisationsmuster bzw. als Vernetzungen gesehen, die sich ständig verändern, unter Druck umstrukturieren und immer wieder neue Gestalt annehmen. Bei solchen Veränderungsprozessen ist es auf den ersten Blick schwierig, Gesetz- und Regelmäßigkeiten zu erkennen. Ein neues Denken ist notwendig, um die Zusammenhänge und Wechselbeziehungen zu verstehen. Ordnung ist aus dieser Sicht nicht nur durch Stabilität gekennzeichnet, sondern auch durch Veränderung bzw. durch eine Verbindung von beiden. Damit beschreiben wir einen Begriff, der in der Umgangssprache gewöhnlich als Gegensatz von Ordnung verwendet wird: Chaos. Chaotische Strukturen sind jedoch nicht durch das Fehlen von Ordnungen gekennzeichnet, sondern sie treten in lebenden, komplexen Systemen in einem derart transformierten Zustand auf, daß sie oft durch unsere Wahrnehmung nicht erfaßt werden können. Und was das Außergewöhnliche ist, sie existieren auf der Basis der Selbstgestaltung und Selbststeuerung, sie brauchen kein Reglement von außen, sie entwickeln sich von innen.

Das aus den Naturwissenschaften entwickelte Konzept der "Selbstorganisation" eröffnet neue Möglichkeiten für unser Denken. Der Kosmos, das Leben, das Denken der Menschen haben sich seit ihrer Entstehung zu immer höheren Organisationsformen entwickelt, was heute zu den Schlüsselfragen führt:
- Wie entwickeln sich Ordnungen?
- Wie verändern sich Ordnungen?

Das Konzept "Selbstorganisation" geht davon aus, daß die in der Natur wirkenden Mechanismen evolutionär wirken, daß sie aus sich selbst heraus immer wieder neue Ordnungen hervorbringen. Zum Unterschied von der statischen

Weltenuhr eines Descartes entspricht diese Vorstellung einem dynamischen Weltbild. Dieses wird mit Mitteln der Systemtheorie erforscht (vgl. Bertalanffy 1968, Kratky 1991).

Prämissen für das Konzept "Selbstorganisation":

> (1) In allen Systemen und Prozessen existieren bereits Ordnungen. Chaos ist eine transzendierte Form der Ordnung.
> (2) Alle Systeme und Prozesse bringen ungeplant neue, meist komplexere Ordnungen hervor.
> (3) Werte sind immanent in den Ordnungen enthalten. Sie korrespondieren nicht immer konfliktfrei mit den von außen herangetragenen Werten.

Die menschliche Welt ist demnach als eine Vielzahl unterschiedlicher, miteinander vernetzter und interagierender Muster beschreibbar. Diese Muster oder Systeme sind nicht materieller, sondern geistiger Natur. Sie bestehen aus Informationen und verändern sich, ohne daß dies immer geplant ist. Unsere Gedanken sind frei für immer neue Verknüpfungen und sie schaffen damit immer wieder etwas Neues. Das Modell der Selbstorganisation wird so zu einem Rahmen, der Strukturen und Gesetzmäßigkeiten menschlicher Veränderungsprozesse beschreibbar und plausibel machen kann. Auch "von oben" oder "von außen" geplante Veränderungen können mit gewissen Erfolgschancen rechnen, wenn sie diesen Rahmen berücksichtigen. Mit "Selbstorganisation" wird auch eine politische Dimension bezeichnet, die sich in "Bewegungen" ausdrückt, zum Beispiel Bürgerbewegungen oder die Friedensbewegung. Diesen Aspekt verfolgen wir hier nicht weiter, weil die vielfältigen Versuche bislang kaum reflektiert noch systematisch ausgewertet wurden.

Wenn wir den Unterschied zwischen herkömmlicher Schulreform und Selbstorganisation auf den Punkt bringen, dann ist Schulreform von oben verordnet und immer auf ein vorbestimmtes Ziel hin orientiert. Wenn dieses erreicht ist, dann ist die Reform beendet, und es kehrt wieder "Ruhe in die Schule" ein. Selbstorganisation ist ein Prozeß der Selbsterneuerung und kann als eine fortlaufende Entwicklung verstanden werden, bei der die Initiative von der einzelnen Schule ausgeht und die treibenden Kräfte und die Ziele ebenfalls in ihrer autonomen Verantwortung liegen. So betrachtet erscheint uns der Spannungsbogen zwischen Entwicklung von oben und Entwicklung von unten zu groß. Wir fragen uns in den folgenden Überlegungen, auf welche Weise aus dem Entweder-Oder ein Sowohl-als-Auch hergestellt werden kann.

Eine Grundannahme von Organisationsentwicklung ist, daß nicht nur einzelne Menschen sondern auch Organisationen und Institutionen lernen und sich weiterentwickeln können (vgl. French/Bell 1982, Senge 1990, Dalin 1991, Königswieser/Lutz 1992). Dieses institutionelle Lernen bedeutet nicht nur eine

Addition des individuellen Lernens der Mitglieder einer Institution, sondern darüber hinaus eine kollektive Leistung, die größer und umfassender ist als sie der einzelne erreichen kann. Auch hier gilt, daß die Wechselwirkungen zwischen dem Lernen der Institution und dem ihrer einzelnen Mitglieder treibende und befruchtende Impulse auslösen. Weiters bedarf dieses Lernen von Institutionen einer kollektiven Motivation, die unterschiedlich begründet sein kann.

Jede Veränderung wird durch zwei grundlegende Denkweisen gesteuert. Einerseits durch ein "Weg-von-etwas"-Programm, das auf Schmerzvermeidung oder Flucht aus einer unerträglichen Situation fundiert ist. Wenn beispielsweise die Aggressionen von Schülern an einer Schule so überhand nehmen, daß sich die Lehrer nicht mehr in die Klassen wagen, ist die Grenze des Erträglichen erreicht. Und wenn einmal die "Schmerzgrenze" überschritten wurde, dann ist zu erwarten, daß Maßnahmen zur Veränderung der Situation ergriffen werden. Ein anderes ist das "Hin-zu-etwas"-Programm. Hier wird etwas Ersehntes, etwas was man nicht hat, aber gerne haben möchte, angestrebt. Eine Schulgemeinschaft möchte beispielsweise den Pausenhof zu einer Stätte der Begegnung umgestalten. Wohlgeformte Zielformulierungen haben meist eine Form, die dieser zweiten Struktur entspricht, oder sie kombinieren beide Programme. Dann wird daraus eine besonders machtvolle Motivstruktur. Wir erinnern uns an ein Beispiel, wo eine Schulleiterin sehr unglücklich über die bisherige Art der Konferenzabwicklung war. Am Leiterkurs erlebte sie neue Gestaltungsmöglichkeiten und ließ sich dadurch inspirieren. Sie veränderte an ihrer Schule die Konferenzen grundlegend, und seitdem freut sie sich auf jede Konferenz und mit ihr das ganze Lehrerteam.

Ein sehr einfaches, pragmatisches Modell der Selbsterneuerung, läßt sich schematisch in folgender Weise veranschaulichen.

Die folgenden Überlegungen sollten für das jeweils geplante Vorhaben gestellt werden:

Ausgangszustand:
- Die Situation, die Beziehungsmuster, die Zusammenhänge und Wechselwirkungen diagnostizieren. Was läuft und wie läuft es?
- Quantifizierbare und qualifizierbare Fakten zusammentragen.
- Was sich normalerweise "hinter den Kulissen" abspielt, offenlegen.

Lernen:
- Welche Impulse lösen welche Lernprozesse aus?
- Was ist geschehen, was geschieht? Wahrnehmungen auf der Meta-Ebene aktivieren.
- Was und wie wurde es ausgelöst? Was bewirkt es in mir und bei anderen?
- Ziele sind nur Richtungsweiser und Orientierungshilfen, keine Endstationen.

! Neuorientierung:
- Wo stehe ich jetzt? Wo will ich hin? Vergleich von Ausgangszustand und Zielvorstellungen.
- Was hat mich daher gebracht? Wie bin ich bis hierher gekommen?
- Was will ich jetzt? Wie geht es weiter?

Abb. 15: Modell zur Selbsterneuerung

Es gibt nach diesem Modell kein "richtig" oder "falsch", sondern nur Austausch, Veränderung und Entwicklung. Es können verschiedene Erkenntnis-, Verhaltens-, Planungs-, Feedback-, Psycho- und Entscheidungstechniken in das Modell integriert werden. Auch der Einsatz von internen Steuergruppen und externen Beratern kann als Hilfe und Unterstützung genützt werden (vgl. Dalin/Rolff 1990). Das Modell ist so allgemein, daß es sowohl für Veränderungsprozesse in Individuen als auch für soziale Systeme angewendet werden kann.

Die Führungsaufgabe der Zukunft wird in der Organisation von Diagnose-, Arbeits-, Rückkopplungs- und Neuorientierungsprozessen liegen. Es wird den Betroffenen viel mehr Kompetenz in Entwicklungsprozessen zugestanden. Die Betroffenen sind Beteiligte und werden autonomer und anspruchsvoller. Lernen wird zum Hauptthema von Veränderungsprozessen. Der Experte für solche Prozesse ist nicht der, der am Anfang schon alles weiß, sondern der, der lernt und immer wieder klar kommt, wenn es scheinbar nicht weiter geht. Anzeichen für dieses neue Denken und die damit verbundenen Schwierigkeiten können im Schulbereich bereits geortet werden. So wird etwa durch Projektunterricht, Fachbereichsgruppen und Arbeitsgemeinschaften das hierarchische System unterlaufen oder seitlich umgangen. Bei manchen Lehrern und Leitern, die Versuche in diese Richtung durchgeführt haben, führte dies zu einer Konfrontation mit neuen Sichtweisen und war nicht immer angenehm. Wer will denn schon freiwillig nochmals von vorn anfangen?

Manche Schulleiter und Schulleiterinnen klagen, daß sie am Führen gehindert werden. Ihre Lehrermitarbeiter würden nur geringen Wert auf einen aktiven und veränderungsfreudigen Schulleiter legen. Die Lehrer befürchten, daß ihre eigene Kompetenz und Handlungsfreiheit durch eine starke Schulleiterpersönlichkeit eingeschränkt werden könnte. Dies nicht zu Unrecht, da in der Praxis manchmal die Erfahrung gemacht wird, daß "Stärke" nicht immer auf einer entsprechenden Führungskompetenz beruht, sondern eher auf einer Verkleidung menschlicher Schwächen in das Gewand der Amtsautorität.

Auch die bisher starre Führungshierachie im Schulsystem stellt eine Schwierigkeit für die Praxis der selbstorganisierten Schulentwicklung dar. Die Verteilung des tatsächlichen Wissens und der fachlichen Kompetenzen entspricht oft nicht den gesetzten hierarchischen Ordnungen. Es sind nicht immer die fachlich wirklich Qualifizierten, die in einer Hierarchie zu Führungspositionen aufsteigen. Das führt zu Dauerkonflikten zwischen "Sachverständigen" und "Entscheidungsträgern", zu Reibungsverlusten, Mehrarbeit und Frustrationen, deren Umfang und Auswirkungen kaum einzuschätzen ist.

Dazu kommt, daß in der Schule häufig auch die Bemerkung "Führung kann man nicht lernen" sowohl von Lehrern als von Leitern gebraucht wird. Es stellt sich die Frage, ob sie nicht von Lehrern mit der Befürchtung formuliert wird, daß sich der Leiter zu sehr in ihre eigene Lehrer-Tätigkeit einmischen könnte. Vielleicht sehen sie es sogar als wünschenswert an, wenn er sich nur auf seine Verwaltungsaufgaben beschränken würde. Umgekehrt zweifeln viele Leiter selbst an der Veränderbarkeit von Persönlichkeits- und Führungsmerkmalen, die mit ihrer neuen Funktion verbunden sind. Oft wird allerdings in der üblichen Fortbildung kein herausforderndes Führungstraining angeboten, oder die Möglichkeiten zum Selbsterfahrungslernen und zur Weiterentwicklung von Führungsfähigkeiten werden nicht genützt.

Aufgrund unserer Erfahrungen sind Führungsfähigkeiten lehr- und lernbar, wobei es in den entsprechenden Weiterbildungsangeboten nicht nur um die Erfordernisse kurzfristig einsetzbarer Managementqualifikationen gehen kann, sondern vor allem um übergeordnete Einsichten, Verfahren und Verhaltensweisen.

Folgende Aspekte sind für die Konzeption von Schulmanagement-Trainings besonders wichtig, wenn wir autonome Schulentwicklung als langfristiges Ziel ins Auge fassen:

- Die Denkstrategien von Generalisten und Spezialisten werden in einem Wechsel von ganzheitlich-vernetzten und analytischen Arbeitsweisen entwickelt.
- Dem Informationsmanagement und den sozialen Kompetenzen kommen mit Themen wie Kommunikation, Kooperation, Konfliktbearbeitung, Entscheidungsfähigkeit, Unterscheidung von Wesentlichem und Unwesentlichem, Verständlichkeit usw. besondere Bedeutung zu.
- Die wichtigsten Komponenten für die Gestaltung von Führungstrainings sind Praxisnähe, höchstqualifizierte Trainer und Referenten, geringe Teilnehmerzahlen, Einsatz neuer und erwachsenengerechter Lehr- und Lernmethoden, Zukunftsorientierung und internationale Orientierung.
- Die vorrangig angestrebten Fähigkeiten sind Flexibilität, Kreativität und Innovation.
- Die generelle Ausrichtung eines Führungstrainings richtet sich auf die Bewältigung der Zukunft. Dabei geht es vor allem um die Erhaltung und Steigerung der allgemeinen Lernkompetenz: Schneller, gründlicher und umfassender lernen heißt das Motto.

Im Kapitel 6 werden wir auf das Konzept einer innovationsorientierten Leiterweiterbildung genauer eingehen.

Von der Vision zum Ziel - Zielentwicklung

Schulentwicklung als Führungsaufgabe hat eine Voraussetzung in der visionären Schau ihrer Führungspersonen. Die Zukunft in mentalen Bildern vorwegnehmen bedeutet, ein geistiges Programm zu aktivieren, das den eigentlichen Motor und die treibende Kraft für jede erfolgsorientierte Entwicklungsarbeit darstellt. Aber Menschen, die nur Visionen haben, bleiben "Träumer"; umgekehrt verkümmern und vertrocknen oft die Aktivitäten von "Realisten" ohne weiterreichende Perspektiven. Eine wichtige Frage wird deshalb sein, wie Visionen und ihre Konkretisierung in der Realität übereingestimmt werden können. Ein Schritt dahin führt über einen sorgfältigen Zielklärungsprozeß, der eine Gestaltung und Formung der gesamten Thematik umfaßt. Wir bezeichnen das Ergebnis deshalb als "wohlgeformt". Im folgenden stellen wir die Ausformung einer Zielanalyse nach Kriterien der Wohlgeformtheit dar und gehen im Zusammenhang damit kurz auf weitere Teilfragen wie Motivation, Strategien und Erfolg ein. Die Anregungen dazu verdanken wir den Seminaren und Arbeiten von Robert B. Dilts.

A Zielanalyse nach Kriterien der Wohlgeformtheit
(1) Zieldefinition
Das Ziel verständlich und positiv formulieren. Prüfen, ob es unter der Kontrolle der Person ist, die das Ziel formuliert (oder eines Teams), d.h., daß es mit den zur Verfügung stehenden Mitteln bearbeitet und erreicht werden kann. Wenn eine Lehrergruppe beispielsweise formuliert: "Wir möchten gerne, daß die Schüler in den Pausen aufhören zu lärmen", dann deutet die Sprachstruktur an, daß dahinter zwar Wünsche stehen, aber der Glaube an die Erreichbarkeit ist damit nicht ausgedrückt. Die Formulierung klingt eher nach: "Es wäre zu schön, um wahr zu sein." Weiters steht eine Negativ-Formulierung in dem Satz, die die Form einer Klage bewirkt, aber nicht den positiven Aspekt einer wünschenswerten Veränderung heraushebt. Und schließlich liegt das Ziel nicht unter der Kontrolle des Lehrerteams. Es sind ja die Schüler, die Aktionen setzen und daher auch über die Mittel verfügen, ihr Verhalten zu ändern. Eine starke Zielformulierung wäre z.B. für denselben Sachverhalt: "Wir werden ein attraktives Angebot zu einer neuen Art von Pausengestaltung entwickeln und unseren Schülern präsentieren." Hier liegen alle Kriterien für eine wohlgeformte Zielformulierung vor, es ist verständlich formuliert, positiv, und die Handlungsmöglichkeiten sind auf Seite des Lehrerteams voll gegeben.

(2) Kriterien der Zielerreichung
An welchen konkreten, nachvollziehbaren und kontrollierbaren Kriterien werden wir merken, daß wir unser Ziel erreicht haben?

Ohne Zielkriterien gibt es keine Überprüfung des Erfolges. Für unser Beispiel könnten die Kriterien so formuliert werden:

■ Das Angebot zur Pausengestaltung wird mehrere Punkte umfassen.
■ Wir merken die Attraktivität daran, daß die Angebote von den Schülern freiwillig angenommen werden.
■ Das Pausenverhalten der Schüler wird sich über einen bestimmten Zeitraum (3 Wochen) zu einer neuen Gewohnheit entwickeln.
■ Die Notwendigkeit von Interventionen durch Lehrer wird sich verringern.
■ Die Selbstorganisation der Schüler wird so angeregt werden, daß sie mit Vorschlägen zur weiteren Veränderung kommen.

(3) Physiologische Kontrolle
Jedes Teammitglied gibt eine körperliche Darstellung in Haltung, Bewegung, Gestik, Mimik o.a. von der Situation, wie es sein wird, wenn das Ziel erreicht ist. Aus der Kongruenz oder Inkongruenz der verschiedenen Darstellungen kann man die emotionale Befindlichkeit ableiten, die mit dem Ziel verbunden wird. Gleichzeitig wird ein Ressource-Anker gesetzt, der den Teilnehmern die Kraft gibt, auch über Mißerfolge hinweg an der Zielerreichung zu arbeiten.

(4) Kontext
In welchem Umfeld und Zusammenhang findet das Projekt bzw. die Zielarbeit statt? Wer wird von dem Ziel und vom Weg dorthin auf welche Weise betroffen sein? Wann und wie genau? Wie werden die betroffenen Personen reagieren? Oft genug wird ein Ziel gesetzt und erst viel später kommt man darauf, daß man die Beteiligung oder den Widerstand anderer falsch eingeschätzt und dadurch viel zuviel Energie vergeudet hat.

(5) Soziale Ökologie
Was werden wir verlieren oder aufgeben müssen aus der jetzigen Situation, wenn wir das Ziel erreichen? Was ist der "sekundäre Gewinn"? Diese Frage deckt die geheimen Vorteile auf, die wir gewinnen, wenn wir das Ziel sabotieren. Die Neugestaltung von Konferenzen wird z.B. mehr Einsatz bei der Vorbereitung erfordern, und wir müssen einiges an Bequemlichkeit aufgeben. Es hat alles seinen Preis, und unser Unterbewußtsein registriert sehr genau, ob und mit welchem Einsatz es sich lohnt, für eine Sache zu kämpfen.

Wir werden auch weiter fragen, was wir durch die Zielerreichung gewinnen, was und wie sich unser Leben dadurch ändern wird, und was die sonstigen Folgen sein werden. Es ist auch zu prüfen, ob wir und die anderen Betroffenen den Folgen zustimmen.

(6) Hindernisse
Welche Hindernisse oder Barrieren stehen im Weg? Das können konkrete Dinge sein, aber auch Erinnerungen, Glaubenssätze, Gefühle und Vorstellungen. Wie können sie verändert oder beseitigt werden? Hier ist auch die Macht von Vorannahmen und Vorurteilen zu beachten. Wenn wir meinen, daß bestimmte Leute sowieso immer dagegen sein werden, dann wird das höchstwahrscheinlich auch so bleiben. Wenn wir uns dagegen die Frage stellen, wie wir Menschen überzeugen können, die sehr kritisch sind, dann wird die Situation bearbeitbar.

(7) Hilfen
Welche Hilfe oder welche Unterstützung wäre willkommen? Es müssen nicht unbedingt Sachmittel oder personelle Hilfen, es können auch Gedanken oder Worte sein. Die Veränderung von Glaubenssätzen, die Macht positiver Gedanken und vor allem der feste Glaube an die Zielerreichung können Wunder vollbringen.

(8) Zukunftsorientierung
Was wird unser erster (nächster) konkreter Schritt zur Zielerreichung sein? Damit werden über die Ziel- und Planungsarbeit hinaus erste Verbindlichkeiten geschaffen. Die Loslösung von allem "Wenn und Aber" bedeutet, in Aktion zu treten, vom Aufschieben zum sofortigen Handeln zu kommen, und auch das ist eines der Geheimnisse erfolgreicher Menschen.

B Motivation
Es gibt keine Leistung, keinen Erfolg ohne die treibende Kraft von Motivationen. Auch wohlgeformte Ziele brauchen diese Kraft, wenn sie nicht als Leerformeln auf Arbeitspapieren in Schreibtischladen oder Papierkörben landen sollen. Welches sind die handlungsleitenden Prinzipien, die unsere Motivation antreiben?
- Der Glaube, daß das Ziel erreichbar und wertvoll ist und einen Sinn ergibt.
- Die Qualität der Wertvorstellungen, Glaubenssätze und Selbstinstruktionen, die uns bei der Verwirklichung leiten.
- Die Generalisierungen über uns und unsere Welt. Was ist für mich und für uns möglich, welche Fähigkeiten haben wir, wie sind die Grenzen und Freiheiten gesetzt? Wer bin ich? Wer sind wir?
- Die physiologischen und sensorischen Qualitäten, die uns Stärke, Durchsetzungsvermögen, Ausdauer, Tempo, Sensibilität, Freude, Erwartung, Geduld u.v.a. ermöglichen.

C Strategie

Im strategischen Management geht es um das Wissen und um die Fähigkeiten, mentale und konkrete Schritte zur Zielerreichung zu setzen. Im einzelnen kommt es darauf an,

■ die geistigen Landkarten zu nützen, die unser Verhalten organisieren,
■ die fünf Sinne und ihre feinen Submodalitäten bewußt zu gebrauchen und
■ die Sequenzierung der Ablaufschritte nach Plan zu steuern.

D Erfolg

Es gibt ein Erfolgsmanagement, das darin besteht, herzhaft zuzupacken, nie aufzugeben und immer kreativ und flexibel in Richtung auf das Ziel hin zu arbeiten.

Dabei gilt es, Herausforderungen zu meistern, die natürlicherweise auftreten können:

■ Mangelnde Zielklarheit, Zweifel, Unsicherheit und unklare Inhalte, Konfusion.
■ Negative Erinnerungen und frühere Erfahrungen von Versagen und Mißerfolg.
■ Realitätsfremde Erwartungen oder Kriterien.
■ Konflikte, Unstimmigkeiten, Inkongruenzen und versteckte divergierende Ziele im Kontext.
■ Systemische Faktoren und Wechselwirkungen, die in der Zielanalyse nicht erkannt wurden.

Aus zahlreichen Erfahrungen mit solchen Zielklärungsprozessen zeigt sich, daß sich das Ziel nicht immer im ersten Überlegungsentwurf schon in seiner

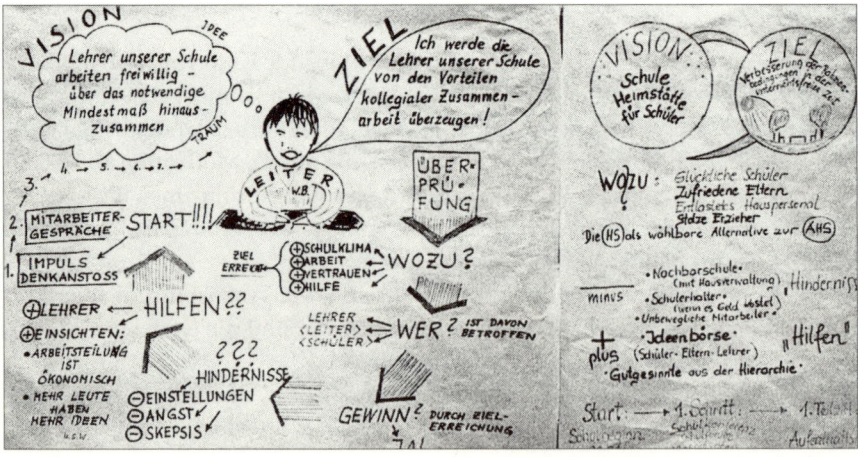

Vision - Ziel

116

vollen Wohlgeformtheit dargestellt. Dazu gehört viel Übung und Erfahrung. Wir konnten aber beobachten, daß sich durch die prozeßhafte Auseinandersetzung oft auch das Ziel selbst schrittweise entwickelt und so eine mögliche Alternative bestätigt, daß zwischen Weg und Ziel nicht immer mit Sicherheit unterschieden werden kann. Es gibt philosophische Zirkelsätze auf unseren Landkarten der Wirklichkeit wie "Der Weg ist das Ziel", die ihre Entsprechung in unserer realen Welt finden.

So beschäftigt sich ein Lehrerteam beispielsweise mit dem Thema "Verhaltensauffällige Schüler". Dazu wird folgendes Ziel formuliert: "Ausarbeiten von Kriterien, die zu Verhaltensauffälligkeiten führen."
Im Zielklärungsprozeß wird deutlich, daß das Zusammenstellen von Kriterien vielleicht interessant sein mag, aber noch keine Änderung des Problems bewirken wird. Im Gegenteil, durch das Aufzeigen von möglicherweise durch Elternhaus, Fernsehen, schlechte Freunde u.a. bedingten Kriterien der Verhaltensauffälligkeit wird das Problem auf Variablen abgeschoben, die von den Kollegen nicht direkt beeinflußbar sind. Eine Kollegin formuliert das Ziel dann so: "Ich möchte einfach, daß sich diese Schüler ändern!" Ein anderer darauf: "Was

Abb. 16:
Der "Kurzschluß" von der Problemstellung zur Realisierung

117

gewinnen diese Schüler aus ihrer jetzigen Situation, aus dem, was wir als Fehlverhalten bezeichnen? Was ist der sekundäre Gewinn?" Welche Bedürfnisse drücken sie durch ihr Verhalten aus? Es würde zu weit führen, der folgenden Diskussion weiter nachzugehen. Jedenfalls werden die eigenen Schülererfahrungen der Lehrer wachgerufen, und ebenso wird die Qualität von Unterricht und seiner motivierenden Elemente problematisiert. Eine endgültige Zielformulierung könnte dann so lauten: "Wir entwickeln sinnesspezifisch anregende Methoden, erarbeiten differenzierende Kleingruppenkonzepte und setzen sie in unserem Unterricht gezielt um." Daraus ergibt sich neben der didaktischen Entwicklungsarbeit für das Team ein längerfristiger Erfahrungsaustausch, der insgesamt nicht nur die sogenannten "auffälligen Schüler" betrifft, sondern auch die pädagogische Handlungskompetenz des Teams und seiner Mitglieder erweitert.

In unerfahrenen Gruppen neigen die Teilnehmer dazu, den mühsamen Arbeitsprozeß dadurch abzukürzen, daß sie von der Problemformulierung gleich in die Realisierung gehen möchten. Ein derartiger "Kurzschluß" wird wahrscheinlich zu Frustrationen und zu Mißerfolgen führen (vgl. Abb. 16).

Von der Gruppe zum Team – Teamentwicklung

Inhaltliche Fragen der Lehrerkooperation werden schon lange als Aufgaben für die Schulleitung gesehen (vgl. Dahlke u.a. 1979, Krüger 1988, Regenthal 1988). Auch für uns gilt Teamentwicklung als eine wesentliche Voraussetzung und integrierende Aufgabe jeder Schulentwicklung. Und um möglichen Mißverständnissen vorzubeugen sollte festgestellt werden, daß eine Gruppe noch kein Team ist. Was gehört eigentlich dazu, damit aus einer Gruppe ein Team wird? Es scheint ohne einen bewußt angestrebten Lern- und Entwicklungsprozeß nicht möglich zu sein, "teamfähig" zu werden (vgl. v. Sassen 1988).

In einem funktionalen Team arbeiten die Mitarbeiter direkt zusammen und fühlen sich mitverantwortlich für die gemeinsame Aufgabe und für die Ergebnisse. Sie anerkennen und unterstützen sich gegenseitig. Eine solche Gruppe ist nicht nur sehr effektiv, sie ist auch motiviert; es macht einfach Spaß, zu einem guten Team zu gehören. Teambildung bedeutet nicht unbedingt Wechsel des Führungsstils von direktiv zu non-direktiv. Es kann auch eine weitgehend direktiv geführte Gruppe ein gutes Team sein, ebenso wie eine Gruppe Gleichgestellter, sogenannte Peergruppen. Team ist also ein Begriff, der primär mit der Form der Zusammenarbeit zu tun hat.

Eine weitere Überlegung besteht darin, daß Teamentwicklung nicht unbedingt einen Selbstzweck verfolgt, sondern in einem engen Zusammenhang mit

der Qualität einer Schule, mit ihrer Kultur steht. Unter den vielen Möglichkeiten der Schulerneuerung ist sie eine von der Basis heraus sich entfaltende ökologisch sanfte Gestaltungsform. Sie braucht wie jede Entwicklung genügend Zeit, Geduld und Unterstützung. Ihre besondere Wirksamkeit erreicht sie auf eine zweifache Weise. Einerseits werden Effektivität und Qualität schulischer Leistung ganz allgemein gesteigert, da sich in der gemeinsamen Arbeit die Standards erhöhen. Teams sind bedeutend produktiver und motivierender als eine Summe von "Einzelkämpfern", wie sie in den üblichen Lehrerkollegien zu finden sind[9]. Andererseits trägt Teamentwicklung zur Humanisierung der Schule bei. Teammitglieder finden mehr Sinn in ihrer Arbeit und sind aufgrund der sozialen Einbindung zufriedener. Das gemeinsame Tun und die Art, wie es geschieht, schaffen eine Basis für mehr Vertrauen, gegenseitige Anerkennung und Wertschätzung. Das bedeutet aktive Gestaltungsarbeit an der Identität der ganzen Schule, was man heute oft mit "Schulkultur" gleichsetzt. Im Idealfall demonstrieren Lehrerteams durch die vorgelebte Verbindung dieser zweifachen Zielstellung ein Modell des Lernens, das auch für die Zusammenarbeit der Schüler untereinander wirksamer ist als Belehrungen und Appelle.

Welche sind nun die besonderen Merkmale eines Teams? Es macht Eindruck, wenn ein Schulleiter von seinem "Team" spricht, doch oft ist bei näherem Hinsehen wenig von dem besonderen Bewußtsein, von der entsprechenden Einstellung und von den Kooperationsqualitäten zu bemerken, die zu einem

---

9 Das drückt sich auch in der ursprünglichen Bedeutung des Begriffs "Team" aus. Er bezeichnet nicht nur den gemeinschaftlichen Aspekt einer Sportmannschaft, sondern auch den eines Gespanns von Arbeitstieren für Pflug und Wagen.

funktionalen Team gehören. Teamfähigkeit hat im wesentlichen mit drei Bereichen zu tun: mit Inhalten, mit Methoden bzw. Strategien und mit Sozial-kompetenzen.

Inhalte:
In einem Arbeitsteam benötigen alle Mitarbeiter die notwendigen Informationen an Sach- und Fachwissen. Ein ständiger Lern- und Austauschprozeß ist dazu Voraussetzung. Damit Interesse und Lernbereitschaft im Team geweckt und erhalten werden, ist es wichtig, daß die Aufgabe für jeden ein Anliegen ist, daß er sich davon "betroffen" fühlt und daß sie für ihn einen Sinn macht. Im Schul-bereich erhebt sich hier bereits die Frage, wie weit "von oben" verordnete Auf-gaben von den Leitern und Lehrern als "sinnhaft" angenommen werden. Wie weit sich die Schule an der Basis mit Anordnungen identifiziert, wie damit in der praktischen Arbeit verfahren wird und welche Umgangsformen sie damit verbindet, ist ein nur wenig reflektiertes Thema.

Methoden und Strategien:
Teamarbeit fordert von allen Beteiligten eine besondere Art der Identitäts- und Zielfindung, wobei das Gemeinsame in einem ausgewogenen Verhältnis zu den individuellen Bedürfnissen auszubalancieren sein wird. Als ebenso wich-tig sind Situationsanalysen, Aufgabenteilung und Methodenentwicklung anzu-sehen. Eine besondere Bedeutung kommt der Übertragung von Verantwor-tung für die Teilaufgaben und für das Ganze zu. Verantwortung gibt der übernommenen Teilaufgabe erst ihren Sinn und wirkt motivierend. Dem Aspekt der Übernahme von Verantwortung kommt im Zusammenhang mit der Auto-nomie von Schule eine besondere Bedeutung zu[10]. Projektteams legen ihre inhalt-lichen Schwerpunkte mehr auf Kreativität und Ergebnisorientierung, während es bei Arbeitsteams besonders auf das konstruktive Zusammenarbeiten ankommt.

Sozialkompetenzen:
Hier sind vor allem der Kommunikationsstil, die positive Beziehungsklärung und die Art, wie mit Konflikten umgegangen wird, von entscheidender Bedeu-tung. Offenheit, Toleranz und der Wille zum Miteinander bestimmen die Inter-aktionen in einem funktionierenden Team (vgl. Schulz von Thun 1981 und Thomann/Schulz von Thun 1988). Diese drei Bereiche lassen sich nach Kailer (1987, 99) in einer Kurzformel folgendermaßen zusammenfassen:

---

10 Vgl. dazu die weiterführende Diskussion zum Thema Schulautonomie im Kapitel 5.

Inhalte (technische Fähigkeiten):	umgehen können mit Dingen
Methoden und Strategien (konzeptuelle Fähigkeiten):	umgehen können mit Ideen
Sozialkompetenzen (soziale Fähigkeiten):	umgehen können mit Menschen

Insgesamt liegt die in Teams treibende, motivierende Kraft in drei durchgängigen Erfahrungen verankert, im *Identitätsbewußtsein*, in der *Zielorientierung* und im *Leistungserlebnis*.

Identität ermöglicht Selbstbewußtsein und ein "Wir-Gefühl" ("Wir wissen, wer wir sind und was wir wollen!"). Damit wird angedeutet, daß ein Team aus sich selbst heraus Energien zu entwickeln vermag, daß es einen Sinn in seiner Aufgabe sieht und bereit ist, einen Realitätsbezug herzustellen. Identitätsbewußtsein gibt den beteiligten Menschen die Kraft zum Zusammenhalten. Dazu gehört auch eine gewisse Frustrationstoleranz, damit Kritik und Auseinandersetzungen möglich und fruchtbar werden können.

Zielorientierung wurde spätestens im Zusammenhang mit der Curriculumdiskussion als wesentliches Merkmal diskutiert. Es wurde dort allerdings im Zusammenhang mit Taxonomien in sehr einschränkender Weise verwendet. Nach unseren Erfahrungen hat sich das im vorhergehenden Abschnitt vorgestellte Zielmodell für die Teamentwicklung als sehr hilfreich erwiesen.

Leistungserlebnisse sind wichtig, um intrinsische Motivation aufrecht zu erhalten. Erfolg bringt bekanntlich den stärksten Leistungsanreiz. Teams, die längere Zeit erfolglos arbeiten, also keine konkreten Resultate vorweisen können, verlieren die Motivation und bekommen Zweifel an ihrer Existenzberechtigung. Es wird deshalb für die Teamleitung wichtig sein, den Erfolg auf der Grundlage eines Zielklärungsprozesses "vorzuprogrammieren". In der Folge kommt es dann auf eine gute Planung und auf klare Entscheidungen an. In der Realisierungsphase wird es hilfreich sein, mit persönlicher Wärme und Wertschätzung, mit Anerkennung und positiver Bekräftigung den Prozeß zu unterstützen. Wirklich effektiv wird die Arbeit aber erst dann, wenn eine entsprechende Abschlußbewertung, in welcher Form auch immer, diesen Managementvorgang abschließt. Daraus können sich dann neue Vorhaben entwickeln und auf den erfolgreich abgeschlossenen Lernprozessen aufbauen.

Ein bewußt gesteuerter Teambildungsprozeß läuft nach unserer Erfahrung in mehreren Phasen ab.

(a) Vorbereitung

Orientierung und erste Vereinbarungen zwischen Schulleiter und Lehrerkollegium über Sinn und Zweck des Vorhabens. Entscheidung über die Vorgehensweise und gegebenenfalls Einigung zur Einladung eines externen Beraters.

(b) Planung
Leiter, Gruppe und externer Berater klären nach einem ersten Kennenlernen Motive, Ziele, Programm und Arbeitsweise für die Teamentwicklung. Konkret wird dabei eine Klausurtagung ins Auge gefaßt. Wird ein externer Berater beigezogen, führt er möglichst mit allen Beteiligten Einzelgespräche zur weiteren Klärung von Motiven und Zielen durch.

Die Klausurtagung ist für den Teambildungsprozeß besonders wichtig. Ihre Gestaltung entscheidet weitgehend über Erfolg oder Mißerfolg der weiteren Arbeit. Die nächsten Schritte können innerhalb von Klausurtagungen bearbeitet werden.

(c) Diagnose
Intensiver Prozeß des gegenseitigen Kennenlernens und des Sich-Öffnens für die persönlichen Motive, Ziele, Wünsche, Erwartungen und Befürchtungen. Rückmeldungen zu den Einzelgesprächen. Selbstdiagnose der Gruppe und Klärung der Ausgangssituation.

(d) Kommunikation und Interaktion
Gesprächsregeln in praktischen Übungen erarbeiten, Beziehungen innerhalb der Gruppe klären und vertrauensbildende Maßnahmen setzen. Erst wenn ein entsprechendes Vertrauensverhältnis und ein notwendiges Maß an Sicherheit in der Gruppe vorhanden ist, werden die eigentlichen Probleme eingebracht. Ein typisches Zeichen "unreifer" Gruppen besteht darin, daß sie über alles mögliche reden, aber in einer oberflächlichen Art, in der niemand wirklich berührt oder betroffen ist.

(e) Identität, Ziele, Aufgaben
Aus einer gereiften Kommunikation innerhalb einer Gruppe erwachsen Fragen wie: Wer sind wir? Was gibt es Trennendes und Gemeinsames zwischen uns? Was wollen wir? Wie gehen wir vor? Funktionen, Rollen und Verantwortungsbereiche werden geklärt, und erste Kontakte führen zu Entscheidungen über die Art und Weise, wie innerhalb der Gruppe gearbeitet werden soll.

Ein Beispiel dazu bietet der Umgang mit Krisen. Wir sind es heute gewohnt, Geburt, Jugend, Wachstum, Gesundheit u.ä. als positiv und Tod, Alter, Abbau, Krankheit u.ä. als negativ aufzufassen. In einem umfassenden Weltbild gehören aber immer beide Pole zum Leben, und Krisen bedeuten nichts anderes als natürliche Übergänge innerhalb der menschlichen Entwicklung (vgl. Kegan 1986). So kann etwa die ernsthafte Erkrankung eines Schülers für seine Klasse, oder eines Teammitglieds für sein Team, eine Chance bedeuten, sich auf einer vertieften menschlichen Ebene neu zu begegnen.

(f) Reflexion und Evaluation
Nach einer verabredeten Zeit sollte eine weitere Klausur stattfinden, in der die Entscheidungen und Ergebnisse überprüft werden. Der zeitliche Abstand ermöglicht eine nüchterne Einschätzung. Am Ende einer Klausur herrscht meist eine euphorische Stimmung, die Verzerrungen der Wahrnehmung bewirkt. Deshalb sind Folgeklausuren wichtig, um die Arbeitsimpulse auf den nüchternen Kern zu bringen und nicht versanden zu lassen. Neue Energien werden in der Gemeinschaft des Teams aufgetankt.

Der Teambildungsprozeß wird unterschiedlich verlaufen, je nachdem, welche Ausgangssituation vorliegt. Ein Lehrerkollegium mit einer bestehenden Gruppenkultur, mit etablierten Normen und Gewohnheiten, bekommt beispielsweise einen neuen Leiter, der ein Team aus dieser Gruppe bilden möchte. Eine solche Situation bedingt meist einen längeren und mühsameren Prozeß, bei dem es auf Geduld und Zuversicht ankommt. Rücksicht auf die Angst vor Veränderungen, auf Unsicherheit und Sorge um die neuen Machtverhältnisse bestimmen das Vorgehen. Der Leiter wird vor allem die Balance zwischen notwendiger Stabilität und zumutbarer Veränderung wahren müssen, um in dem üblicherweise vorhandenen subtilen Gleichgewicht verfestigter Strukturen einen Fortschritt zu erreichen.

Eine andere Situation ergibt sich bei einem neu zusammengestellten Kollegium, das noch keine gemeinsame Geschichte hat. Es ist im allgemeinen von Anfang an stärker zur Teamarbeit motiviert und läßt sich eher auf neue Ideen ein. Umso verantwortungsvoller ist aber auch die Arbeit mit einer neuen Gruppe. Fehlschläge, negative Erfahrungen und Enttäuschungen bei der Teamentwicklung prägen die Einstellungen der Betroffenen auf lange Zeit und schaffen Vorurteile, die es bei einem weiteren Anlauf erschweren, neue Projekte zu realisieren. Umgekehrt wecken Erfahrungen mit erfolgreicher Teamentwicklung Interessen und Motivationen für weitere Teamarbeit.

Innovationen von Schulleiterinnen und Schulleitern zur Entwicklung ihrer Schulen

Im Rahmen eines österreichischen Weiterbildungsprojektes zur Qualifizierung für pädagogische Leitungsfunktionen in den 80er Jahren wurden von den Schulleiterinnen und Schulleitern, gemischt aus allen Schultypen, die folgenden Veränderungsbereiche gewählt. [11]

Schulkultur, Wertewandel und die ganze Schule einbeziehende Projekte (49)
- Verbesserung des Schulklimas (14)
- Neugestaltung des Erscheinungsbildes nach außen (13)
- Schulprofil klären (5)
- Schulinterne Lehrerfortbildung einführen (5)
- Öffnung der Schule nach außen (5)
- Mehr Autonomie innerhalb der eigenen Schule entwickeln (4)
- Die Schulkultur pflegen und ausbauen (2)
- Den gesellschaftlichen Wertewandel an der Schule reflektieren und mitvollziehen (1)

Kommunikation, Kooperation und Teambildung (44)
- Die Kooperation und Zusammenarbeit im Lehrerkollegium verbessern und die Teambildung fördern (36)
- Die Zusammenarbeit zwischen Schülern intensivieren (7)
- Schultypenübergreifende Zusammenarbeit im Schulort fördern (1)

Unterricht, Pädagogik und Didaktik (41)
- Neugestaltung des Schuleintritts und der Übergänge zwischen den Übertrittsschulen (6)
- Neue Lehr- und Lernformen entwickeln (6)
- Alternative Unterrichtsgestaltung fördern (4)
- Den Fremdsprachenunterricht kreativ gestalten (4)
- Die Lehrplaninterpretationen zum gemeinsamen Anliegen der Schulgemeinschaft machen (3)
- Den Musikunterricht an der Schule schwerpunktmäßig ausbauen (3)

---

11 Die Zahlen in den Klammern beziehen sich auf die Anzahl der Schulleitungen, die dieses Projekt an ihren Schulen durchgeführt haben.

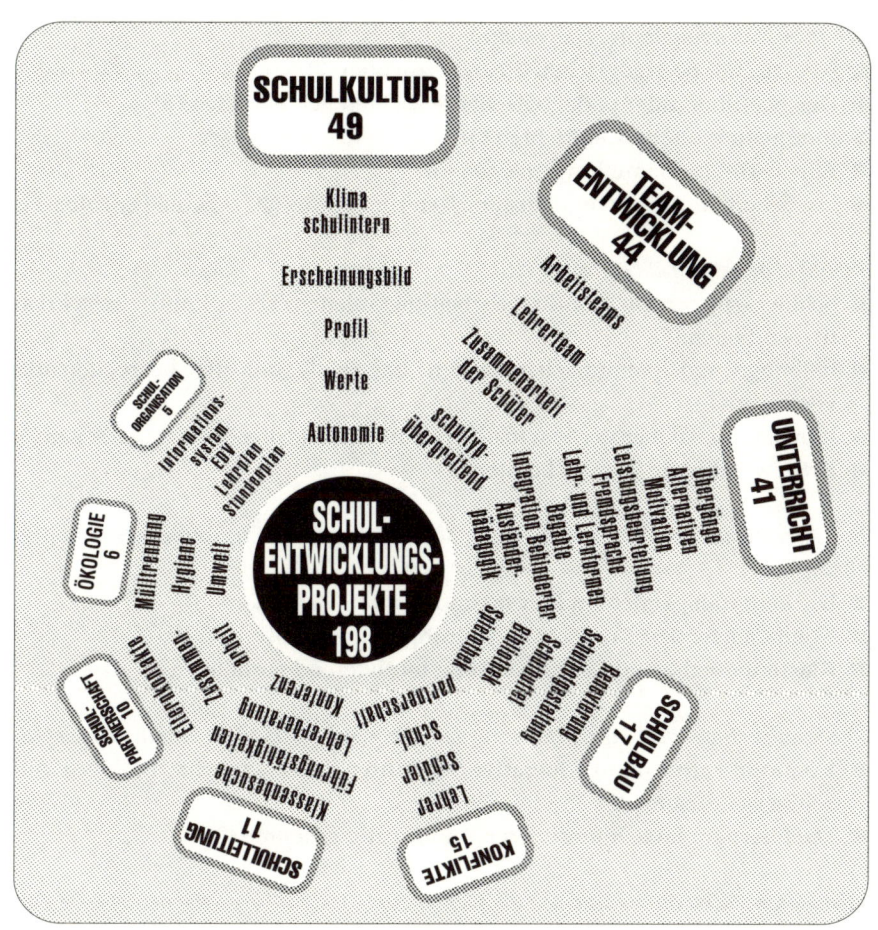

Abb. 17: Von Schulleitungen initiierte Schulentwicklungsprojekte (198)[12b]

- Die Integration von Behinderten an der Schule fördern (3)
- Sprach- und Leseunterricht verbessern (3)
- Unterricht mit Ausländerkindern zu multikulturellem Lernen erweitern (3)
- Leistungsmessung und Leistungsbeurteilung pädagogisch besser fundieren (2)
- Schwerpunkt Schülermotivation einführen (2)
- Konzepte der inneren Differenzierung didaktisch aufbereiten (1)
- Unterrichtsmittel für einen kreativen Unterricht erstellen (1)

12b Die Zahlen in den Klammern beziehen sich auf die Anzahl der Schulleitungen, die die ses Projekt an ihren Schulen durchführen bzw. durchgeführt haben.

Schulbau - Neugestaltung, Umgestaltung (17)
- Neubau mit pädagogischen Ideen befruchten (7)
- Den Schulhof unter pädagogischen Aspekten neu gestalten (3)
- Eine Schulbibliothek einrichten (3)
- Eine Lern-Spielsammlung anlegen (3)
- Das Schulbuffet als Kommunikationszentrum für die ganze Schule gestalten (1)

Konflikte professionell bearbeiten (15)
- Schülergruppen zur Konfliktbearbeitung anleiten, Disziplinprobleme kreativ bearbeiten (7)
- Reibungs- und Spannungsbereiche im Lehrerkollegium offen bearbeiten und verringern (4)
- Konflikte im Rahmen der Schulpartnerschaft Eltern-Lehrer-Schüler bearbeiten (3)
- Krisengefährdete Schüler beraten (1)

Projekte, die auf die Weiterentwicklung der Führungspersönlichkeit des Schulleiters abzielen (11)
- Die Leiterfähigkeiten im Führen und Beraten verbessern (4)
- Kompetenzen zur Konferenzgestaltung steigern (4)
- Klassenbesuche und Lehrerberatung motivierend gestalten (3)

Die Schulpartnerschaft zur Befruchtung des gesamten Lebens an der Schule nutzen (10)
- Kommunikative und kooperative Strukturen zwischen Lehrern, Eltern und Schülern aufbauen (7)
- Die Elternkontakte intensivieren und kreativ gestalten (3)

Ökologische Schwerpunktthemen als fächer- und klassenübergreifende Projekte einführen (6)
- Eine aktive Bewußtseinsbildung für die Anliegen einer gesunden Umwelt fördern (3)
- Ein Projekt "Mülltrennung" systematisch an der gesamten Schule einführen (2)
- Einen Schwerpunkt zu einer umfassenden Hygieneerziehung für Körper, Geist und Seele einführen (1)

Die Schulorganisation effektiver machen (5)
- Das Informationssystem der Schule verbessern (3)
- Die Stundenplan- und Lehrfächerverteilung besser auf pädagogische Bedürfnisse abstimmen (1)
- Eine Verwaltungsvereinfachung durch die Einführung der EDV bewirken (1)

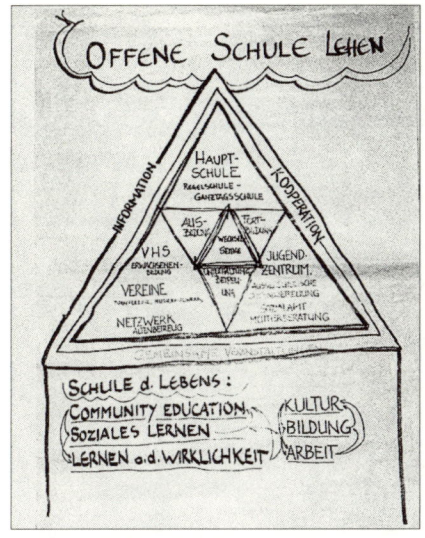

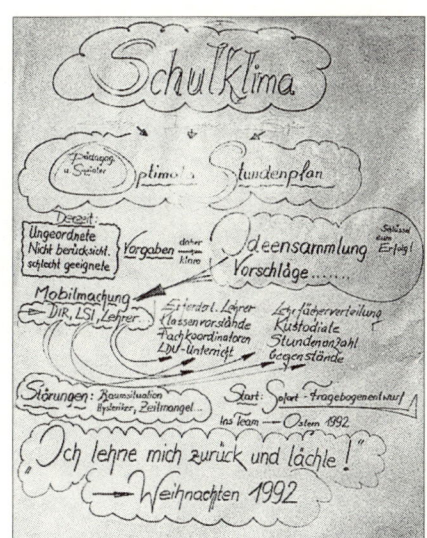

Projektbeispiel: "Offene Schule leben"   *Projektbeispiel: "Schulklima"*

Was wir besonders interessant finden, ist die besondere Fokussierung auf bestimmte Themen, die in der freien Wahl der Schulleitungen liegen. Sie setzen ihre Schwerpunkte und Projekte aufgrund des an der jeweiligen Schule herrschenden "Leidensdrucks" oder getragen von Wunschvorstellungen einer idealen Schule. Daß daneben auch Tendenzen des Zeitgeistes und der aktuellen Diskussion einfließen, ist offensichtlich. So gibt es das Thema "Autonomie der einzelnen Schule" als Projektthema erst seit 1990.

Die Auswahl der Entwicklungsprojekte, wie sie von den Schulleitern getroffen wird, kann als leiterbezogene Sicht der Schulrealität oder eben als die von ihnen konstruierte Wirklichkeit gesehen werden. Für andere Entwicklungsansätze wie z.B. die "Schulentwicklung von der Basis" stellt das Material Möglichkeiten für einen Vergleich und für eine fruchtbare Auseinandersetzung dar. Wie unterscheiden sich die Sichtweisen von Leitern, Lehrern, Eltern und Schülern? Welche Unterschiede und welche Übereinstimmungen gibt es auf den "Landkarten" der unterschiedlich Betroffenen einer Schulgemeinschaft? Fragen, die in der Zukunft zweifellos das Thema Schulentwicklung noch spannender machen werden als bisher.

Über die unterschiedlichen Sichtweisen hinaus können wir gewisse Strukturmerkmale für eine leiterinnovierte Schulentwicklung orten. Eine Übersicht über die strukturellen Gegebenheiten zur Einrichtung von konkreten Schulentwicklungsprojekten aus der Sicht von Schulleitung wird in der folgenden Skizze veranschaulicht.

Abb. 18: Strukturelle Gegebenheiten

Aus der Skizze läßt sich unschwer ableiten, mit welcher Fülle von Problemen Schulleiter und gegebenenfalls auch beigezogene externe Berater konfrontiert sind, noch bevor sich ein konkretes Projekt an einer Schule strukturiert.

■ So werden durch die jeweils gegebenen psycho-sozialen Dimensionen einer Schule von vornherein Grenzen gesetzt. Sie werden im einzelnen bestimmt durch die dort einsetzbaren Veränderungsstrategien und Aktionsprogramme, durch herrschende implizite und explizite Leitziele und Wertvorstellungen, durch die praktizierte Philosophie und durch das Insgesamt der Organisati-

128

onsstrukturen. Ein Beispiel möge diesen Sachverhalt illustrieren. An einer Schule wird ein Leiter pensioniert, der schon lange nichts anderes als seine Ruhe haben wollte und für ein Schulklima mitverantwortlich ist, das durch "Pflichterfüllung" und durch eine "Kultur des unbedingt Notwendigen" gekennzeichnet ist. Ein neuer Leiter wird bestellt. Er diagnostiziert die Situation und will hier gründliche Aufräumarbeit leisten. Nach einigen Monaten stellt er resignierend fest, daß er am Widerstand des Kollegiums gescheitert ist. Ein anderer neu bestellter Leiter findet eine ähnliche Situation vor. Er geht zunächst auf die vorgefundenen psycho-sozialen Rahmenbedingungen und auf die herrschenden Wertvorstellungen an dieser Schule ein und entwickelt gemeinsam mit dem Kollegium ein schrittweises Veränderungsprogramm, das mit viel Geduld gemeinsam mit allen Betroffenen verwirklicht wird.

- Auch die methodisch-instrumentellen Aspekte spielen eine wichtige Rolle. In welchem Ausmaß können Strukturen erneuert werden? Welche Strategien zur Problemlösung und Entscheidungsfindung werden angewandt? Welche Sachmittel stehen zur Verfügung?

- Die angewandte Führungsphilosophie gilt nicht nur für das Leiterhandeln, sondern für das ganze Kollegium. Welche Handlungskompetenzen sind gegeben und wie werden sie genützt? Intervenierende Systembedingungen resultieren auch aus den unterschiedlichen Interventionsfähigkeiten und -möglichkeiten der einzelnen Leiterinnen und Leiter, den Fähigkeiten des ganzen Schulkollegiums zur Konfliktbearbeitung, dem Teamgeist, dem Schulklima und der Schulkultur und dem Grad der Humanisierung, den die einzelne Schule verwirklicht.

- Für die Schulleitung und gegebenenfalls für den externen Berater sind vor allem persönliche Qualifikationen wichtige Voraussetzungen, die sich andeuten lassen durch Begriffe wie Kreativität, Flexibilität, Zielorientierung und Selbstdiagnose. Diese Übersicht wird noch durch das ganze externe Beziehungsfeld erweitert, das Eltern, Schulbehörde und das gesamte gesellschaftliche Umfeld der Schule darstellen.

5 Qualitätssicherung und Rechenschaftslegung

Was ist eine "gute" Schule?

Wir gehen davon aus, daß Eltern die beste Schule für die Ausbildung ihrer Kinder wollen, aber auch von der staatlichen Pflicht, allen Schülerinnen und Schülern unabhängig von ihrer sozialen Situation die beste Schulbildung zukommen zu lassen. Im Zusammenhang mit den jüngsten Bestrebungen um eine verstärkte Autonomie der einzelnen Schule wurden allerdings Stimmen laut, die befürchten, daß die Qualität der Ausbildung nicht mehr hinreichend sichergestellt sei. "Was kann denn da herauskommen, wenn alle nur machen, was sie wollen?" ist eine der Fragen, die wir von Kritikern der Autonomisierung im Bildungswesen oft zu hören bekommen. Andere fragen, wie die Schulaufsicht da überhaupt gewährleistet sei. Hinter derartigen Fragen steht die Annahme, daß unter den Bedingungen eines zentral gesteuerten Schulsystems mit starker "Regelungsdichte" die Schulqualität auch gleich mitverordnet und entsprechend kontrolliert werden könne. Durch die dem Lehrer zumindest vom Gesetz her zustehende Methodenfreiheit haben die Schulen aber immer schon eine standortspezifische Autonomie "gepflegt", deren fach- und schulübergreifende Normierung beispielsweise durch die Einheitlichkeit des Unterrichtsmusters "Lehrerfrage - Schülerantwort" - "Richtig" bzw. "Falsch" erfolgte, die sich in der einschlägigen Forschung als beinahe weltumspannendes Prinzip herausgestellt hat (vgl. Sinclair/Coulthard 1975, Cazden 1988, Mehan 1979, Edwards/Mercer 1987, Schratz/Mehan 1992, Schratz 1996).

Nachdem nun die einzelne Schule mehr Verantwortung übernehmen soll, wird ihr damit zugleich auch die Sicherstellung der "Qualität" als Verpflichtung zuerkannt. Aufgrund der schwierigen Aufgabe, überhaupt die Kriterien für eine "gute Schule" zu formulieren, bestimmt das Thema "Schulqualität" gegenwär-

tig nicht nur die wissenschaftlichen Diskussionen, sondern hat auch bildungspolitisch zu unterschiedlichen Maßnahmen der Qualitätssicherung geführt. Während einzelne Länder ihre Strategien (und damit nicht geringe finanzielle Mittel)
mehr auf großflächige, internationale Vergleichsuntersuchungen legen, versuchen andere eine Neugestaltung von Macht- und Kontroll-
strukturen über die (verpflich-tende) Selbstevaluation des
Schulstandorts. Vor allem im Zusammenhang mit der Einführung von Schulprogrammen als lokale Steuerungsinstru-
mente wird die Schulleitung mit neuen Fragen der Qualitäts-
(vor)sorge konfrontiert. Damit wird die Schule selbst zum Ort
der Überprüfung ihrer (Selbst-)Wirksamkeit und ihrer Verbesserung (vgl. Schratz 1999) und die Schulleitung zur Steuer-
person zwischen *effectiveness* und *improvement*[12]. Beiden Begriffen liegt der Gedanke von „Effizienz" bzw. „Effektivität"
zugrunde, die aus dem Bereich des betriebswirtschaftlichen
Managements entnommen wurden und eine neue Bestim-

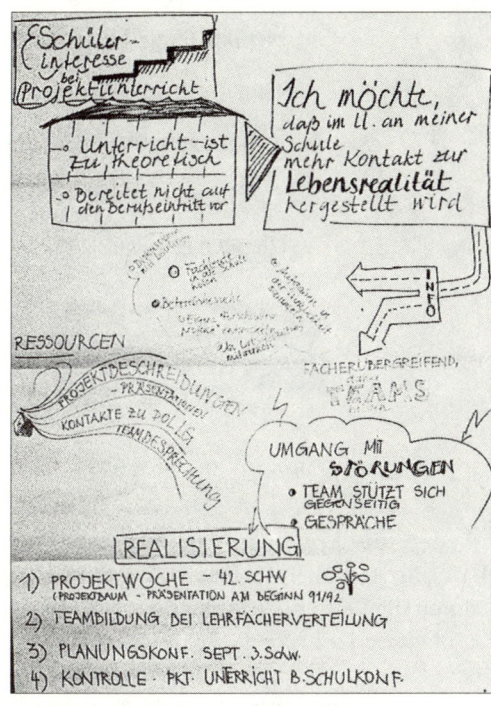

Projektbeispiel: "Gute Schule"

mungsgröße in den gegenwärtigen Diskussionen um die Bewertung der Qualität von Schulen zu werden scheinen.

Auch im Zeitmanagement wird erfolgreiche Arbeit danach bewertet, ob sie
„effizient" oder „effektiv" durchgeführt wurde. Ziel- bzw. Ergebniskontrollen
dienen üblicherweise der Verbesserung und Optimierung des Arbeitsprozesses
(Soll-Ist-Vergleich). Sie stellen sicher, daß die angestrebten Ziele erreicht wurden,
und leiten gegebenenfalls entsprechende Korrekturen ein. Daneben gibt es
auch laufende Tätigkeitskontrollen, die den Arbeitsprozeß begleiten. Die beiden
Orientierungen sind in der folgenden Abbildung (vgl. Reddin 1981, 21) in ihren
einzelnen Aspekten gegenübergestellt.

12 Eine ausführliche Darstellung des gegenwärtigen Standes der beiden wissenschaftlichen
Herangehensweisen zum Thema Schulqualität über *school effectivness* und *school improvement*
findet sich in Huber 1999; vgl. auch Mortimore 1998 und Sammons 1999.

Abb. 19: Von der Tätigkeitsorientierung zur Zielorientierung

Wenn man die Kontrolle der Tätigkeiten und Ergebnisse im Bereich Schule betrachtet, zeigt sich, daß die Schülerleistungen über die Erreichung der Lehrplanziele kontrolliert werden. So benoten die Lehrer die Schüler danach, ob sie die vorgegebenen Lernziele über mündliche und schriftliche Prüfungsleistungen erreicht haben und in die nächsthöhere Klasse aufsteigen können. Die Inspektoren wiederum kontrollieren die Lehrer danach, ob sie diese Aufgabe auch hinreichend erfüllen. Der Schulleiter bzw. die Schulleiterin steht als "Puffer" dazwischen und soll den Lehrern gegenüber Anwalt für die Schüler und der Schulaufsicht gegenüber der Anwalt für die Lehrer sein (vgl. Jungwirth u.a. 1991, 180). Erfüllen alle ihre Aufgabe zur vollen Zufriedenheit, d.h. kommt es zu keinen Reibungseffekten, funktionierte bislang eine Schule "gut".

In den letzten Jahren sind ökonomische Aspekte in die Qualitätsbestimmung von Schule eingebracht worden, die im Bereich der (Betriebs-)Wirtschaft eine Rolle spielen, zumal nur ökonomisch gut funktionierende Betriebe Gewinn erwirtschaften können. Der Gewinn hängt wiederum davon ab, wie gut sich ein Produkt oder eine Dienstleistung am Markt verkauft. Die Übernahme des Effizienzbegriffs in den Bildungsbereich trägt dazu bei, daß die Frage nach einer "guten Schule" nicht mehr nur primär pädagogisch beantwortet, sondern im Sinne einer Preis-Leistungs-Relation gesehen wird. Eine solche wirtschaftsorientierte Sichtweise wird etwa durch folgende Äußerung der früheren Erziehungsministerin Australiens belegt[13], die in der Zwischenzeit viele Nachahmer gefunden hat.

"Die Regierung des Commonwealth ist nicht mehr bereit, kübelweise Geld in undifferenzierter Weise in das Bildungssystem zu schütten. Sie möchte wissen, wohin das Geld geht und was die Bildungsausgaben bewirken. Falls das Schulsystem darauf besteht, daß dies nicht möglich sei, dann tut es mir leid, wenn die Bundesregierung andere Bereiche und Aktivitäten vorziehen muß, für die sie ihre begrenzten Gelder ausgibt.[14]

Bei der Übernahme einer Marktorientierung in der Einschätzung von Bildungsleistungen stellt sich nun die Frage, was für uns denn überhaupt das "Produkt" darstellt. Es erscheint noch einleuchtend, daß eine große Zahl von Olympiasiegern und Weltmeistern unter den Absolventen eines Schigymnasiums einen volkswirtschaftlichen Gewinn darstellt und damit ein gutes Qualitätsurteil über die Rentabilität der Schule darstellt. Wie aber läßt sich das "Produkt" messen, das im Lehrplan als allgemeines Ziel "eine Bildung anstreben [soll], die den ganzen Menschen umfaßt, seine intellektuellen Fähigkeiten ebenso wie seine Gefühlskräfte und körperlichen Anlagen, einschließlich einer ethischen Bildung, wobei sei an der Vermittlung von sittlichen, religiösen und sozialen Werten und an der Entwicklung der gesamten Persönlichkeit mitwirkt" (Benedikt u.a. 1985a, 22, bzw. 1985b, 16).

Da sich diese allgemeinen Zielvorgaben für die Schule nicht in operationalisierbare und dadurch überprüfbare Teileinheiten untergliedern lassen, entziehen sie sich gewöhnlich der unmittelbaren "Kontrolle" zugunsten von abprüfbaren Wissensbeständen aus den einzelnen Unterrichtsfächern, die über mündliche und schriftliche Überprüfungsformen kontrolliert werden. Im Mittelpunkt steht nicht mehr das übergeordnete Ziel eines allseitig gebildeten, mündigen Menschen, sondern die portionierte Teilmenge von Fachwissen. Mit H. v. Hentig (1980, 11) sind wir der Meinung, daß man "über den Punktebewertungssystemen und Tests zu vergessen scheint, daß Schule auch aus Personen, aus deren untechnischen und unverwaltbaren, nicht lernzweckbezogenen Beziehungen, aus ihren Überzeugungen, Werten und Stilen, aus Vorbild und Nachahmung, aus Gemeinschaft - deren Erfahrung und Symbolisierung - besteht".

Da hinter dem Messen von Schülerleistungen und der daraus abgeleiteten Qualität von Schule nicht nur ein bestimmtes Menschenbild steht, sondern

---

13 Eröffnungsrede der damaligen Erziehungsministerin Susan Ryan bei der dritten nationalen Konferenz der Curriculum Studies Association, Melbourne, 1985. Zitiert nach OECD 1989, 114.
14 Hier und in folgenden Texten erfolgte die Übersetzung vom Englischen ins Deutsche durch uns.

eine bestimmte bildungspolitische Auffassung, wollen wir im folgenden Abschnitt als Beispiel für eine Marktorientierung im Bildungswesen die Entwicklung im Bildungswesen von Großbritannien Anfang der 90er Jahre skizzieren. Dieses Beispiel soll die einzelnen Aspekte einer neuen Form der Qualitätskontrolle von Schule und Unterricht in ihrer Gesamtdimension verdeutlichen, in der Eltern, Lehrer und Inspektoren klar definierte Rollen zugewiesen erhalten, um der angestrebten Marktorientierung im Bildungswesen Rechnung zu tragen.

Die "gute Schule" aus wirtschaftlicher Sicht

Im Rahmen der Privatisierungsbestrebungen der britischen Regierung wurden seit den 80er Jahren nicht nur viele staatliche Betriebe am "freien Markt" veräußert, sondern es wurde auch das Bildungswesen im Sinne einer Marktorientierung umgestaltet. So wurde den "Kunden", d.h. den steuerzahlenden Eltern die Entscheidung übertragen, sich ein Urteil über die Schule "vor Ort" zu bilden und die "beste Schule" für ihr Kind auszusuchen. Zur Sensibilisierung für die Entscheidungsfindung hat das Unterrichtsministerium eine sogenannte "Parent's Charter" entwickelt, die die Qualität der Schulbildung dadurch sicherstellen soll, daß

■ Eltern aufgefordert werden, sich vom fachlichen Niveau in der jeweiligen Klasse zu überzeugen,

■ die Schulleistungen der Kinder durch extern vorgegebene Tests, die an allen Schulen zeitgleich durchgeführt werden und dadurch auf nationaler Ebene vergleichbar sind, eingestuft werden und somit

■ Schulen aufgrund der Veröffentlichung der Ergebnisse in einen (Noten-)Konkurrenzkampf treten,

■ Inspektionsteams die Schule regelmäßig (von außen) kontrollieren und einen Bericht über deren Stärken und Schwächen erstellen, der die "Schulqualität" öffentlich diskutierbar machen soll.

Diese externe Kontrolle der Qualität von Schule, die vorwiegend auf der Basis von Kennziffern und (Noten-)Durchschnittswerten erfolgt, steht im direkten Gegensatz zu den Bemühungen um eine größere Autonomie der einzelnen Schule, da sich die Schülerleistungen nur sehr eindimensional quantifizieren lassen (vgl. dazu u.a. Adelman u.a. 1990, Brown 1991, Harlen/Qualter 1991) und die Fragwürdigkeit der Zensurengebung als Indikator für die tatsächlichen Leistungen ein pädagogisch hinlänglich erforschtes Problem darstellt (vgl. dazu etwa Weiss 1989). Auch die OECD-Studie "Schools and Quality" kommt zum Schluß, daß es schwierig ist, mit empirischer Sicherheit eine hohe Korrelation zwischen Input und Output herzustellen, sogar wenn sie mit standardisierten Leistungstests erfaßt werden. Insbesondere ist es bisher kaum möglich gewesen, nicht-kognitive

Leistungen zu erfassen, die als ebenso wünschenswert angesehen werden müssen wie die kognitiven (vgl. OECD 1989, 113).

Die jüngsten Entwicklungen einer auf administrative Rationalisierung und Kontrolle ausgerichteten Bildungspolitik im Schulsystem von Großbritannien finden inzwischen unter dem Stichwort "Öffnung von Schule" bereits in mehreren westlichen Ländern als besondere Form einer "Marktorientierung" Nachahmer (siehe z.B. Chubb/Moe 1992). In diesem Zusammenhang wird auch versucht, die Lehrergehälter über leistungsbezogene Bezahlung an die Testergebnisse der Schülerinnen und Schüler bzw. der Schule (in Relation zu anderen Schulen) zu binden[15]. Damit erhalten nicht nur die Testergebnisse über kognitive Leistungen einen noch höheren Stellenwert, sondern es werden auch die heute als "Schlüsselqualifikationen" geforderten Fähigkeiten wie Flexibilität, Kreativität, soziales und kooperatives Verhalten, Multikulturalität und Toleranz als erstrebenswerte Bildungsziele vernachlässigt. Darüber hinaus werden Lehrerinnen und Lehrer durch einseitige Leistungsanreize immer mehr zu Einzelkämpfern, um durch gute Testergebnisse ihrer Schülerinnen und Schüler den eigenen ökonomischen Lebensunterhalt sicherzustellen.

Ähnlich dem Wirtschaftsbereich soll ein System der Qualitätssicherung aufgebaut werden[16], das sich aus Inspektoren von außerhalb des Schulwesens (z.B. Managementberatung) zusammensetzt. Dafür wird bereits in den großen Tageszeitungen Großbritanniens geworben, wie eine Annonce im Guardian (vom 7. Juli 1992, S. 15) zeigt (Seite 136).[17]

Die Rekrutierung außerschulischer Inspektoren soll gewährleisten, daß "objektive" Inspektionen durchgeführt und "präzise" Kontrollberichte erstellt werden. Für jede inspizierte Schule wird ihnen - je nach Schulgröße - eine Prämie zwischen £ 5.000 und £ 30.000 ausbezahlt. Darüber hinaus wird den Bewerbern anheimgestellt, ihre Dienste für so viele Inspektionsobjekte zur Verfügung zu stellen, wie sie annehmen wollen (können?). Auch an diesem Beispiel wird deutlich, daß zur Einschätzung der Qualität einer Schule Aspekte wirtschaftlicher Rationalität eine große Rolle spielen, denn ähnlich wird beispielsweise bei (Groß-)betriebsprüfungen in der Finanzverwaltung verfahren.

Mit dieser Absicht hat beispielsweise auch das Kultusministerium von Nordrhein-Westfalen (um 2,4 Millionen Mark!) eine private Unternehmensberatungsfirma beauftragt, das Schulsystem im Hinblick auf seine Qualität zu überprüfen. Das "Management Summary", d.i. die Kurzfassung des 800-1000sei-

---

15 Vgl. diesbezügliche Berichte in The Times, 18. Juli 1992, S.1 und 20. Ähnliche Modelle werden in der Zwischenzeit auch andernorts unter dem Begriff „lohnwirksame Beurteilung" diskutiert und in einzelnen Schweizer Kantonen bereits umgesetzt.

16 Dafür gibt es einen britischen Standard für Qualitätssicherungssysteme (BS 5750, International ISO 9000; vgl. Elton 1992).

17 Eine umfassende Einschätzung der inzwischen damit gemachten Erfahrungen findet sich in Cullingford 1999.

School children need testing.
So do schools.

Have you the skills
to be a school inspector?

The Parent's Charter introduced a series of reforms to increase parents' rights, to provide them with more hard, factual informatio￼ ￼bout the performance of their local schoo￼ ￼warding encourage higher standards. ￼ ￼Inspector Registered Inspecto￼ ￼ms and you a new system ￼orm a team of people to work unde￼

There will be a fee paid for each school inspected. This may range from around £5,000 to around £30,000 depending on the size and type of the school.

This is a flexible ￼ ￼ouse, Timothy's ￼red you can ten￼ ￼-upon-Avon, CV37 9HY. Or ￼ ￼5 225 225. (Quote ref SI4).

I am interested in finding out more about being an inspector ☐
Also send me information on the Parent's Charter ☐

Name _____ SI4

Address _____

_____

Postcode _____

Send to Registered Inspectors, Merit House, Timothy's Bridge Road, Stratford-upon-Avon, CV37 9HY.

DFE DEPARTMENT FOR EDUCATION

Abb. 20: Annonce zur Rekrutierung von Schulinspektoren

tigen Berichts[18] stellt u.a. fest: "Kleine Schulen sollen geschlossen, die Zahl der Schüler pro Klasse und Kurs erhöht, die Stundentafel um eine Wochenstunde gekürzt werden." (Schulte 1991, 18). "Fortbildung sollte am Nachmittag oder während der Ferien stattfinden und für ein bis zwei Jahre um rund 50 Prozent gekürzt werden" (Spiegel 37/1991, S. 69). Auch dieses Beispiel zeigt deutlich auf, daß betriebswirtschaftliche Maßgaben zur Einschätzung der Schulqualität und deren Entwicklung pädagogischen Zielsetzungen entgegenlaufen.

In einer Reaktion auf eine ähnliche Entwicklung in den Vereinigten Staaten, die vom Erziehungsminister unter dem Slogan "America 2000" eingeleitet wurde (vgl. auch Chubb/Moe 1992), versucht Giroux (1992) aufzuzeigen, daß

---

18 Die Angaben variieren je nach Quelle.

bei der Weiterführung derartiger pädagogikfeindlicher Strömungen die demokratische Gesellschaftsform auf dem Spiel stehe. Daher ruft er alle mit pädagogischen Leitungsfunktionen Betrauten auf, das Ziel von Bildungsbemühungen und die Versprechungen über eine bessere Qualität von Schule über die unmittelbaren Marktinteressen zu setzen, multikulturelle Erziehung als zentrales Element einer demokratischen Gesellschaft anzusehen und den ökonomisch bestimmten Wettkampf der Schulen untereinander durch Gemeinschaftsdenken, Solidarität und öffentliche Verantwortung zu ersetzen. Damit versucht er das Augenmerk wieder mehr auf die übergeordneten Zielsetzungen von Schule zu lenken, die mehr darstellen als die abprüfbaren Teillernziele eines Fachcurriculums.

Die "gute Schule" aus pädagogischer Sicht

Wenn es darum geht, eine Schule im Hinblick auf ihre Qualität aus pädagogischer Sicht zu bewerten, gilt es zunächst, mögliche Kriterien für eine "gute Schule" zu finden. Die erste größere Untersuchung erfolgte durch Rutter u.a. (1980), die vier Jahre hindurch das Innenleben mehrerer Schulen und die Entwicklung ihrer Schüler darin analysierten. Dabei kommen sie zum Schluß, daß die untersuchten Schulen jeweils ein individuelles Eigenleben besitzen, das sich aus sehr vielen Einflußbereichen zusammensetzt, die insgesamt das "Ethos" einer Schule bedingen. Demnach glauben sie nachweisen zu können, "daß es weniger persönlichkeitsbedingte Qualitäten der Lehrer sind, die eine gute Schule ausmachen, sondern daß in zumindest gleichem Ausmaß eine umgekehrte Wirkungsrichtung vorliegt, d.h. daß gute Schulen ökologische Kontexte bilden, in deren Rahmen gutes Unterrichten unterstützt und gefördert wird." (Specht 1991, 6)

In einer ähnlichen Studie in der (alten) BRD findet Fend (1982) für das Institutionsprofil "guter Schulen" ein "recht eng zusammenhängendes Muster von (a) Kommunikations- und konsensorientierter Schulleitung; (b) pädagogischem Engagement, Wertkonsens und Schülerzentriertheit im Kollegium; (c) Reichhaltigkeit des unterrichtlichen und außerunterrichtlichen Angebots (Schulleben), sowie (d) einem vorherrschenden Gefühl auf Schülerseite, im schulischen Handlungsfeld als Person anerkannt und wertgeschätzt zu werden." (Specht 1991, 8) Daneben gibt es in letzter Zeit unterschiedliche Bemühungen, als Ergebnisse aus größeren Untersuchungen und aus größeren "Schulprofilanalysen" Kriterien für eine "gute Schule" abzuleiten, die einzelnen Schulen helfen sollen, ihr eigenes Profil von Stärken und Schwächen zu erstellen, um Möglichkeiten der Verbesserung zu erarbeiten. Dazu erscheinen uns die Kriterien von Hurrelmann (1991) brauchbar, die wir im folgenden skizzieren.

(1) Kollegiale Zusammenarbeit
Die Zusammenarbeit im Lehrerkollegium einer guten Schule wird durch einen Konsens über die Werthaltungen (im Hinblick auf pädagogische, didaktisch-methodische und curriculare Fragestellungen) bestimmt. Unterschiedliche Auffassungen sollen darin ihren Platz haben, jedoch das Einzelkämpfertum in der Klasse sollte durch Zusammen- bzw. Teamarbeit ersetzt werden.

(2) Stimmiges soziales Regelsystem
Gute Schulen sind dadurch gekennzeichnet, daß immer wieder übergreifende pädagogische Verhaltensregeln des Schullebens diskutiert und festgelegt werden, sodaß sie auch von den Schülern als "stimmig" erkannt werden. Dazu gehören Fragen der Disziplin, Ordnung, Anforderungen bei Hausaufgaben u.a.

(3) Transparenz der Leistungsanforderungen
Gute Schulen sind solche, die von den Schülern anspruchsvolle Leistungen fordern. Die Anforderungen - nach einem schulspezifisch erstellten Lehrplan - sowie die Bewertungsmaßstäbe sind allen bekannt, und die Schülerinnen und Schüler erhalten die bestmögliche Unterstützung und Förderung zur Erfüllung dieser Anforderungen.

(4) "Berechenbarkeit" der Organisationsabläufe
Der Tagesablauf einer guten Schule hat eine erkennbare Struktur, Änderungen (Supplierungen u.ä.) werden rechtzeitig bekanntgegeben. "Eine Schule muß gut funktionieren, gerade auch in den täglichen Kleinigkeiten, dann wird sie von den Schülern als ein in sich gefügtes soziales Regelsystem akzeptiert" (Hurrelmann 1991, 339).

(5) Eltern und Schüler gestalten mit
Schüler und Eltern werden aktiv an wichtigen schulischen und unterrichtlichen Belangen beteiligt, wozu sie entsprechende Informationen über das Arbeitsprogramm der Schule und des Unterrichts erhalten. Die Mitsprache muß aber Konsequenzen zeigen und darf sich nicht nur auf "Randbereiche" des Schullebens beziehen (wie etwa die Gestaltung einer Schulfeier).

(6) Die Freiheit und Autonomie des Lehrers
Eine entscheidende Voraussetzung für eine gute Schule ist der Freiraum des Lehrers bzw. der Lehrerin im pädagogischen, fachlichen und methodischen Bereich, der sich auf den kollegialen Grundkonsens beziehen sollte (vgl. Punkt 1). Dadurch

bietet das Kollegium die soziale Absicherung und kompetente Unterstützung, um dem "Einzelkämpfertum" im Klassenzimmer entgegenzuwirken.

Wenn es darum geht, diese Kriterien als Qualitätsmerkmale für eine "gute" Schule zu überprüfen, wird es schwierig. Eine erste Einschätzung macht deutlich, daß quantitativ ausgerichtete Meßmethoden hierfür nicht ausreichen, auch wenn das ansatzweise versucht wurde (vgl. etwa Heck u.a. 1990). Öfters wird von Außenstehenden berichtet, daß in der Schule ein "gutes Klima" herrscht, die Schülerinnen und Schüler sie gerne besuchen und daß Lehrerinnen und Lehrer auch nach Abschluß des Unterrichts noch im Konferenzzimmer sitzen bleiben, was sich auch in den oben zitierten Ergebnissen der Schulklimauntersuchungen widerspiegelte (vgl. auch Oswald u.a. 1987).

Für uns stellt sich allerdings die Frage, ob sich ein gutes Schulklima im Rahmen eines staatlichen Systems überhaupt sinnvoll und hinreichend "überprüfen" läßt. Einerseits wird deutlich, daß sich eine Schule vor dem Hintergrund ihrer eigenen Ausgangssituation (Umfeld, Ressourcen, Personal etc.) autonom entwickelt, weshalb sich ihre "Qualität" nur "von innen" her bestimmen und verstehen läßt. Aus dieser Position heraus erscheint die "Schulaufsicht in ihrer landläufigen Ausprägung fremd, lästig, behindernd, wenn nicht feindlich" (Brockmeyer 1990, 17). Andererseits soll sie dazu beitragen, daß aus Schulen, die es bislang gewohnt waren, ihren (von oben) vorgegebenen Auftrag im Sinne einer Routinetätigkeit ("business as usual") auszuüben, innovative Schulen werden, die ihre eigene Entwicklung in die Hand nehmen.

Dabei ist uns in letzter Zeit auch deutlicher geworden, daß einzelne Schulen von der Autonomisierung gar nicht so begeistert sind, wie sich das engagierte Bildungsreformer vorgestellt haben. Dem liegt die Vermutung zugrunde, daß es bislang eine *heimliche* Autonomie gegeben hat, die der einzelnen Schule ihren Freiraum innerhalb der gesetzlichen Rahmenbedingungen immer schon ermöglicht hat, darüber hinaus aber keine Verpflichtung zur Weiterentwicklung damit verbunden war. Paradoxerweise bringt diesen Schulen die *offizielle* Autonomie, die auf dem Gesetzesweg eingeführt wird, weniger Autonomie in der Praxis, da sie für die "verordnete" Freiheit mehr Verantwortung übernehmen muß als bisher. Wir werden später im Zusammenhang mit der "Rechenschaftslegung" auf diesen Aspekt zurückkommen.

Die "gute Schule" aus organisationstheoretischer Sicht

Die Schule stellt eine Organisation dar, welche die Handlungsmöglichkeiten der dort Tätigen in hohem Maß steuert. Mary Douglas (1991) versucht nachzuweisen, daß sogar das Denken der Mitglieder durch eine Institution stark geprägt wird. Durch den frühen Berufseintritt der Lehrenden in ihren (künftigen) Arbeitsplatz[19] hat die Logik der Organisation im Gegensatz zu anderen Berufsfeldern einen besonders prägenden Einfluß auf das Denken, Fühlen und Handeln der dort Tätigen. Um diese hemmende Entwicklungsperspektive von Schule im Hinblick auf ihre Weiterentwicklung zu überwinden, gilt es, die organisatorischen Eigenheiten einer Bildungsinstitution genauer zu beleuchten. Im Zusammenhang mit dem Paradigmenwechsel, der sich in vielen gesellschaftlichen Bereichen als Abkehr von einer eher geschlossenen zu einer offeneren Betrachtungsweise manifestiert, wird heute auch der Organisationsbegriff neu definiert. Türk faßt in Anlehnung an Clark (1985) die Kriterien für das neue Verständnis von Organisation folgendermaßen zusammen.

"(1) *Komplexität* (statt Simplizität): Abkehr von einfachen Organisationsprinzipien und reduktionistischen Erklärungen; Bemühungen, Komplexität begrifflich zu erfassen.

(2) *Heterarchie* (statt Hierarchie): Annahme, daß Organisationen multizentrisch aufgebaut sind und nicht nach einfachen hierarchischen oder zentralistischen Prinzipien funktionieren.

(3) *Holographie* (statt Mechanik): In Analogie zur Laser-Holographie werden Organisationen als ganzheitliche Systeme begriffen, die aber nur 'in den Köpfen' jedes einzelnen Organisationsmitgliedes bestehen.

(4) *Unbestimmtheit* (statt Determinismus): Verhalten in Organisationen ist nicht deterministisch vorhersagbar, sondern aufgrund einer Eigendynamik stochastischer Art.

(5) *Wechselseitige Beeinflussung* (statt linearer Kausalität): Organisationen sind nur als Systeme interdependenter Variablen zu verstehen, die sich gegenseitig beeinflussen.

(6) *Morphogenese/Gestaltwandel* (statt Statik): Organisationen entwickeln sich ständig und zwar als Gestalten, Figurationen.

(7) *Perspektivität* (statt Objektivität): Verhalten in Organisationen und dessen Beschreibung ist Ergebnis kognitiver Prozesse; es gibt Organisationen nicht als davon abgelöste 'objektive' Realität." (Türk 1989, 27)

---

19 Die eigentliche Lehrerbildung beginnt mit dem Schuleintritt im Alter von (gewöhnlich) sechs Jahren, wenn die ersten Sozialisationserfahrungen das Verhalten des künftigen Lehrers zu prägen beginnen.

Dieses neue organisationstheoretische Verständnis kann in seinem allgemeinen Anspruch als für mehr oder weniger alle Institutionen gültig angesehen werden, seien das Betriebseinheiten, Gewerkschaften, Parteien, Kirchen oder Verbände. Betrachten wir aber die Organisationseinheit Schule, muß sie im Kontext des Schulsystems gesehen werden, in dem sie mehrere gesellschaftliche Aufgaben zu erfüllen hat, von denen die Qualifikations-, Selektions- und Sozialisationsfunktion die organisationssoziologisch bedeutendsten darstellen, wobei ihr heute immer mehr auch eine beschäftigungspolitische Aufgabe zukommt[20]. Neben dieser "Problemlösungskonzeption" (Fend 1980, 2) hat die Schule nicht zuletzt einen Erziehungs- und Bildungsauftrag, zu deren Erfüllung sie sich als von anderen Institutionen unterschiedliche Organisation präsentiert. Rolff (1991) hat folgende fünf Charakteristika herausgearbeitet, die diesen Unterschied ausmachen:

a) Begrenzte Technologisierbarkeit des pädagogischen Prozesses
Bildungs- und Erziehungsprozesse laufen im "pädagogischen Bezug" zwischen Erwachsenen und Kindern bzw. Jugendlichen ab, der durch persönliche Begegnung (Erziehung) und fachliche Unterweisung (Unterricht) gekennzeichnet ist. Der Vorgang des Lehrens und Lernens ist kein mechanischer, sondern vor allem über Bewußtseinsprozesse bestimmt. Dies stellt einen bedeutenden Unterschied zur Warenproduktion oder zur Dienstleistung im Wirtschaftsleben dar.

b) Professioneller Zuschnitt
"Die Balance von sachgebotener Distanz und persönlicher Nähe, die im pädagogischen Prozeß eine Einheit bilden, immer wieder herzustellen, gehört zu den Aufgaben von Lehrerinnen und Lehrern, die so schwierig sind, daß sie einen professionellen Berufszuschnitt voraussetzen ... Administrative Kontrolle und externe Evaluation von Erziehungshandeln sind aufgrund der besonderen Handlungslogik unerwünscht und auch nur begrenzt realisierbar. Hieraus ergibt sich die Notwendigkeit der Autonomie. Autonomie wiederum kann den Professionsmitgliedern nur dann eingeräumt werden, wenn ein entsprechendes Berufsethos dafür sorgt, daß von den damit verbundenen Freiheiten im Interesse des Klienten Gebrauch gemacht wird und nicht im ständischen Interesse der sozial privilegierten Profession." (Rolff 1991, 872-873)

c) Immanente Kontrollunsicherheit
Aus dem Widerspruch von Weisungsgebundenheit durch staatliche Kontrolle der Beamten, die in der Regel Lehrerinnen und Lehrer sind, und Autonomie ergibt sich "die der Lehrtätigkeit selber innewohnende Erfolgsunsicherheit und die permanente Ungewißheit, ob erzieherisch richtig oder falsch gehandelt wird. Unsicherheit und Ungewißheit sind nur durch kollegiale Kommuni-

---

20 Je länger Schülerinnen und Schüler heute in Bildungsprozesse involviert sind, umso später scheinen sie in den steigenden Arbeitslosenziffern auf.

kation und Kooperation zu mildern, was im übrigen für alle Professionen gilt. Nur ist Kooperation für den Lehrerberuf ein besonderes Problem, das von der besonderen Organisationsstruktur der Schule ausgeht." (Rolff 1991, 874)

d) Zellulare Struktur und gefügeartige Kooperation

Die Aufsplitterung in Lehrfächer und Unterrichtsstunden verhindert ein voll ausgebildetes "Organisationsbewußtsein" bei Lehrerinnen und Lehrern. Dieser "zellularen Struktur" wird durch Projekt- und Teamarbeit heute vielfach entgegenzuarbeiten versucht, doch bleibt diese meist auf Teilgefüge beschränkt (z.B. Zusammenarbeit in Fachteams, selten *across the curriculum*), was auch durch die Beschränkung auf Einzelbeurteilung von Schüler- und Lehrerleistungen "kontrolliert" wird (vgl. Awecker 1989).

e) Durch die in (a) beschriebenen Funktionen der Schule als staatliche Bildungsinstitution sind die pädagogischen Zielsetzungen widersprüchlich, reflexiv und nicht eingrenzbar. Zur "Mündigkeit" als oberstes Bildungsziel läßt sich nicht erziehen; bestenfalls kann darüber reflektiert werden, um dafür zu sensibilisieren. Posch/Thonhauser (1982) haben aufgezeigt, wie die abstrakt formulierten Ziele nach unten hin, d.h. in der Umsetzung des schulischen Alltags "erodieren". Gewisse Ziele (z.B. Sexualaufklärung, Drogenprävention) sind überdies zu weitreichend, als daß sie über die Schule erreicht werden können.

Zusammenfassend läßt sich aufgrund dieser Organisationsanalyse von Schule als gesellschaftlicher Bildungsinstitution behaupten, daß sich die Qualität einer Schule nur aus der einer internen Auseinandersetzung mit der begrenzten Technologisierbarkeit, den speziellen Voraussetzungen der Profession, der systemimmanenten Unsicherheit, der zellularen Struktur und der Eigenart der pädagogischen Zielsetzungen der Institution selbst bestimmen läßt. Daraus lassen sich empirisch keine definitiven Antworten über eine "gute Schule" ableiten. Vielmehr gilt für die Bestimmung der Qualität von Schulentwicklung nach Rolff (1991, 881) folgendes Axiom: "Verschiedene qualitative Veränderungen der institutionellen Struktur sind in einer Reihe zu sehen, aus der sich insgesamt eine Richtung evolutionärer Veränderung ergibt." Daraus leitet sich in der Konsequenz ein neues Verständnis von Schulaufsicht ab, will sie sich als Teil von Schulentwicklung im Sinne einer gesellschaftlichen Transformation verstehen.

Von der Schulaufsicht zur Systemberatung

Schulaufsicht hat sich heute und in der Zukunft unter den veränderten Rahmenbedingungen zu bewähren, die vor allem durch die Dynamik des Prozesses der Veränderung zur autonomen Schule geprägt sind. Sie ist gekennzeichnet u.a. durch den Wertewandel, die sozio-kulturellen Veränderungen, die ständig zunehmende Informationsmenge, die neuen Technologien und die Arbeitsmarktsituation. Im Gegensatz zu diesem dynamischen Veränderungsprozeß steht die Schule aber auch als konservative (im Sinne von bewahrende) gesellschaftliche Einrichtung da. Sie wird getrieben von den neuen Entwicklungen und getragen von der Identität einer "geschlossenen" Institution, die sich auf ihre Funktion als Selektions-, Qualifikations- und Sozialisationsinstanz beruft. Mit diesen unterschiedlichen Ansprüchen muß Schule heute umgehen lernen. Sie braucht zur Erfüllung ihrer Aufgaben einerseits Ruhe und Kontinuität, ohne die sich Menschen nicht in eine längerfristige wechselseitige Beziehung einlassen können, zum anderen darf sie nicht die sozialen, politischen, kulturellen und ökonomischen Veränderungen ignorieren. Sie muß mehr denn je für ein unbekanntes Morgen ausbilden, von dem weder im Lehrplan geschrieben steht, noch für das die mit Schule Befaßten einschlägige Erfahrungen mitbringen können (vgl. Schratz 1991). Daher liegt die Voraussetzung für das Gelingen einer schulischen Entwicklungsarbeit "nicht mehr in bestimmten Merkmalen, sondern in der Fähigkeit, sich immer wieder auf neue Bedingungen einzustellen und dabei die eigene Identität zu bewahren und weiterzuentwickeln." (Boos 1991, 102)

Hier liegt auch das Problem der Schulaufsicht, einerseits zur Kontinuität der Schule beitragen zu müssen, da Schulsysteme "jene Merkmale in Heranwachsenden erzeugen (Qualifikationen und Orientierungen), ohne die das Individuum nicht handlungsfähig und in der Gesellschaft in der bestehenden oder in veränderter Form nicht überlebensfähig wäre" (Fend 1980, 6). Für diese Aufgabe ist sie Kontrollinstanz, die bei Lehrerinnen und Lehrern vielfach Mißtrauen hervorruft, insbesondere dann, wenn es zu unterschiedlichen Auffassungen in pädagogischen Werthaltungen kommt. Andererseits soll die Schulaufsicht die einzelne Schule im Rahmen der Autonomiebemühungen dabei unterstützen, ihr eigenes Profil zu finden und sich unter den neuen gesellschaftlichen Bedingungen zu behaupten. Organisationssoziologische Studien weisen nach, "daß die typischen Arbeitsabläufe in der Organisation Schule nicht standardisierbar sind und nicht in ein hierarchisches Befehls-Gehorsams-System einbezogen werden können. Auch wenn durch die Tradition unserer Schulorganisation und durch die alten Strukturen, die manchmal noch unsere Schulaufsicht dominieren, so etwas wie eine 'administrative Rationalisierung und Kontrolle'

der pädagogischen Arbeit des Lehrers und der Lehrerin in der Schulklasse angestrebt werden sollte ... Wird aber der Ablauf ihrer pädagogischen Arbeit zu rou-
tiniert, stützt er sich zu stark auf Vorschriften und Aufgabendefinitionen 'von
oben', kommt es zu einer ängstlichen Fixierung auf Erlasse und Vorschriften,
dann ist das der Tod jedes qualitätsreichen pädagogischen Handelns in der Schule." (Hurrelmann 1991, 336-337)

Während die Schulaufsicht in einem zentralistischen Schulsystem ihre Inspektionen durch Vorgaben von außen (bzw. im hierarchischen System von oben)
legitimiert, erfordert eine gute Schule, die sich zu einer bildungspolitisch aktiven Schule entwickeln soll, eine andere Form von Aufsicht. Eine solche ist dadurch gekennzeichnet, daß aus einem Befehl-Gehorsam-Verhältnis ein Verste-
hen-Unterstützen-Verhältnis erwächst, das die einzelne Schule bei ihren Ent-
wicklungsbemühungen berät. Die veränderte Sichtweise erfordert von der Schulaufsicht nicht ein Umdenken im Rollenverständnis, sondern auch neue Formen
beruflichen Handelns (vgl. Schratz 1996b). In der folgenden Übersicht sind einige Aspekte dieser neuen Sichtweise von Schulaufsicht gegenübergestellt.

	bisher	neu
Berufsrolle	Aufsicht	Systemberatung
Paradigma	Kontrolle	Evaluation
Ziel	Lehrerbeurteilung	Qualitätssicherung
Tätigkeit	inspizieren/kontrollieren	beraten/unterstützen
Kriterium	Gesetzesvorgabe als Norm	Schule als Organisations-einheit
Referenzpunkt	außen	innen
Vorgangsweise	punktuelle Ankündigung eines Schulbesuchs	Einladung zu planmäßigen Beratungsterminen
Perspektive	kurzfristig	mittel- bis langfristig
Methoden	Unterrichtsbesuch, Einzelaussprache	Beratungsgespräch, Teamberatung
Ansatz	isoliert	systemisch
Beziehung	Mißtrauensbeziehung	Vertrauensbeziehung

Abb. 21: Gegenüberstellung von bisheriger und neuer Schulaufsicht

Aus dieser Gegenüberstellung wird ersichtlich, daß sich die Tätigkeit der Schulaufsichtsbeamten zur Systemberatung paradigmatisch verändert. Während bisher vorwiegend die Kontrolle mit dem Ziel der Lehrerbeurteilung im Vordergrund stand, geht es in Zukunft um die Qualitätssicherung durch unterschiedliche Evaluationsmaßnahmen. Während die Tätigkeit bisher durch Inspizieren und Kontrollieren von Einzelpersonen gekennzeichnet war, wird es in Zukunft mehr um das Beraten und Unterstützen der Schule als System gehen. Dabei stellte bislang die Gesetzesvorgabe - ein Außenkriterium - die Beurteilungsnorm dar, während als Ausgangspunkt für Schulentwicklung die Schule als systemische Organisationseinheit dient, d.h. ein Innenkriterium im Vordergrund steht. Dabei geht es nicht mehr um das punktuelle Ankündigen eines kurzfristigen Schulbesuchs durch den Inspektor oder die Inspektorin, sondern um deren Einladung zu planmäßigen Beratungsterminen mit mittel- bis langfristiger Perspektive durch die Schule. Dazu muß die Methode des isolierten Unterrichtsbesuch und der belehrenden Einzelaussprache durch das Beratungsgespräch, die Supervision und Werkstattarbeit mit systemischem Ansatz ersetzt bzw. ergänzt werden. Eine derartige Veränderung kann aber nur zustande kommen, wenn sich aus der Mißtrauensbeziehung ("Achtung, der Inspektor kommt!") eine Vertrauensbeziehung entwickelt ("Wir benötigen Unterstützung von außen.")

Nach Rolff ist eine belehrende und direktive Schulaufsicht bei Prozessen der Schulentwicklung eher hinderlich als förderlich. Je mehr sich Schulaufsichtsbeamte zurückhalten, umso eher sieht er die Akzeptanz der Kollegien gegeben. Für einen internen Prozeß der Qualitätsprüfung liegt die Aufgabe der Schulaufsicht darin, den Entwicklungsprozeß der jeweiligen Schule zu unterstützen und die notwendigen Ressourcen zu beschaffen. "Die Schulaufsicht trägt eine sehr hohe Verantwortung dafür, der Schule dabei zu helfen, die Vision einer besseren Zukunft zu entwerfen, indem sie z.B. die Brücke bildet zur kommunalen Schulverwaltung, indem sie Regelungen und Verfahren gegebenenfalls ändert, sich für zusätzliche Ressourcen einsetzt, kurz: den Prozeß der Weiterentwicklung von Schule hilfreich unterstützt." (Rolff 1992, 11; vgl. auch Rolff 1998 und Schratz 1998).

Qualitätssicherung durch Rechenschaftslegung

In Kapitel 2 haben wir die Beratung als Funktion von Schulleitung als Herzstück pädagogischer Arbeit bezeichnet. Ähnliches gilt auch für die Aufgabe der Schulaufsicht, wobei die Einzel- und Gruppenberatung noch um den Aspekt der Organisationsberatung ergänzt wird, deren Voraussetzungen im letzten Abschnitt skizziert wurden. Gerade in der aktuellen Phase der Umstellung von einem zentral gelenkten zu einem autonom agierenden Schulsystem hat die für die einzelne Schule zuständige Schulaufsichtsperson nicht nur die Aufgabe, ihr Rollenverständnis zu überdenken, sondern auch im Kontakt mit der einzelnen Schule und mit ihrem beruflichen Handeln zu leben. Ein Schulinspektor, der selbst nicht davon überzeugt ist, daß sich die einzelne Schule ohne konkrete Vorgaben von oben in Form von Erlässen etc. selbst organisieren und entwickeln kann und diese Einschätzung dem betreffenden Lehrkörper signalisiert, wird eine Selbstorganisation vor Ort eher verhindern denn fördern. Eine Schulaufsicht hingegen, die sich mit direktiven Vorgaben zurückhält, die nötigen Ressourcen zur Verfügung stellt, notwendige (schulnahe) Fortbildungsveranstaltungen vermittelt und auch über mögliche Mißerfolge in einzelnen Maßnahmen mit einer positiven Einstellung hinweghilft, wird zu einer Förderung der Schule und ihrer Autonomie beitragen.

Entwicklung läßt sich zwar durch wohlgeformte Ziele gemeinsam planen, nicht immer aber stringent umsetzen, weshalb wir in Kapitel 4 die Szenario-Technik vorstellen. Damit ist immer auch das Risiko des Scheiterns gegeben. Da "Fehlermachen" im derzeit vertikal kontrollierten Schulsystem gewöhnlich mit Sanktionen belegt wird, ist eine Umstellung in diesem Bereich besonders schwierig zu erreichen. Daher muß ein Schulsystem, das Autonomie zum neuen Organisationsprinzip von Schule macht, das Risiko in Kauf nehmen, daß dabei auch Dinge schiefgehen können, was auch für die künftige Arbeit der Schulaufsicht wichtig ist: "Zunächst ist festzuhalten, daß diese Risiken bestehen und der Weiterführung einer niedrigen Leistung, die durch einen starken Zentralismus bewirkt wird, vorzuziehen sind. Zum zweiten müssen Probleme, wenn sie auftreten, in einer Form behandelt werden, die mit der Schulautonomie übereinstimmen, und nicht mit Mitteln, die das Schulsystem wiederum zentralisieren." (Hill/Bonan 1991, 15)

Wenn in der Entwicklungsarbeit beim Auftreten von Problemen Verhaltensweisen vermieden werden sollen, die zu einem zentralen (Kontroll-)System zurückführen, gilt es, die Rolle der Schulaufsicht im Spannungsfeld zwischen staatlicher Verantwortung und schulischer Autonomie neu zu bewerten. Das ist im Zusammenhang mit der Diskussion um die "Rechenschaftslegung"[21] mög-

---

21 Dieses Wort wird üblicherweise als deutsche Übersetzung des englischen "Accountability" (vgl. Elliott u.a. 1981 und Kogan 1988) verwendet.

lich. Darunter ist zu verstehen, daß das Zugeständnis größerer Autonomie auch die Übernahme von Verantwortung für die selbst getroffenen Maßnahmen und Entscheidungen voraussetzt. "Rechenschaftslegung ist im wesentlichen eine vertragsmäßige Beziehung, in der beide Parteien Verpflichtungen haben und Vorteile daraus ziehen." (Hill/Bonan 1991, 35) Während in einer zentral gesteuerten Schule die Rechenschaftslegung sich auf das Berücksichtigen von vorgegebenen Quoten und Kennziffern bezieht (z.B. die Mindestschülerzahlen für das Eröffnen einer neuen Klasse bzw. Gruppe, die Durchnahme bestimmter Stoffe laut Lehrplan etc.) werden in einer autonomen Schule viele Entscheidungen vor Ort getroffen (z.B. regionalspezifische Zusatzangebote, Integration von Kindern nicht-deutscher Muttersprache, Team Teaching etc.). Für die Konsequenzen daraus sind alle Beteiligten auch verantwortlich, da sie sich nicht mehr darauf berufen können, ohnehin die Anweisungen "von oben" ausgeführt zu haben.

Dennoch ist keine Schule so autonom, daß sie sich aus dem Hoheitsbereich der staatlichen Schulgesetzgebung entfernen kann - außer sie wird zu einer sogenannten Alternativschule, die außerhalb des staatlichen Schulsystems ihren berechtigten Platz hat und von ihm nicht kontrolliert wird, dafür aber auch nicht dessen staatliche Förderungsmittel erhält. Bei einer bloßen Deregulation ohne Auseinandersetzung über wünschenswerte Ziele, Inhalte und Maßnahmen schulischer Entwicklung könnte leicht folgende Situation eintreten: "Die Qualität der Schulen würde sich kraß auseinanderentwickeln, die Sozialisation gesamtgesellschaftlich bedeutsamer Werte, Qualifikationen und Kommunikationsfertigkeiten wären gefährdet, und vermehrte Ungleichheit träte ein. Ein zeitgemäßes öffentliches Bildungswesen muß demgegenüber zwar nicht auf Gleichheit, aber doch auf Vergleichbarkeit der Lebensumstände bedacht sein und damit auch auf Qualitätssicherung aller Bildungseinrichtungen. Wenn es allerdings stärker als bisher die Selbständigkeit der Einzelschulen und die professionelle Autonomie der Lehrertätigkeit berücksichtigen soll, muß auch die Kontrolle professioneller werden." (Rolff 1991, 10). Mit H.-G. Rolff sind wir der Meinung, daß die Schulaufsicht unter dem skizzierten neuen Rollenverständnis hierfür eine wichtige Aufgabe übernehmen kann, wollen wir uns nicht dem externen Testwesen unterwerfen, wie wir es aus Großbritannien und den USA kennen.

Während die Schulleitung mit ihrem Kollegium als selbständige Organisationseinheit versucht, unter den gegebenen personellen und materiellen Voraussetzungen die beste Art von Schule zu "machen" und die Ergebnisse der getroffenen Maßnahmen intern zu evaluieren, ist eine Außensicht im Hinblick auf übergeordnete Zielstellungen und Vorgaben vonnöten. Sie soll die Chancengleichheit auf der Basis vergleichbarer Bildungsgänge und Abschlüsse gewährleisten, zugleich aber die individuelle Entfaltung der Schule in sozialer Verantwortung ermöglichen. Gerade letzeres ist über standardisierte Bewertungssysteme gefährdet. Eine derartige Entwicklung würde der Schulaufsicht lediglich ihre professionelle Funktion nehmen, die vor allem darin liegt, die einzelne Schule im Erreichen der höchsten Qualität aus individueller Sicht vor dem regionalspezifischen Hintergrund zu unterstützen und damit auch Orientierungsbezüge zur Schule als gesamtgesellschaftliche Institution herzustellen.

Dazu zählt auch die Sicherstellung, daß die Lehrerinnen und Lehrer gemeinsam mit der Schulleitung in ihrer Arbeit über die einzelne Schule hinausgehende Aspekte von Bildung und Unterricht berücksichtigen. Gehen wir von folgendem (realen) Beispiel aus: Eine Schule entscheidet sich dafür, den Unterricht in moderner Informationstechnologie nicht anzubieten, weil sich niemand an der Schule damit identifiziert und auch keine entsprechende Computerausrüstung angeschafft wird. In einem produktiven Schulentwicklungsprozeß würde der Schulaufsichtsbeamte in einen Dialog mit der Schulleitung bzw. mit dem Kollegium treten, um mit ihnen die Konsequenzen einer derartigen Entscheidung zu besprechen. Eine solche Konsequenz wäre etwa, daß die Schüler im Falle eines Übertritts in eine weiterführende Schule kraß benachteiligt wären und im Falle des Berufseintritts von bestimmten beruflichen Perspektiven ausgeschlossen blieben. Professionelles Handeln der Schulaufsicht besteht nun nicht darin, aufgrund einer "höheren Einsicht" die Anschaffung von Computern und den verbindlichen EDV-Unterricht zu verordnen, sondern im Sinne einer systemischen Vorgangsweise wünschenswerte Veränderungsprozesse ingang zu bringen.

In seinen Bemühungen um ein systemisches Design von Bildungsarbeit formuliert Banathy (1991, 189-190) folgende Fragestellungen, die dazu beitragen können, das "Design" für eine zielführende Lösung mit der betroffenen Schule zu erarbeiten:

- "Welche organisatorischen und persönlichen Fähigkeiten sind notwendig, um die identifizierten Funktionen ausführen?
- Welche Teilbereiche und Menschen innerhalb des Systems haben die notwendigen Eigenschaften und Fähigkeiten?
- Wie können wir die ausgewählten Komponenten in relationaler, vertikaler oder horizontaler Verteilung anordnen?
- Welche Autorität bzw. Verantwortung sollte wem zugewiesen werden?
- Welche Mittel sollten welchem Teilbereich zugeordnet werden?"

Die Umsetzung dieser Fragestellung darf allerdings nicht dem Zufall überlassen werden, sondern sollte gemeinsam geplant werden und zur Einigung auf bestimmte Verbindlichkeiten führen. Dieser "Vertrag" sollte auch die Aufgaben der Schulaufsicht (z.B. Unterstützung und Einbringen von Know-how bei der Geräteanschaffung bzw. der Vermittlung von Experten, Ermöglichung von Fortbildung etc.) und die entsprechende Gestaltungswünsche (Regelmäßigkeit der

Beratungstreffen, zeitliche Festlegung für bestimmte Maßnahmen etc.) beinhalten. Da wir davon ausgehen, daß die Funktion der "pädagogischen Führung" eine bedeutsame Aufwertung erfahren hat und weiter erfahren wird, setzen wir uns im nächsten Kapitel mit denjenigen Schwerpunkten auseinander, die ihre Professionalität sicherstellen.

6 Weiterbildung in pädagogischen Leitungsfunktionen – *eine Begründung*

Nicht nur für die Schule ...

Krisenerscheinungen stellen so etwas wie ein "Frühwarnsystem" für gesellschaftliche Entwicklung dar. Wenn im Bildungsbereich Fehlentwicklungen geortet werden, dann werden gewöhnlich "Reparatur- und Korrekturaktivitäten" inganggesetzt. Über Unterricht wird versucht, unerwünschten Entwicklungen schon in der Schule entsprechend zu begegnen. Während die dazu notwendigen Zeitläufe früher noch durchaus "bewältigbar" zu sein schienen, haben sich in den letzten Jahrzehnten dazu sowohl die entwicklungspsychologischen als auch die sozialen und gesellschaftlichen Voraussetzungen geändert (vgl. Fend 1988). Die aktuellen Probleme lassen sich immer weniger auf dem Umweg bewältigen, der sich im Leitsatz "Nicht für die Schule, sondern für das Leben lernen wir" ausdrückt. Bildungsmanagement ist daher in der Tat schon seit einiger Zeit zur sozialpolitischen Aufgabe und zum Konfliktmanagement geworden, was für die Medien jüngst wieder einmal eine Möglichkeit darstellte, die Schule mit attraktiven Themen aufs Titelblatt bzw. vor die Fernsehkamera zu bringen[22]. Eine Schulleiterin sah sich dadurch beispielsweise plötzlich damit kon-

---

22 In einem Fall handelte es sich um eine Argumente-Sendung des Österreichischen Fernsehens, in der dem zusehenden Live-Publikum ein ganzes Arsenal von "Tatwaffen" präsentiert wurde, die Schülerinnen und Schüler diverser Schulen abgenommen worden waren. Zum anderen kam eine Schule auf die Titelseiten eines Massenblattes, weil es dort im Zusammenhang mit ausländischen Schülern angeblich zur Schutzgelderpressung und Androhung von Gewaltanwendung gekommen sei, sodaß Eltern ihre Kinder nicht mehr in die Schule zu schicken getrauten.

frontiert, daß sie Pressekonferenzen durchführen mußte, in zahlreichen Interviews den forschenden Journalisten Rede und Antwort zu stehen hatte und nicht zuletzt das Vertrauen der Eltern in die Schule wieder herzustellen war.

Wir wollen von diesen Einzelfällen keineswegs eine Regel ableiten. Sie stellen aber immerhin die Spitze eines Eisbergs dar, der sich hinter dem jüngsten Buchtitel "Tatort Schule: Wenn Kinder überfordert, Eltern verunsichert und Lehrer frustriert sind" (Weiss 1992) verbirgt. Die darin anklingende Wechselwirkung zwischen Überforderung der Kinder, Verunsicherung der Eltern und der Frustration der Lehrerinnen und Lehrer stellt nicht nur ein komplexes Bild der Stellung der Schule in der heutigen Gesellschaft dar, sondern auch die Schulleiterin und den Schulleiter von heute vor ganz neue Aufgaben[23]. Diese Veränderung läßt sich etwa an der Beantwortung der Frage ablesen, die C. Hopes im Rahmen einer Untersuchung stellte, als er wissen wollte, welche Fähigkeiten und Fertigkeiten und welches Wissen bevorzugt werden sollte, wenn es darum geht, einem Schulleiter anläßlich seiner Amtsübernahme bei seinen Aufgaben zu helfen. Seine Erhebungen führten zu folgenden Vorschlägen in der Reihenfolge der Wichtigkeit (nach Hopes 1983, 147):

1. Interpersonelle Skills (Techniken der Menschenführung)
2. Organisatorische Skills
3. Erziehungsführung
4. Entwickeln einer Führungsphilosophie
5. Personalmanagement
6. Beziehungen zu Schülern
7. Ressource Management
8. Wissen um Gesetze
9. Berücksichtigung lokaler Gegebenheiten
10. Curriculare Techniken
11. Institutionelle Planung
12. Selbstmanagement
13. Innovationsmanagement
14. Beziehungen zu Behörden

Ähnliche Aufstellungen finden sich bei W. Fischer (1987, Bd. 1, 21 ff.) und lassen sich in unseren regelmäßig durchgeführten informellen Erhebungen bei Schulleiterseminaren nachweisen. Interessant sind dabei die Veränderungen, die sich seit der Studie von Hopes ergeben. Das hat natürlich auch damit zu tun, daß sich die gesellschaftliche Ausgangssituation und die bildungspolitischen Voraussetzungen im letzten Jahrzehnt stark verändert haben. Das Präsentieren der Schule nach außen, was man gewöhnlich mit dem Begriff "Image-

---

23 Dasselbe gilt natürlich auch für die Schulaufsicht, deren neue Rolle im vorigen Kapitel skizziert wurde.

pflege" assoziiert, taucht in dieser Aufzählung bestenfalls implizit auf, wenn man die Kategorie "Berücksichtigung lokaler Gegebenheiten" weit faßt. Hier hat in den letzten Jahren das Schlagwort "Öffnung der Schule" zu einer neuen Orientierung des Verständnisses von Schule geführt, nachdem sich der Begriff "Gemeinwesenarbeit" aus der ursprünglichen Organisationsform professioneller Sozialarbeit bzw. Sozialplanung emanzipiert und - bislang vor allem im anglo-amerikanischen Raum - zum Konzept der Community Education entwickelt hat (vgl. Reinhardt 1992).

Neben dieser lokalen Öffnung der Schule "vor Ort" ist es aufgrund der jüngsten Veränderungen auch zu einer "Globalisierung" von Schule und Bildung[24] gekommen, die zu neuen Aufgaben der Schulleitung geführt hat, wodurch sie vom "Verwalter" einer Gesellschaftsform über das Subsystem "Schule" zum *agent for global change* wird. Im Rahmen einer Konferenz zum Thema "Teachers as Global Change Agents" wurden dazu 1991 in St. Petersburg folgende Zielsetzungen formuliert:

(a) Global denken:
■ die Fähigkeit, multikulturelle Vielfalt als Grundlage menschlichen Miteinanders zu akzeptieren,
■ die Fähigkeit, den eigenen Ethnozentrismus zu identifizieren und darüber zu reflektieren,
■ die Fähigkeit, universelle interdisziplinäre Themen zu identifizieren und zu entwickeln,
■ die Fähigkeit, ein Menschenbild zu formulieren, das sich in verschiedenen Kulturen als akzeptabel erweist,
■ die Fähigkeit, Verantwortung zu übernehmen und kooperativ zu arbeiten und Aktivitäten zu setzen, die auch andere dazu anhalten,
■ die Fähigkeit zu überprüfen, ob der Lernprozeß der angestrebten Vielfalt zu entsprechen vermag.

(b) Lokal handeln:
■ die Fähigkeit, gemeinsam Projekte der Praktikerforschung auszuführen,
■ die Fähigkeit, andere zu befähigen, als change agents zu agieren,
■ die Fähigkeit, Probleme und Lösungen aus einer systemischen Sichtweise anzugehen,
■ die Fähigkeit, Gruppenprozesse ingang zu bringen,
■ die Fähigkeit, die Qualitäten eines change agent in der eigenen Persönlichkeit zu identifizieren und zu entwickeln.

---

24 Die aktuelle Perspektive von "Internationalisierung", nicht zuletzt im Zusammenhang mit einem "Gemeinsamen Markt Europas", von der heute vielfach die Rede ist, erscheint uns im Hinblick auf das Überleben der Menschheit zu eng (vgl. u.a. Club of Rome 1980 und 1992, Peccei 1981, Albery/Kinzley 1984, Grün/Wiener 1984, World Commission on Environment and Development 1987, Vester 1988, Jungk 1990).

Beide Entwicklungen, auf der einen Seite die lokale, auf der anderen die globale, haben in den letzten Jahren dazu geführt, über die sogenannte "innere Schulreform" ein neues Lernklima an Schulen zu schaffen. Dazu zählen etwa Maßnahmen im Bereich der Lehrplanerneuerung, des fächerübergreifenden und ganzheitlichen Unterrichts, des interkulturellen Lernens, des Projektunterrichts und des Team Teaching sowie neuerdings auch Formen des "offenen Lernens". Die Aktivitäten dazu reichen von einzelnen Initiativen engagierter Lehrerinnen und Lehrer (etwa zur Integration sog. behinderter Kinder oder die Formen bilingualen Unterrichts) bis zu komplexen Versuchsmodellen, bei denen bereits auch Änderungen in der Organisationsform auftreten, etwa das Modell "neue Mittelschule" in Wien, die "Realschule" in der Steiermark und die "Landhauptschule" in Tirol.

Flankierend dazu sind vielfach auch neue Impulse für die Fort- und Weiterbildung entstanden: Einerseits erfolgte eine Veränderung der herkömmlichen Organisationsform weg von Referaten nach dem Motto "Hier spricht der Experte" hin zu stärker teilnehmerorientierten Veranstaltungen in Form von Gruppenarrangements, Supervisionsangeboten und gemeinsamer (Curriculum-)Entwicklungsarbeit über sogenannte "Lernwerkstätten" (vgl. Pallasch/Reimers 1990). Andererseits kam es zu einer Verlagerung der Fortbildungsaktivitäten von zentralen Veranstaltungsorten hin zur gemeinsamen Arbeit an einzelnen Schulen, die unter dem Kürzel "SCHILF" (schulinterne Lehrerfortbildung) bekannt wurde (vgl. Miller 1990). Inhaltlich geht es dabei um Unterschiedliches, etwa das Bemühen um *ganzheitliche Lehrerfortbildung* (vgl. Klippert u.a. 1983), kollegiale Beratung (vgl. Boettcher/Bremerich-Vos 1987), die *Kommunikationskompetenz und Interaktionskultur* an der Schule (vgl. Fleischer 1990) oder um Modelle von *Organisationsberatung* (vgl. Diem-Wille 1986, Pieper 1986) und *Projektarbeit als Lehrerfortbildung* (Pädagogisches Institut Tirol 1981).

Über die mittel- und längerfristigen Auswirkungen schulnaher Fortbildungsveranstaltungen liegen allerdings - zumindest für den deutschsprachigen Raum - nur wenige Befunde vor. Den einzelnen Veröffentlichungen genannter Art geht es (verständlicherweise) um eine Parteinahme für den jeweils gewählten (Fortbildungs-)Ansatz, dem wiederum unterschiedliche wissenschaftstheoretische Sichtweisen zugrunde liegen. Allerdings geben sie wenig Auskunft über weiterführende Konsequenzen der gesetzten Maßnahmen, die Aussagen über deren Wirksamkeit zuließen. Lediglich Kunert (1992, 158 ff.) zitiert einige Erfahrungsberichte und empirische Untersuchungen über die "Auswirkungen" von schulinterner Fortbildung, deren Ergebnisse jedoch sehr allgemein formuliert und dadurch nicht sehr aussagestark sind. Bemerkenswert erscheint uns in diesem Zusammenhang, daß die konsultierte Literatur die gesetzten Aktivitäten selten im Hinblick auf die verstärkte Autonomie der Schule reflektiert und der Rolle der Schulleitung kaum besondere Bedeutung beimißt (vgl. Schratz 1992).

Diese Vernachlässigung erscheint uns nicht zuletzt deshalb problematisch, als schulnahe (Fortbildungs-)Aktivitäten besser als jede andere Form geeignet sind, Schulentwicklung im Hinblick auf eine größere Autonomie zu betreiben. Einerseits dadurch, daß einzelne Schulen die kleinste Organisationseinheit im Rahmen des gesamten Schulsystems darstellen, die ihre eigenen Bedürfnisse und Interessen definieren sowie sich mit den jeweiligen Bedingungen "vor Ort" auseinandersetzen kann. Damit ist auch der überschaubarste Rahmen für Veränderungen gegeben, die den jeweiligen Schulstandort betreffen, an dem - auch beim (wünschenswerten) Einbezug von externen Beraterinnen und Beratern - einmal gesetzte Entwicklungsschritte im Sinne einer systemischen Herangehensweise immer wieder weiterverfolgt, neu interpretiert und gegebenenfalls korrigiert werden. Dadurch läßt sich das oben geforderte "Global denken, lokal handeln" auch am ehesten verwirklichen. Eine aktuelle Einführung in die Konzepte und Prinzipien einer systemischen Sicht von Bildung gibt Banathy (1992).

Von der administrierten zur bildungspolitisch aktiven Schule

Aufgrund seiner strukturellen Bedingungen und der damit verbundenen Trägheit gegenüber Veränderungen tut sich auch das Schulsystem in seiner bisherigen Organisationsform schwer, den neuen Herausforderungen einer sich global rasch verändernden Ausgangssituation mit brauchbaren Konzepten zu begegnen. Die Aussage eines amerikanischen Professors, daß sich Schulen langsamer verändern würden als Kirchen (vgl. Haenisch 1991), drückt dies deutlich - wenn auch überspitzt - aus. Der Grund dafür liegt allerdings nicht nur an den einzelnen Individuen, die Schule "machen", sondern auch in der Struktur des Systems selbst. Eine gut funktionierende Schule war bislang zumeist diejenige, die als bürokratische Organisationseinheit funktionierte. Als Direktor bewährte sich daher auch vorwiegend ein guter "Befehlsempfänger" und "-weitergeber" im Sinne einer reibungslosen Verwaltung von Schule, die hierarchisch von oben nach unten organisiert war. Daraus ergaben sich auch entsprechende Vorgaben für die Qualifikation für Leitungsfunktionen, denn ein derartiges Verständnis von Schulorganisation benötigt Leiterinnen und Leiter, die eine möglichst reibungsfreie Verwaltung von Schule ermöglichen. Die Rahmenbedingungen dazu waren klar (d.i. hierarchisch) strukturiert und über den Verordnungsweg von "oben" nach "unten" reguliert.

Daraus ergab und ergibt sich vielfach auch heute noch ein Verständnis von Schulleitung, das sich zwar um eine effiziente Schul*administration* kümmert, die *pädagogischen Führungsaufgaben* aber vernachlässigt. So faßt Kleinschmidt (1992, 206-207) folgende Defizite des Schulleiterhandelns stichwortartig zusammen:

"1. Der Schulleiter kümmert sich zu wenig um die klare Formulierung der Ziele der Schule oder formuliert diese zu global.

2. Es gibt keine eigene Schulphilosophie und Schulkultur.

3. Der Schulleiter kümmert sich zu wenig um sein Kollegium. Es entsteht ständiger Lehrerwechsel. Das Profil der Schule weist keine Kontinuität und Stabilität auf.

4. Die kollegiale Zusammenarbeit wird vom Schulleiter zu wenig gefördert. Die Lehrer stimmen kaum den Unterricht miteinander ab oder planen gemeinsame (fächerübergreifende) Unterrichtseinheiten.

5. Die Lehrerkonferenzen konzentrieren sich auf organisatorische und administrative Schwerpunkte. Die Lehrer erhalten kaum Impulse für die Unterrichtsarbeit.

6. Die Schulleiter messen den Verwaltungsarbeiten besondere Bedeutung zu. Anregungen für die konkrete Unterrichtsverbesserung werden kaum gegeben.

7. Mißstände an der Schule werden vom Schulleiter entweder verdrängt oder als nicht veränderbar hingenommen. Es fehlt eine genaue Problemanalyse.

8. Das Lehrerkollegium wird an schulinternen Entscheidungen nur sporadisch beteiligt und über anstehende Veränderungen nur unzureichend informiert.

9. Der Schulleiter hat kaum einen Überblick über die Leistungsstärken und Leistungsschwächen seiner Lehrer. Es fehlt an positiver Motivation für die Schüler und Lehrer (Lob, Anerkennung, Auszeichnung, konstruktive Kritik usw.).

10. Die Schulleiter unterstützen zu wenig die fachliche und schulpädagogische Qualifizierung der Lehrer (Fort- und Weiterbildung).

11. Der Schulleiter sorgt kaum für neue Literatur in der Lehrerbibliothek. Es gibt in der Lehrerbibliothek keine neue fachdidaktische und schulpädagogische Literatur.

12. Wenig erfolgreiche Schulleiter nehmen kaum Rücksicht auf das persönliche Wohlergehen und Fortkommen der Lehrer. Sie messen den zwischenmenschlichen Beziehungen zu wenig Bedeutung zu. Sie schützen die Lehrer auch kaum gegen Angriffe von außen.

13. Die Schüler werden zu wenig an Entscheidungen beteiligt und zur Verantwortungsübernahme angeleitet.

14. Da es kaum eine Analyse über vorhandene Konflikte und Probleme gibt, entstehen immer neue Disziplinprobleme. Auf die vorhandenen Disziplinprobleme wird oftmals dirigistisch reagiert.

15. Die Beteiligung der Eltern am Schulleben beschränkt sich auf schulrechtliche Notwendigkeiten. Die Schule ist nur wenig in die Schulgemeinde integriert. Eltern und Schüler identifizieren sich kaum mit 'ihrer Schule'. Schule und Gemeinde haben zu wenig miteinander zu tun."

Insgesamt kann ein derartiges Schulleiterhandeln als "exekutiv" bezeichnet werden, da es eine möglichst exakte Ausführung der vorgegebenen Gesetze zum Ausgangspunkt der jeweiligen Maßnahmen nimmt. Ein lediglliches Exekutieren von Vorgaben kann den Zielsetzungen eines modernen Leitungsverhaltens nicht mehr entsprechen, denn "[b]ei zunehmender Komplexität praktischer Anforderungen wird das Verständnis schulischer Arbeit als 'Gesetze ausführen' kontraproduktiv. Diese Arbeit müßte vielmehr als 'gesetzliche Spielräume kreativ, verantwortungsbewußt und situationsgemäß interpretieren' verstanden werden." (Posch u.a. 1992, 78) Eine derartige Interpretation setzt allerdings eine innovationsfreundliche Schulkultur voraus, die unter den derzeitigen Bedingungen zumeist nicht gegeben ist und von jemandem initiiert bzw. getragen werden muß. Amerikanische Studien sehen in der Rolle der Schulleitung ein Schlüsselelement für die Schaffung einer förderlichen Schulkultur (vgl. Bossert u.a. 1982; Heck 1992; Hallinger/Murphy 1987). Darüber hinaus lassen Untersuchungen den Schluß zu, daß ein entsprechendes Leitungsverhalten über Maßnahmen der Entscheidungsfindung, des erfolgreichen Formulierens von Zielen und Strategien, das Pflegen einer konstruktiven Zusammenarbeit zwischen Elternhaus und Schule sowie mit der Gemeinde einen positiven Effekt auf das Unterrichtsklima und die Schülerleistungen hat (vgl. Heck u.a. 1990; Teddlie u.a. 1989).

Posch (1991) unterscheidet hinsichtlich der zu erwartenden Entwicklungsmöglichkeiten zwischen

(1) *bildungspolitisch aktiven Schulen,* die selbständig an ihrer eigenen Situation arbeiten und diese unter Einbeziehung unterschiedlicher Ressourcen und im Austausch mit dem gesellschaftlichen Umfeld zu entwickeln versuchen;

(2) *bildungspolitisch bewußten Schulen,* die nicht von einer eigenen Situationsanalyse ausgehen, sondern sich eher von außen anregen lassen und entsprechende Aktivitäten zur Weiterentwicklung setzen;

(3) *bildungspolitisch tauben Schulen,* die durch Routineaktivitäten gekennzeichnet sind und Veränderung eher als bedrohlich empfinden.

Sieht man die Rolle der Schulleitung nur als passives "Kalkül" im Rahmen von Autonomie und Schulentwicklung, wird Veränderung eher als bedrohlich empfunden denn als gestaltbares Entwicklungspotential. Somit wird ein wichtiges Moment im Rahmen einer Sichtweise von Schulentwicklung als Organisations- und Personalentwicklung vernachlässigt, zumal - zumindest unter den derzeitigen Bedingungen - die Leitung der Schule auch für diese die Verantwortung trägt und damit auch letzte Entscheidungsinstanz ist. Maßnahmen zur Entscheidungsfindung greifen nur so gut, wie die Betroffenen letztendlich damit umgehen. Wenn die bildungspolitisch aktive Schule ein erstrebenswertes Modell für Schulautonomie darstellen soll, wird deren Verwirklichung eine große Herausforderung für *alle* mit Schule Befaßten, vor allem aber für die mit deren Leitung Beauftragten. In diese Richtung weisen jene Entwicklungen, welche den Weg der Schule von der (be)lehrenden zur lernenden Organisation weisen (vgl. Schratz/Steiner-Löffler 1998).

Aufgrund der Verlagerung von Entscheidungskompetenz an die Basis wird die Schulleitung im Rahmen der Autonomisierung von Schulen gestärkt, weshalb die Person des Leiters, der Leiterin oder des Leitungsteams in hohem Maß dazu beitragen wird, wie Autonomie an der einzelnen Schule "praktiziert" wird. Ansonsten kann es leicht dazu kommen, daß die Autonomisierung auf der Ebene der "Direktion" endet und Schüler und Eltern aus dem gesetzlich vorgesehenen Entscheidungsprozeß ausgeschlossen bleiben (vgl. Dobart 1991, 32). Die Person des Schulleiters tritt in der Literatur meist nur als "Konfliktpartner" auf, der einer förderlichen Entwicklung im Wege steht, oder über wünschenswerte Merkmale in der Entwicklung von pädagogischen Profilen miterwähnt wird, wonach der Schulleiter zum Beispiel führen, anregen und initiieren "kann", zumindest aber "tolerieren" und "wachsen lassen" muß (vgl. Fischer/Nentwig 1987, 199).

Von der Systemeinheit zur Vertrauensorganisation

Während neubestellte Schulleiterinnen und Schulleiter aufgrund ihrer bisher auf die Lehrtätigkeit ausgerichteten Aus- und Fortbildung zumeist größte Schwierigkeiten im administrativen Bereich ihrer neuen Tätigkeit fürchten, aber sich pädagogisch dafür "gewappnet" fühlen, kommt es bei den meisten bereits im Laufe der ersten Begegnung mit Leitungsfunktionen zu einer Umkehrung dieser Sichtweise. Das läßt sich etwa aus dem folgenden Interview mit der Leiterin einer Hauptschule erkennen: *"Die Dinge, von denen ich gemeint habe, daß sie mir Schwierigkeiten bereiten werden, das wäre vor allem das ganze Administrative, weil ich das auch nie gelernt habe, aber diese administrativen Dinge, das waren eigentlich überhaupt keine großen Schwierigkeiten. Das Schwierige, das ist die Menschenführung, das Umgehen mit dreißig Menschen. Und das habe ich am Anfang anders gesehen - es war geradezu umgekehrt: Am Anfang habe ich gemeint, das würde mir keine Schwierigkeiten bereiten, man muß halt nur aufpassen, daß man Termine nicht versäumt und darf sich nicht genieren, immer wieder andere Direktoren oder beim Schulamt zu fragen - aber das sind keine Probleme. Wirklich schwierig, das habe ich dann gemerkt, ist die Menschenführung."*

Diese Äußerung legt nahe, daß die Leitungsfunktion in hohem Maße von verhaltensbedingten Aspekten der jeweiligen Person bestimmt wird und nicht sosehr vom Wissen über bestimmte Inhalte (wobei die Kenntnis der formalen Vorgaben immer eine Bedingung für selbständiges Handeln darstellt). Dabei wird nicht zuletzt auch ein Bewußtseinswandel deutlich, der sich von einer eher engen, geschlossenen Sichtweise von Führungsarbeit, die sich an den formalen Aspekten eines Anforderungsprofils oder oft nur an der Struktur der Organisationseinheit ausrichtet, hin zu einem offenen, an der Situation und deren kommunikativen Notwendigkeiten ausgerichteten Herangehen ausweitet. Denn in vieler Hinsicht ist die Schule noch eine "Mißtrauensorganisation", was für jede "geschlossene" Institution mit entsprechenden Sanktionierungsmechanismen als typisch gilt (vgl. Foucault 1976). Die früher übliche unangemeldete Inspektion durch die Schulaufsicht war ein Merkmal für eine Mißtrauensbeziehung zwischen Schule und Behörde. Erst wenn es gelingt, eine entsprechende Vertrauensbeziehung zu schaffen, treten auch eher die Probleme, Nöte, Ängste und Bedürfnisse der Mitarbeiter in den Vordergrund, für deren Stimmen wir erst sensibel werden müssen. Jean Rudduck (1993) hat dafür in ihrer Forschungsarbeit ein feinfühliges Instrumentarium entwickelt, mit dem es möglich wird, die Stimmen der betroffenen Lehrerinnen und Lehrer hinter dem Selbstverständnis der Systemeinheit Schule hörbar und für eine kooperative Schulentwicklung zugänglich zu machen.

Als wichtige Rahmenbedingung sind dafür allerdings, wie wir aus der Literatur zur "Vertrauensorganisation" (vgl. u.a. Bleicher 1982, Krell 1988) wissen, "high trust-Beziehungen" notwendig, wobei den Führungskräften im Prozeß der Vertrauensentwicklung eine besondere Bedeutung zukommt. "Ihre Schlüsselrolle basiert nicht nur darauf, daß ihre persönliche Vertrauenswürdigkeit und Vertrauensfähigkeit die Qualität der Zusammenarbeit in ihrem Leistungsbereich zentral bestimmt. Sie sind vielmehr auch Schaltstellen bzw. Symbolfiguren des Vertrauens zwischen der Organisation und ihren Mitgliedern (vgl. Koczkas 1981, 134). D.h. sie vermitteln einerseits die Vertrauenserwartungen der Organisation in die Mitarbeiter und sind andererseits durch ihr Verhalten konstitutiv dafür, welches Vertrauen die Mitarbeiter gegenüber der Unternehmung entwickeln können." (Laske 1991, 17)

Wenn Schulleiterinnen und Schulleiter sowie Vertreter der Schulaufsicht aufgrund ihrer Persönlichkeit und Leistungen oder aufgrund fehlender sozialer Sensibilität diese Vertrauensbasis in der Schulwirklichkeit nicht schaffen können, wird es für künftige Maßnahmen wohl wenig genügen, für innovatives Handeln an der Basis zu werben. Denn Organisationsentwicklung an Schulen "ist eine zusammenhängende, systematische, geplante Anstrengung zum Zwecke der Selbstanalyse und Erneuerung. Die Maßnahmen sind vor allem auf Änderung formaler und informeller Verfahren, Prozesse, Normen und Strukturen gerichtet und bedienen sich haltungsbildender Begriffe und Methoden"

(Dalin 1986, 114). Für die Umsetzung dieser Forderungen nennt Miller (1990, 51) als charakteristische Merkmale einer Organisationsentwicklung "die Selbststeuerung der Adressaten und Beteiligten, geplante, zielgerichtete und langfristige Vorgehensweisen, alltags-, praxis- und handlungsbezogene Ansätze, 'Hier- und Jetztereignisse' (Gegenwartsprobleme), ganzheitliche (systemische) Betrachtungsweisen, Veränderungen von Prozessen und Strukturen, Selbstuntersuchungen und gemeinsame Interpretationen, offene Kommunikation, Transparenz, Supervision, Metakommunikation, Reflexion."

Die bisherigen praktischen Ansätze von Schulentwicklung auf der Basis von Vertrauensbeziehungen machen aber deutlich, daß Leitungsarbeit in der (Rest-)Risikogesellschaft (vgl. Beck 1986 und 1991) nicht nur ein hohes professionelles Know-how an sozial-technologischem Wissen und Können, sondern auch humanökologische Einsichten und ein seinsorientiertes Verhalten voraussetzen (vgl. Fromm 1979; Bachmann 1991). Ansonsten leistet sie wiederum lediglich einer herkömmlichen Sicht von Führung Vorschub, die dem administrativen Denkmodell einer Form von Vollzug nahesteht. Eine zukunftsfähige Schule mit autonomer Entwicklungsperspektive hingegen bedarf einer neuen Führungsphilosophie, um den heterogenen Ansprüchen und disparaten Voraussetzungen in der Bildungsarbeit mit (unterschiedlichen) Menschen gerecht werden zu können. Erst dann werden sich die derzeitigen bildungspolitischen Konfrontationen an den Schnittstellen gesellschaftlicher Konflikte (z.B. Integration von Behinderten, Umgang mit Kindern und Jugendlichen nicht-deutscher Muttersprache, Ökologie und Politik etc.) entkrampfen. Somit geht es uns um das Beleben eines neuen Führungsverständnisses zur Entwicklung von Vertrauensorganisationen, die ein wichtiges Element auf dem Weg zur bildungspolitisch aktiven Schule darstellen.

Dafür wird allerdings auch eine entsprechende Weiterbildung erforderlich, die impulsgebend auf die Schulentwicklung wirkt. Rosenbusch hat am Beispiel der (alten) BRD ausführlich dargestellt, daß die Ausbildung zum Schulleiter bzw. zur Schulleiterin nicht als Aufbaukurs zur Lehrerausbildung angesehen werden kann, da sich die Tätigkeitsbereiche von denen der Lehrpersonen stark unterscheiden, u.a. in folgenden Bereichen:

"a) Nicht mehr das Klassenzimmer, sondern das eigene Büro und die gesamte Schule sind das Zentrum des beruflichen Handelns.

b) Der Verantwortungsradius vergrößert sich von der Klasse (den Klassen) auf die Gesamtheit der Schule.

c) Der Adressatenbezug verlagert sich schwerpunktmäßig von Schülern auf Erwachsene und Institutionen.

d) Die Arbeit wird insgesamt öffentlicher und damit kritisierbarer.

e) Zwar bleiben die generellen pädagogischen Zielstellungen bestehen, doch sind diese nicht mit unterrichtsmethodisch-didaktischen Instrumenten, sondern v.a. mit organisationspsychologischen, kommunikationstheoretischen und verwaltungswissenschaftlichen Mitteln zu verfolgen." (Rosenbusch 1992, 249)

Für die Aus- und Weiterbildung von Schulleiterinnen und Schulleitern sowie für alle pädagogischen Leitungsfunktionen geht es unserer Meinung nach um die Arbeit an einem neuen Führungsverständnis, das u.a. folgende Zielsetzungen aufweist:

■ Fähigkeiten entwickeln, um die Leiter-Mitarbeiter-Beziehung zum Zweck einer höheren Integration zu verbessern.

■ Gemeinsamkeiten in Wahrnehmung und Verständnis der schulischen Bedingungen entwickeln - kognitiv und emotional, vor allem in Hinblick auf Schüler, Lehrer, Eltern, Behörden und Gemeinde.

■ Die Motivation aller am schulischen Geschehen Beteiligten verbessern, indem die eigenen Bedürfnisse und Ziele mit den normierten Vorgaben des Schulsystems übereingestimmt werden. Dazu gehört auch, mit Unvereinbarkeiten leben zu lernen.

■ Die Leiterfähigkeiten zum nichtlinearen systemischen Denken im Hinblick auf Problemlösungen und andere Aktivitäten verbessern und an Mitarbeiter weiter vermitteln.

Neue Aspekte von Führung sind in Richtung auf Transformation das zentrale Thema für die Schulleiterbildung. Damit wird der Schwerpunkt in einschlägigen Kursen von den Inhalten auf den Prozeß verlagert und damit auf höhere Lernebenen wie Fähigkeiten, Wertsysteme und Identität transzendiert. Eine neue Führungskultur schafft Wandel und gibt sich nicht damit zufrieden, sich nur dem Wandel anzupassen. Durch die globale Ausweitung der Problemfelder werden die Differenzen in den Kulturen und Werten selbst zum Thema. Respekt vor dem Anderssein und vor dem Andershandeln führt zu einem neuen Umgang mit interkulturellen Faktoren.

Dazu sind auch hochwirksame Fort- und Weiterbildungsmaßnahmen und -strategien nötig, die diesen Lernprozeß begleiten und unterstützen und den Transfer garantieren. Methoden der Selbsteinschätzung und der Selbstreflexion ermöglichen die Anpassung des Lernangebots an die individuellen Bedürfnisse der Lernenden. Methoden der Fremdwahrnehmung führen zur Sensibilität für das andere. Durch den Transfer von der Leiterbildung auf die erweiterte Schulgemeinschaft kann die Schule wieder eine erziehende und prägende Kraft entwickeln, in der nicht nur Überlebensstrategien demonstriert werden, sondern Problemlösung, Konfliktbearbeitung, Gemeinschaft und Verantwortung für die Zukunft. Diese Aspekte sind natürlich auch bei Weiterbildungsveranstaltungen für die Schulaufsicht zu berücksichtigen.

160

Wie läßt sich Führung lernen?

In fast allen uns bekannten Ansätzen zur Aus- oder Weiterbildung von Schulleitern befaßt sich ein curricularer Baustein mit dem Thema Führung. Dort, wo die
Schulleiterbildung primär als Einschulung in beamtete Verwaltungsstrukturen vor-
gesehen war, konnte beinahe widerspruchsfrei auf Thesen der traditionellen
Führungspsychologie und auf ihre Praxiskonzepte zurückgegriffen werden. Ihre
Wurzeln liegen ja auch im Wirtschaftsleben, woher sie stammen, in einem einsei-
tig hierarchisch-linearen Verständnis von Herrschaft und Machtausübung. Schulleitung als Beruf erlebt in diesen Zeiten, und das zeichnete sich bereits in den 50er
Jahren ab, den notwendigen Übergang vom administrativen Management zu
einer institutionellen Führung (vgl. Selznick 1957, Perrow 1986, Fischer 1987).

Sollen Schulen im Rahmen der Autonomiebestrebungen lernen, selbständig
an ihrer eigenen Situation zu arbeiten und diese unter Einbeziehung unterschiedlicher Ressourcen und im Austausch mit dem gesellschaftlichen Umfeld
zu entwickeln, muß auch die Aus- bzw. Weiterbildung von Schulleiterinnen und
Schulleitern in diesen Prozeß eingebunden werden. Denn ein Ausbildungsmo-
dell, das nur in Form eines "Trockentrainings" Veränderung im Führungsverhalten anstrebt, wird kaum das Entwicklungspotential einer systemischen Schulentwicklung aktivieren. Es gibt inzwischen bereits zahlreiche Beschreibungen
von charakteristischen Eigenschaften oder Qualitäten eines "guten Leiters".
Kleinschmidt (1992, 207) beispielsweise leitet aus der im vorigen Abschnitt zitierten Negativliste den "Führungsstil" einer erfolgreichen Schulleitung ab. Demnach gilt für ihn u.a., "daß der erfolgreiche Schulleiter
(1) eine eigene Schulphilosophie besitzt und eine Schulkultur entwickelt hat;
(2) seiner Schule ein eigenes Profil vermittelt;
(3) die Zusammenarbeit der Lehrer fördert und unterstützt;
(4) in den Lehrerkonferenzen schulpädagogische und didaktische Fragen erörtert;
(5) sich mit der Unterrichtsverbesserung beschäftigt;
(6) Probleme und Konflikte analysiert und aufarbeitet;
(7) sich um kollegiale Zusammenarbeit bemüht;
(8) für hervorragende Leistungen Lob und Anerkennung zollt;
(9) sich um neue Entwicklungen und Untersuchungsergebnisse in der Lern-
psychologie, in der Didaktik, in der Unterrichtsforschung bemüht;
(10) die Lehrer vor unberechtigter Kritik schützt;
(11) die Schüler an Entscheidungsprozessen beteiligt und die Mitverantwortung fördert;
(12) die Eltern am Schulleben intensiv beteiligt;
(13) die Schule in die Gemeinde einbettet und außerschulische Institutionen
am Schulgeschehen beteiligt."

Es kann allerdings nicht genügen, sich derartige idealtypische Eigenschaftsprofile wissensmäßig anzueignen. Um mehr Handlungsorientierung zu gewinnen, müßten die Beschreibungen zu einem Modell weiterentwickelt werden, das auch darstellt, wie diese Charakteristiken gelernt bzw. entwickelt werden können. Hierfür hat sich in unseren Seminaren das Modell der "psycho-logischen Ebenen" bewährt, das seine Wurzeln im Rahmen der Höheren Mathematik zur Vermeidung von Paradoxa hat (vgl. Russel 1910), in der Schizophrenieforschung (vgl. Bateson 1985) und Therapie (vgl. Grinder/Bandler 1989) weiterentwickelt sowie schließlich für jede Art menschlichen Lernens und menschlicher Veränderung ausgebaut wurde (vgl. Dilts 1990). Die Übersicht auf Seite 163 (Abb. 22) stellt die einzelnen Ebenen für Veränderungen im menschlichen Handeln modellhaft vor.

Die Funktion jeder Ebene liegt darin, daß sie die darunter liegende Information auf der nächst niederen Ebene organisiert. Die Regeln der Veränderung sind auf jeder Ebene verschieden. Veränderungen auf einer niedrigeren Ebene bewirken nicht zwangsweise Veränderungen auf einer höheren Ebene; aber Veränderungen auf einer höheren Ebene bewirken auf jeden Fall Veränderungen auf den niedrigeren Ebenen und unterstützen so die Veränderungen insgesamt. Eine Verwechslung der logischen Ebenen verursacht häufig Probleme in der Kommunikation und beim Lernen. Das Modell der logischen Ebenen eignet sich dazu, sowohl Inkongruenzen aufzuspüren als auch Ressourcen verfügbar zu machen bei Personen, Gruppen und Organisationen. Im folgenden führen wir zum praktischen Verständnis des Modells einige Beispiele für Problemaussagen von Schulleitern auf den verschiedenen psychologischen Ebenen an:

Spiritualität:	"Der Unfall gestern war höheres Schicksal." "Ich fühle mich eingebunden in eine große Gemeinschaft." "Ich vertraue auf Gottes Hilfe." "Ich verlasse mich auf Weisungen von oben." "Da kann man nichts machen." "Für mich hat das Leben einen höheren Sinn."
Identität:	"Ich bin dieser Situation gewachsen." "Ich bin ein Versager." "Das ganze Schulsystem ist veraltet." "Ich bin schon sehr vergeßlich." "Ich bin unfähig." "Ich bin ein Erfolgstyp."

SPIRITUALITÄT WER
Trans-Mission, Trans-Vision, Höherer Sinn, Ur-Vertrauen, Universum NOCH?

IDENTITÄT
Mission, Vision, Sinn, Vertrauen, Selbst WER?

GLAUBENSSYSTEM · WERTE · KULTUR
Überzeugungn, Orientierung, Erlaubnis, Motivation, Sicherheit WARUM?

FÄHIGKEITEN
Richtung, Ziele, Strategien, mentale Programme, Pläne, Zuversicht, Kompetenz WIE?

VERHALTEN
Aktion, Versuch und Irrtum, Risiko, Fehler WAS?

UMFELD WO?
Reaktion, externer Kontext, Vorhersagbarkeit WANN?

Abb. 22: Das Modell der psycho-logischen Ebenen

Glaube,Werte:	"Ich muß streng sein, damit mich die Leute respektieren."
	"Disziplin ist das beste Führungsmittel."
	"Als Leiter bin ich nicht dazu da, Seelentröster für meine Lehrer zu spielen."
	"Gedächtnistraining nützt bei mir nichts mehr."
Fähigkeiten:	"EDV ist etwas, was mir Schwierigkeiten macht."
	"Wie soll ich die Weisungen der Behörde durchsetzenund gleichzeitig die Anliegen der Kollegenschaft vertreten?"
	"Ich weiß nicht, was ich mit der Kollegin tun soll."
Verhalten:	"Nach der Konferenz trinke ich immer zuviel."
	"Bei Besprechungen werde ich leicht ungeduldig."
	"Dieser Verwaltungskrimskrams geht mir auf die Nerven."
	"Bei Elternvorwürfen trete ich immer für meine Mitarbeiter ein."
Umfeld:	"Einige Kollegen stören immer wieder bei den Konferenzen."
	"In unserem Schulsystem ist genug Freiraum für eigene Entscheidungen."
	"Die Arbeitsbedingungen an unserer Schule sind derzeit optimal."
	"An dieser Schule möchte ich nicht Leiter sein."

Leitung hat den Sinn, sich vorrangig auf die höheren Ebenen Spiritualität, Identität, Glaube/Werte zu fokussieren und dort Gestaltung und Verantwortung zu übernehmen. Leiten bedeutet darüber hinaus aber auch, alle anderen Ebenen wahrzunehmen. Sonst könnte es dazu kommen, daß Visionen ohne Handeln zur Träumerei werden oder daß umgekehrt beim Handeln ohne Visionen der Sinn und die Motivation verlorengehen. Darüber hinaus können die als "Machertypen" agierenden Führer durch die in sie projizierten Allmachtsphantasien Entwicklung 'von unten' verhindern. Denn "[d]ie Menschen, die in den Bann einer solchen Person geraten, werden selber passiv und vergessen ihre eigenen Interessen" (Sennett 1986, 341-342). Vielmehr ist Leiten eine Form mehrdimensionalen Handelns, das zwar auf bestimmte Führungsebenen schwerpunktmäßig eingeschränkt sein mag, aber immer auch die anderen Ebenen miteinbindet. Ein "erfolgreiches" Führungsverhalten läßt sich genau so wenig "programmieren" wie die Umsetzung einer "guten" Schule.

Das liegt auch daran, daß soziale Systeme aus ihrer Struktur heraus gegenüber Veränderungen träge sind und Innovationen verhindern können, wenn ihr

Eigenleben bei Veränderungsprozessen nicht mitberücksichtigt wird. Dadurch kommt es oft vor, daß "Manager, Berater, Entwicklungshelfer, Therapeuten, Verkehrsexperten, Sozialarbeiter und viele andere entdecken, daß trotz intensiver Bemühungen oft keine Veränderung in die gewünschte Richtung eintritt. Selbst in Managerkreisen macht das Wort 'Unregierbarkeit' die Runde, obwohl die Machbarkeit und Steuerbarkeit von Veränderungen dort zentrale Bestandteile des Berufsbildes sind." (Boos 1991, 102-103)

Diese Einschätzung macht nicht zuletzt deutlich, daß man in der modernen Führungsarbeit nicht einfach stringent argumentieren und von sach-logischen Prämissen eines linearen Managementdenkens ausgehen kann, sondern auf die beschriebenen *psycho*-logischen Ebenen der Veränderung Rücksicht nimmt. Bei komplexen Zusammenhängen sind selten einfache Problemsituationen gegeben, die sich aufgrund einer einzelnen Maßnahme oder einer bloßen Verhaltensänderung lösen lassen. Daher gilt es, bereits in der Führungsausbildung Widersprüche im beruflichen Alltag einer Schule zuzulassen und nicht gleich "abzuwürgen und/oder zu verdrängen. Oft gilt es die Gleichzeitigkeit von 'Sowohl-als-Auch'-Situationen (statt Entweder-Oder) zu akzeptieren. Widersprüchliche Trends und Energiefelder, gegensätzliche Interessen, offensichtliche 'Unlogiken' sowie konterkarierende Wechselwirkungen sind dann abwägend und ausgleichend zu balancieren (und zu katalysieren), um riskantere Entwicklungen möglichst zu vermeiden. Beispiele solcher Widersprüche - die gleichzeitig wahr sein können - sind:

Tun *und* Lassen

Härte *und* Sanftheit

Durchsetzen *und* Kunst des Möglichen

Distanz *und* Nähe

Geduld *und* schnelle Ergebnisse

offen lassen *und* Grenzen setzen

Logik/Analyse *und* Intuition/Gefühl

Sicherheit *und* 'Chaos'

Beten *und* Arbeiten

Argument-Gegenargument (Positionenkampf) *und* lautes gemeinsames Denken ins Unreine ..." (Rieckmann 1991, 8)

Teilnehmerinnen und Teilnehmer an unseren Schulleiterseminaren äußern oft die Befürchtung, daß es ihnen aufgrund ihrer bisherigen Erfahrungen eines zentral gesteuerten Schulsystems schwer falle, mit derartigen "Unlogiken" und widersprüchlichen Vorgaben des beruflichen Alltags umzugehen. Hierfür kann die Seminarsituation nur sensibilisieren, nicht aber die Probleme der einzelnen Menschen "lösen". Unterschiedliche methodische Vorgangsweisen, die über die unteren Ebenen des auf S. 163 vorgestellten Modells von Veränderungen hinausgehen, können aber autonome Entscheidungen vor dem Hintergrund der eigenen (Schul-)Situation erleichtern. Sie helfen aber auch, mit der in Bewegung gebrachten Dynamik "vor Ort" kreativ umzugehen. Denn Organisationen sind "permanent in Bewegung: Sie erreichen Stabilität weniger durch Gleichgewicht und Statik, sondern eher durch Bewegung. Organisationen verändern sich im Sinne der Bürokratietheorie sozusagen nachträglich, indem Anforderungen wechseln, Aufgaben sich neu formieren und Autoritäten sich etablieren bzw. in Frage gestellt werden. Organisationen verändern hat prinzipiell die Chance, jeden Tag durch Erfahrungen des vorangegangenen Tages klüger zu werden. Aus diesem Grunde ist der Faktor Zeit von besonderer Bedeutung, und zwar Zeit in vielfältiger Bedeutung, sowohl bezogen auf das Alter der Organisationen insgesamt, das Dienst- und Lebensalter der Akteure und der Kooperations- wie Arbeitsgeschichte von Abteilungen bzw. anderen Untergliederungen. Dieser Bereich der Zeit für Lernen und Entwicklung ist allerdings noch wenig erforscht." (Rolff 1991, 869)

Diesen Aspekten der Veränderung kann eine effektive Qualifizierung für pädagogische Leitungsfunktion nur dadurch gerecht werden, daß die Lerninhalte eines Ausbildungskurses auf die schulische Realität der jeweiligen Teilnehmer Rücksicht nimmt. Daher sollte die praktische Arbeit an einem Schulentwicklungsprojekt an der eigenen Schule und ihre supervidierte Begleitung ein Kernthema von Führungsschulungen sein. Um einen Einblick in die Arbeitsweise zu vermitteln, stellen wir im folgenden einen Auszug aus dem Kurstagebuch aus einem Blockseminar eines Teilnehmers vor.

1. Tag
Ich freue mich, die Gesichter meiner Kollegen wieder zu sehen, mit denen ich nun schon einige Jahre diese Weiterbildung mache. Wir sind eine bunte Mischung, Volksschul- und Hauptschulleiter, Leiter von allgemeinbildenden und berufsbildenden höheren Schulen, Führungskräfte aus pädagogischen Instituten und Schulinspektoren. Teilnehmer aus Österreich und Südtirol. Unser erstes Thema heißt: Ankommen, Brücken bauen vom letzten Training zum Hier und Jetzt, Erfahrungen darüber, was inzwischen geschehen ist. Erwartungen.
Dann geht es gleich auf den Kern: Eine Kreativübung - "Wie sieht meine Vision einer guten Schule aus?" Brainstorming, Metaplantechnik - wir haben ja schon Übung.
Die Ergebnisse diskutieren wir in Kleingruppen und fassen sie künstlerisch auf großen Plakaten zusammen.
Bei der Präsentation im Plenum bin ich überrascht, wie weit unsere Visionen einer guten Schule von der Wirklichkeit entfernt sind.
Bei der Abendsitzung vertiefen wir die Träume von einer idealen Schule, indem wir unsere Sinne und mentalen Kräfte aktivieren. Mit Musik und Bewegung klingt der erste Tag aus.

2. Tag
Der Tag beginnt mit einem Informationsblock über "Qualitätsbereiche von Schule". Forschungsergebnisse werden vorgestellt und mögliche Projektfelder für Schulentwicklung werden skizziert. Ich habe ständig meine eigene Schule vor Augen. Es wäre so viel zu verbessern. Was ist die wichtigste Aufgabe, mit der ich beginnen soll? Wie komme ich von meiner Vision zu einem konkreten Ziel? Aber ich werde aus meinen Träumen gerissen, das nächste Thema wird in Dreiergruppen bearbeitet, von der Vision zum Ziel. Mit dem "Zielmodell" arbeiten wir bis in den Nachmittag hinein. Es schaut einfach aus, ein Ziel zu formulieren, aber Wohlgeformtheit setzt Standards, die ich normalerweise nicht so hoch setze. Auch die anderen Teilnehmer erleben die Schwierigkeit konsequenten Denkens.
Die Abendeinheit schließt mit einer Übersicht über die theoretischen Implikationen, die mit Problemraum und Lösungsraum verbunden sind. Ein Veränderungsmodell wird vorgestellt, das mir klar macht, warum Veränderung und Weiterentwicklung so mühsam ist.

3. Tag
Mentaler Einstieg: Wir legen einen Ressourcenanker zum Gefühl "Zuversicht" an. Der bewußte Umgang mit Gefühlen ist mir noch immer ungewohnt. Ich argwöhne etwas von Manipulation. Aber es tut trotzdem gut, zuversichtlich zu sein, wenn man sich eine schwierige Aufgabe stellt.
Es folgt ein Kurzreferat über den Zusammenhang zwischen Höhe des Komplexitätsgrades eines Projekts und den Schwierigkeiten der Bearbeitung. Eigentlich plausibel, aber jetzt wird mir erst klar, daß ich Komplexität reduzieren muß, wenn ich bei meinem Projekt weiterkommen will. Ich habe eine Menge Fragen und denke über Lösungsmöglichkeiten nach.
Am Nachmittag werden Ressource-Stationen gebildet. Die Trainer bilden 3 Schwerpunktgruppen, bei denen jeder Teilnehmer Rat und Hilfe holen kann.
■ Diagnostische Möglichkeiten zur Bedarfserhebung für Schulentwicklungsprojekte
■ Umgang mit Schwierigkeiten - Problemlösungsstrategien
■ Systemisches Denken - therapeutische Konzepte als Hilfen für die Realisierung von Projekten
Ich bleibe bei der dritten Gruppe und analysiere die systemischen Zusammenhänge, in denen mein Projekt angesiedelt ist. Die Gruppe hilft mir dabei. Es wird ein großes Bild, eine Mischung von Mindmap, Spinnennetz und Baumstruktur.
Die Abendeinheit war ein besonderes Erlebnis. Wir sollten eine "autonome Schule" als Skulptur mit Menschendarstellern gestalten. Ich glaube, daß ich dabei über Autonomie mehr gelernt habe, als aus den bisherigen Veröffentlichungen zu diesem Thema.

4. Tag
Informationsblock über Beziehungen und psycho-soziale Dynamik innerhalb von Gruppen und zwischen Gruppen. Wir diskutieren darüber, wie wir Innovationen zu einer gemeinsamen Sache aller unserer Mitarbeiter machen können. Fragen des Innovationsmanagements bringen uns zum alten Pädagogikproblem "Motivation". Da sollte ich mir eigentlich einmal etwas Neues einfallen lassen.

Am späteren Vormittag arbeiten wir mit Hilfe von Ressourcepersonen und Ressourcegruppen weiter an der Konzeption unserer Schulprojekte.

Am Nachmittag erleben wir die Präsentation eines Projekts als überzeugende Demonstration eines Teilnehmers, der das mit einem Trainer vorbereitet hat. Anschließend arbeitet jeder nochmals mental auf allen logischen Ebenen sein Projekt durch und bereitet sich entsprechende Präsentationsmittel vor. Es wird gezeichnet, gemalt, Darstellungen werden geprobt, es geht zu wie in einer Künstlerwerkstätte.

Am Abend feiern wir ein kleines Fest, bei dem nach soviel Gemeinsamkeit wieder die Unterschiede betont werden. Schultypenspezifische Sketche, landschaftsbezogene Tänze und Lieder runden den Tag ab. Mit unseren italienischen Freunden singen wir "Santa Lucia" gleichzeitig zweisprachig.

5. Tag

Der Tag der Ernte. Die Projekte werden im Plenum vorgestellt. Jeder Teilnehmer bekommt von jedem ein schriftliches Feedback. Für die Kursleitung haben wir eine schriftliche Dokumentation vorbereitet, da die Projekte bis zum Abschluß weiter betreut werden. Der Gesamteindruck ist überwältigend. Was sich da an Kreativität und Innovation entfalten konnte, hat keiner von uns geahnt. Der spontane und einhellige Wunsch nach weiteren Kontakten dieser Lerngemeinschaft findet seine Eintragung im Terminkalender. Fortsetzung mit "Zeitmanagement für die Schulleitung" im nächsten Jahr.

Zusammenfassend läßt sich feststellen, daß Schulentwicklung über die Aus- und Weiterbildung von Führungspersonen in pädagogischen Leitungsfunktionen am ehesten dann möglich ist, wenn

■ sich das Verständnis von Leitung von einer administrativen Verwaltung zur pädagogischen Führung verändert;

- Schule als Ort von Veränderung im Gegensatz zu Verwahrung gesehen wird und sich von der (be)lehrenden zur lernenden Organisation entwickelt;
- sich das Klima an der Schule von dem einer Mißtrauensorganisation zu einer *High-Trust*-Institution verändert;
- Schulentwicklung immer auch als Prozeß der Personal- und Organisationsentwicklung gesehen wird und die gegenseitige Beziehung zwischen individuellen Zielvorstellungen und organisatorischen Hemmnissen als befruchtende Dynamik und nicht als Störfaktor erkannt wird;
- keine unmittelbaren Erfolge aufgrund von kurzzeitigen Trainingskonzepten erwartet werden, sondern ein längerfristiger Zusammenhang zwischen seminaristischen Veranstaltungen und einem "on the job"-Lernen an der Schule hergestellt wird;
- möglichst viele Betroffene an der Schule in diesen Prozeß eingebunden werden und eine systemische Sichtweise die Entwicklungsarbeit bestimmt;
- die Impulse für Erneuerungen "von unten", d.h. von der Basis kommen und nicht "von oben", der Behörde, vorgegeben werden;
- die Rolle der Schulaufsicht neu definiert und mit Kompetenzen der Organisationsentwicklung ausgestattet wird (vgl. das vorige Kapitel);
- entsprechende unterstützende Maßnahmen zur Verfügung gestellt werden (Ressourcen, Fortbildung, Beratung, Supervision u.ä.).

7 Transformational Leadership – eine neue Führungsphilosophie

Führen und geführt werden

Alles, was wir bisher über die Situation der Schule heute und ihre Weiterentwicklung in das nächste Jahrhundert gesagt haben, stellt die bisherige Auffassung von Führung und Leitung in Frage und zwingt zu einem neuen Führungsdenken und -handeln. Die epochalen Veränderungen der jüngsten Geschichte haben wieder einmal gezeigt, daß Unterdrückung und Zwang auf Dauer kein probates Führungsmittel darstellen. Die zu beobachtende Entwicklungsdynamik wird begleitet von einem neuen Paradigma von Führung und Gefolgschaft, Leiten und Geleitet werden (vgl. Neuberger 1990). In der deutschen Sprache läßt sich die Beziehung zwischen "leaders" und "followers" allerdings schwieriger formulieren als im Englischen, wo diese Schlüsselwörter unter dem Stichwort "leadership" auch weniger negativ besetzt sind als die deutschen Begriffe. Darüber hinaus ist das verwendete sprachliche Inventar immer auch vor dem Hintergrund des jeweiligen kulturellen Kontextes zu sehen, in dem Führungskonzepte diskutiert werden. In den USA zum Beispiel wurden an zahlreichen Universitäten für die Ausbildung von pädagogischen Führungskräften eigene Studiengänge in "Educational Management" bzw. "Educational Leadership" institutionalisiert. Im deutschsprachigen Raum gibt es hierzu erst zögernde Bemühungen (vgl. Rosenbusch 1992), weshalb die wissenschaftliche Auseinandersetzung mit pädagogischen Führungskonzepten noch stark hinter der im Bereich der Wirtschaft nachhinkt. Daher geht es uns hier darum, das

Augenmerk sowohl auf die Gemeinsamkeiten als auch auf die Unterschiede zwischen pädagogischen Führungskonzepten und solchen aus dem Bereich des Wirtschaftsmanagements zu richten.

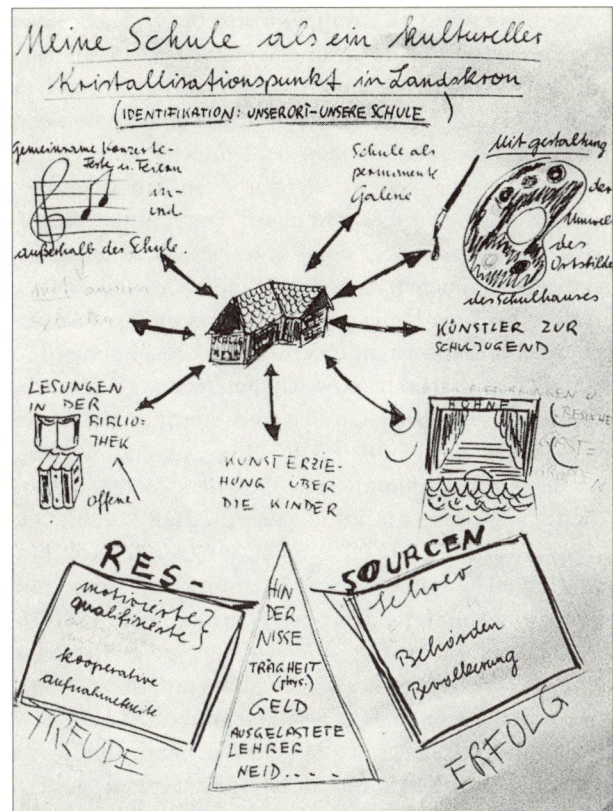

Projektbeispiel
"Gute Schule"

Im Wirtschaftsmanagement unterscheidet man zwischen *Transition* und *Transformation*. Das erste steht für einen Übergang in eine neue Phase bzw. Ausdehnung auf neue Bereiche, führt aber nicht gleicherweise zu einer Weiterentwicklung insgesamt. Transformation hingegen bedeutet, daß soziale und technologische Innovationen auf der Basis von neuen Führungskonzepten angestrebt bzw. erreicht werden (vgl. Kozmetsky 1985, 170 ff.). Ähnliches gilt auch für den pädagogischen Bereich, auf den wir im folgenden vor allem unsere Überlegungen richten. Bevor wir jedoch auf daraus abzuleitende Zukunftsperspektiven eingehen, soll das bisher mehr oder weniger erfolgreich eingesetzte Instrumentarium konventioneller Führungskonzepte in einem kurzen Überblick in Erinnerung gerufen werden.

Konventionelle Führungskonzepte

(a) Rollenkonzepte und Führungsverhalten
Rollen sind im Grunde starre ein- oder mehrdimensionale Handlungszuweisungen, die selbst als multiple Konzepte (vgl. Mintzberg 1973) über Festlegungen eines bestimmten Führungsverhaltens nicht hinausgehen. Veränderungen im Führungsverhalten bedeuten hier, daß im allgemeinen meist eine starre und abgegrenzte Handlungsmöglichkeit durch eine andere ebenso abgegrenzte ersetzt wird. Das bewirkt allerdings nicht zugleich auch ein flexibleres Verhalten, denn das Einüben eines neuen Rollenverhaltens schafft immer auch Unsicherheiten, die sich auf das Gesamtsystem auswirken können. Aus der Sicht der Mitarbeiter wird der Rollenwechsel von Vorgesetzten manchmal auch negativ bewertet ("Er hängt sein Fähnchen nach dem Wind" oder "heute so, morgen so" usw.).

Verschiedene Leiterrollen werden von den Mitarbeitern sehr unterschiedlich und widersprüchlich erlebt. Bei vergleichenden Untersuchungen zwischen Selbst- und Fremdeinschätzung wird auch deutlich, daß Rollenvorstellungen durchaus keine festen Größen sind, sondern sich in der Wahrnehmung der Betroffenen unterschiedlich darstellen. Das Training von Führungsverhalten auf der Basis von Rollenmustern hätte den Vorteil, daß man diese "einstudieren" könnte wie für einen Bühnenauftritt. Man könnte Leiter auf diese Weise zum Beispiel auf den Umgang mit Beratungs- oder Konfliktsituationen vorbereiten. Das "Tauschen von Rollen" in Übungsvarianten gibt sogar die Möglichkeit, sich in einen anderen Gesprächspartner gedanklich und gefühlsmäßig hineinzuversetzen und auf diese Weise die eigene Problemsicht zu erweitern. Aber das Rollenmodell scheint uns trotzdem nur für einen sehr eingeschränkten Handlungsraum einsetzbar. Die "Vorschreibung" läßt nicht viel Spielraum für die Bewältigung neuer, unbekannter Handlungsfelder. Das Kennenlernen unterschiedlicher Rollen kann immer nur außerhalb des jeweiligen Handlungskontexts vermittelt werden, sodaß das entsprechende Verhalten wenig Transferwert besitzt. Der kreativste Fall wäre noch "aus der Rolle zu fallen". Ein diesbezügliches Verhalten wird allerdings gewöhnlich mit Sanktionen bedacht. Unserer Meinung nach können schwierige Probleme nicht mehr mit geschlossenen und vorgefaßten Weltbildern gelöst werden. Die sich immer mehr erweiternde Komplexität und die damit verbundenen Unsicherheiten sind nicht länger mit starren Rollenfestlegungen zu bewältigen, was nicht zuletzt auch die jüngsten politischen Entwicklungen im Osten gezeigt haben.

(b) Führungsmodelle und Führungsstile
Führungsmodelle beschreiben die Über- und Unterordnung, Mitwirkung und Mitbestimmung und die Art der Entscheidungsfindung bei Vorgesetzten und

Mitarbeitern. Darauf begründet sich der Handlungsfreiraum für die Mitarbeiter und für den persönlichen Führungsstil der leitenden Person. Etwas erweitert unterscheidet die Führungsstilforschung drei Faktorenbündel, aus deren Interaktion sich Führung konstituiert:

(1) Die Persönlichkeit des Leiters mit seinen Einstellungen, Fähigkeiten, Erfahrungen, Wertvorstellungen usw.
(2) Die Persönlichkeiten der Geführten bzw. der Gruppenmitglieder einschließlich ihrer individuellen Einstellungen, Fähigkeiten usw.
(3) Die jeweilige Führungssituation, Aufgabenstellung oder sonstige Bedingungen im Hier-und-Jetzt.

Diese drei Bedingungsvariablen stehen in einem wechselseitigen, vernetzten Zusammenhang, der in seiner Wirkung mehr ergibt als die Summe seiner Einzelelemente und einzelner Teilbeziehungen. Außerdem werden die betreffenden Personen und Situationen auch individuell und interaktiv vom jeweiligen gesellschaftlichen Rahmen (soziale, ökonomische, politische, kulturelle ... Bedingungen) beeinflußt.

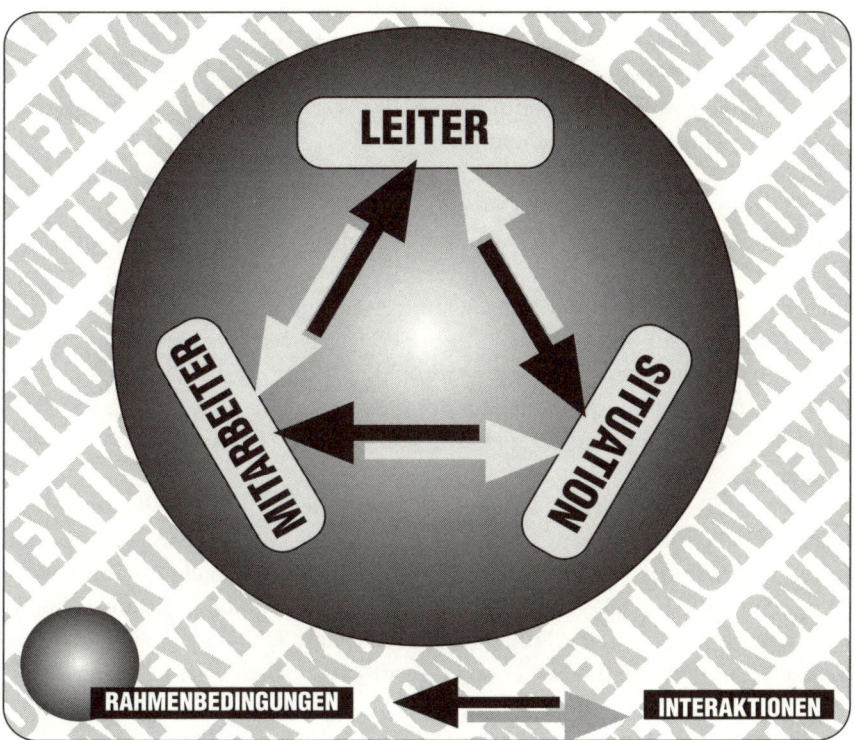

Abb. 23: Führung als komplexes System

Aus der Darstellung läßt sich leicht ableiten, warum es bisher so schwer oder unmöglich war, aus vorliegenden Einzelbefunden von Führungsstudien befriedigende Erklärungen oder gar Prognosen abzuleiten. Die bisher häufig vorherrschenden linearen Denkmuster erlaubten kaum einen angemessenen Umgang mit komplexeren Systemen. So wurde etwa in den 30er Jahren die Auswirkung verschiedener Führungsstile auf Arbeitsgruppen und Organisationen untersucht (vgl. Lewin/Lippit/White 1939). Die Herausarbeitung von drei idealtypischen Stilen, "sozialintegrativ, autokratisch und laissez faire" brachte zwar praktische Untersuchungsdesigns, konnte aber aufgrund der extremen Vereinfachung und Ungenauigkeit und der zahlreichen relevanten, aber nicht berücksichtigten Variablen nicht immer befriedigende Ergebnisse für praktische Anwendungen bringen. Sie bestimmen als praktizierte Führungsstile aber auch heute noch die Diskussion.

Die darauf aufbauenden Arbeiten von R. und A. Tausch erweiterten den Ansatz auf die "vier förderlichen Dimensionen der Begegnung von Person zu Person" (vgl. Tausch/Tausch 1977, 102), deren Verdienst es wohl ist, damit ein Konzept entwickelt zu haben, nach dem in zahlreichen Führungstrainings ein wesentlicher Beitrag zur Demokratisierung des Schullebens geleistet werden konnte. Rückblickend gesehen ist es vor allem auch die Sensibilisierung für die Komplexheit von Führungssituationen, die wertvolle Impulse für die pädagogische Führungspraxis geliefert hat.

Unter dem Aspekt der Effektivität von Führung wurde in den 60er Jahren das Konzept für ein verhaltensorientiertes Führungstraining, das sogenannte "Grid-Modell" entwickelt. Es sollte das Verhalten von Führungspersonen auf den beiden Dimensionen "Menschenorientierung" und "Sachorientierung" optimieren (vgl. Blake/Mouton 1980). Das zugrundeliegende theoretische Konstrukt ist die "innere Grundeinstellung", die ein Führungsverhalten bestimmt und zu einer subjektiven Bewertung der Wirklichkeit führt. In der Praxis reicht der Trainingsanspruch des Modells von der Persönlichkeitsentwicklung von Führern und Gruppen bis zur Entwicklung von größeren Einheiten und Organisationen.

Das *Kontingenzmodell der Führungseffektivität* (Fiedler 1967) stellt den Zusammenhang zwischen Führungsstil und Leistungseffektivität durch eine spezielle Kontingenzhypothese her. Ohne hier darauf näher einzugehen, kann zusammengefaßt werden, daß je nach Günstigkeit der Situation der Zusammenhang zwischen Führungsstil und Führungserfolg variiert. Demnach sei für sehr günstige oder sehr ungünstige Situationen ein aufgabenorientierter Führungsstil erfolgreicher; in durchschnittlichen Situationen hingegen bewähre sich ein beziehungsorientierter Führungsstil besser. Das Verdienst Fiedlers liegt vor allem darin, eine überprüfbare Form der Beziehungen zwischen Führung und Situation in die wissenschaftliche Diskussion eingebracht zu haben. Die Kritik hat das Kontingenzmodell als "black box" bezeichnet, in der nicht erkennbar wäre, warum und wie die Interaktionen im Führungsprozeß stattfinden. Die Weiterentwicklung der kognitiven Ressource-Theorie ermöglichte es, der Fragestellung genauer nachzugehen, was bestimmte Führungstypen spezifisch tun, wenn sie Gruppen leiten (vgl. Fiedler/Garcia 1987).

Beeinflußt von den Arbeiten Fiedlers konzentrierten sich V. H. Vroom und Ph. W. Yetton (1973) auf die Partizipation von Mitarbeitern bei Entscheidungsprozessen. In einer Skala unterscheiden sie fünf Stufen der Partizipation, die von "extrem autokratisch" bis "extrem partizipativ" reichen. Durch eine Reihe von Regeln wird sowohl die Qualität als auch die Akzeptanz von Entscheidungen verbessert. Dieses Grid-Modell wurde weiterentwickelt und auch in Trainings mit Managern in Österreich und in Deutschland evaluiert (vgl. Vroom/Yago 1988, 204). Kriterien dafür waren offizielle und informelle Partizipation, Job-Zufriedenheit, Qualität von Entscheidungen, Ziele, Information der Mitarbeiter, Gruppengröße usw. Das Modell ist situativ angelegt und ermöglicht die Erkenntnis darüber, wann und wo ein bestimmtes Ausmaß von Partizipation bei Entscheidungsprozessen effektiv ist.

Eine völlige Ausrichtung auf Effektivität bietet das *3D-Programm zur Leistungssteigerung des Managements* (Reddin 1981). Es versucht zu belegen, daß es letztendlich nicht auf den Arbeits- oder Energieeinsatz der Führungsspitze, sondern lediglich auf die erreichten Ergebnisse ankomme. Aufgaben- und Beziehungsorientierung werden situationsangemessen eingesetzt. Darüber hinaus brauche der Leiter "Stilflexibilität", "Situationsgespür" und die Fähigkeit zum "Situationsmanagement". Eine weitere Theorie zur Effektivierung von Führungsverhalten entwickelte Argyris (1983) in streng kontrollierten Experimenten. Er versuchte vor allem nachzuweisen, daß Führungsverhalten weitgehend lehr- und lernbar sei.

Es gibt darüber hinaus noch zahlreiche weitere Führungsmodelle, die mit mehr oder weniger Erfolg als Konzepte für Führungstrainings eingesetzt werden. Gemeinsam ist ihnen allen, daß sie versuchen, eine oder mehrere Einzelkomponenten aus dem komplexen System von Führung herauszugreifen und sie als Grundlage für Schulungen, Trainings etc. zu verwenden.

(c) Führungsgrundsätze und Leitbilder als Leitungsinstrument
In den 60er- und 70er Jahren wurden unter dem Eindruck verschärfter Wettbewerbsbedingungen und den damit einhergehenden Führungsproblemen schriftlich fixierte Grundsätze für das Verhalten und Handeln propagiert. Daran sollten sich Führungskräfte und Mitarbeiter messen und ausrichten können. Diese Grundsätze spiegelten auch die Wertvorstellungen der Unternehmen

gegenüber der Öffentlichkeit wider und wurden in der Folge von Führungs- zu Unternehmensgrundsätzen erweitert. Als Verhaltensaussagen sollten sie zur Richtschnur des täglichen Lebens für alle Beteiligten werden. Die Aussagen gliedern sich in allgemeine langfristige Ziele, abgeleitet aus einer übergeordneten Unternehmensphilosophie, in mitarbeiterbezogene und in solche, die den Umgang mit der Außenwelt betreffen. Die eigentlichen Führungsgrundsätze bilden dabei nur einen speziellen Teil der allgemeinen Unternehmensgrundsätze. Im wesentlichen entsprechen die einschlägigen Formulierungen einer Soll-Kultur (ähnlich den Lehr- und Bildungszielen im Schul"betrieb"). Wenn die schriftlich niedergelegten Vorstellungen nicht mit der tatsächlich gelebten Kultur, dem Ist-Verhalten, übereinstimmen, wird ein Handlungsbedarf ausgelöst, und die Grundsätze werden zu einem unternehmenspolitischen Instrument, das konkrete Aufgaben im Sinne einer Annäherung vom Ist- zum Sollzustand herausfordert.

Die Ergebnisse einer empirischen Studie über den Erfolg der Anwendung von Unternehmens- und Führungsgrundsätzen können (nach Hoffmann 1989) folgendermaßen zusammengefaßt werden:

- Dem Instrument wird von den Anwendern ein hoher Stellenwert als Führungsinstrument eingeräumt.
- Das Aufstellen von Grundsätzen zwingt die Unternehmen zu einer Auseinandersetzung mit ihrer eigenen Kultur.
- Grundsätze, die nicht in die Praxis umgesetzt werden, bleiben wirkungslos.
- Der Beitrag von Grundsätzen zur Zielerfüllung oder gar zum Erfolg ist weder direkt noch indirekt meßbar.

Das war im Vergleich zu den hohen Erwartungen, die man im Management an den Einsatz dieses Führungsinstruments geknüpft hatte, eher enttäuschend. Für den Schulbereich wurden solche Führungsgrundsätze von Heymann (1985) ausführlich dargestellt. Dort werden drei Ebenen unterschieden: Schulverwaltung - Schulmanagement - Menschenführung. Diese Ebenen sprechen im Sinne einer zunehmenden gesellschaftlichen Komplexität immer höhere Wertvorstellungen an. An mehreren praktischen Beispielen konnten wir die Auswirkungen einer solchen Verschriftlichung beobachten. Schulische Institutionen setzten Expertenteams ein, die die jeweilige institutionelle Situation analysierten und anschließend Grundsätze der Zusammenarbeit formulierten. Das Ergebnis waren jeweils Mischungen aus Ist-Soll-Vorstellungen, die als Leitbilder in eine ansprechende schriftliche Form gebracht wurden. Sie sind kaum allen Mitarbeitern innerhalb der betreffenden Institutionen bekannt geworden und werden heute mehr als Kuriositäten denn als ernsthafte Versuche von systemischer Organisationsentwicklung gesehen. Für Führungsgrundsätze und *Leitbilder* gilt, daß erst eine gelebte Kultur, die von der ganzen institutionellen Gemeinschaft getragen wird, eine neue Führungs- und Systemkultur bedingt. Ihre Verschriftlichung kann nur als ein Schritt in diese Richtung gesehen werden. Weitere müßten folgen.

Die Grenzen herkömmlicher Führungsansätze

Führungstheorien, -modelle und -trainings waren oder sind vielfach noch immer ausgerichtet auf periphere Elemente wie Führungseigenschaften, angeborene oder erworbene Fähigkeiten, Gruppensteuerung, Zielerreichung, Effektivität, Kontingenz, Situation, Stil, Management usw. und auf ihre inhaltlichen Entsprechungen, wie etwa das Wissen um Organisationen und Institutionen. Obwohl unzählige empirische Studien zum Thema Führung vorliegen, gibt es bis heute keine Klarheit darüber, was Führer von Nicht-Führern unterscheidet (vgl. Bennis/Nanus 1985, 4). Burns (1978, 2) bringt diesen Aspekt auf den Punkt, indem er schreibt: "Führung [leadership] ist eines der am meisten untersuchten und am wenigsten verstandenen Phänomene auf der Welt." Die bisherige Akkumulation von einschlägigen Daten hat bisher kein integratives Verständnis von Führung erbringen können (vgl. auch Stogdill 1974, VII). Selbst Peters und Waterman (1986), die neue Sichtweisen in die Diskussion einbrachten, kamen über eine vertiefte Sicht peripherer Elemente und Inhalte nicht hinaus.

Burns war einer der ersten, der, wenn auch nicht konsistent und noch nicht tragfähig für eine neue Führungsphilosophie, Ideen zu einem neuen Paradigma einbrachte, das in die Zukunft weist. Er stellt fest, daß das Ergebnis von Führung "real beabsichtigter Wandel" ist. In seiner Definition von Führung ist dieser Gedanke allerdings nicht weiter ausgeführt. Erst in den letzten Jahren, in denen nicht zuletzt auch die Unverträglichkeit von technischem und wirtschaftlichem Fortschritt mit Ökologie und soziologischen Aspekten zu einer Neubewertung klassischer Führungsmodelle geführt hat, ist eine kritische Auseinandersetzung mit Leadership-Modellen auf breiterer Basis erfolgt. Stellvertretend dafür zitieren wir Rost (1989, 10), der das Führungsparadigma des industriellen Zeitalters folgendermaßen zusammenfaßt: "Wenn man sie einzeln und insgesamt analysiert, so erweisen sich diese Führungsmodelle als wissenschaftlich, rational, männlich, management-orientiert, quantitativ, zielbestimmt, technokratisch, Kosten-Nutzen-geleitet, personalistisch, hierarchisch, kurzfristig angelegt, pragmatisch und materialistisch."

Die Krise der Gegenwart liegt nun darin, daß der Übergang von der industriellen zu einer postindustriellen Ära bereits stattgefunden hat, daß aber viele Führungspersonen meist noch immer auf der Basis der alten Führungsparadigmen denken und agieren. Diese Paradigmen mögen zwar in der

Vergangenheit hilfreich gewesen sein, können aber in der Zukunft zur Katastrophe führen. Der Abschied von bisher bewährten Führungsmodellen wird derzeit im Wirtschaftsbereich aus der Sicht des Übergangs von der industriellen zur postindustriellen Ära bereits intensiv diskutiert, wie folgendes Zitat aufzeigt: "Die Zeit der 'großen Macher' (wenn es die überhaupt je gegeben haben sollte) ist in komplexen Systemen endgültig vorbei. Dies muß zur Bescheidenheit und zu einer neuen Art von Demut führen. Und diese Bescheidenheit - das Bewußtsein der eigenen Unbedeutendheit - hat deutliche und praktische Vorteile: sie entspannt und distanziert vom Problem. Denn ein Problem zu lösen heißt, sich zuerst vom Problem zu lösen. Dadurch wird man fähiger, das 'Ganze' zu sehen. Und nur wenn man das 'Ganze' in den Blick bekommt, kann man die Schwerpunkte und 'blinden Flecken' des Systems entdecken, bei denen es sich lohnt, 'den Hebel anzsusetzen'. Andernfalls läuft der Manager Gefahr, mit viel Kraft und Arbeit im Detail am Schluß entweder das falsche Problem richtig, oder das richtige Problem falsch - oder wenn's ganz schlimm kommt - sogar das falsche Problem falsch gelöst zu haben." (Rieckmann/Weissengruber 1990, 34)

In seinem Buch *Prisoners of Leadership* beschreibt de Vries (1989) die internen Schwierigkeiten der Führungsperson als "internales psychisches Theater" und wie Leiter zu Gefangenen ihrer eigenen Szenarien werden. Die komplexen psychischen Kräfte, die zwischen Führern und Geführten wirken, bringen die Leiter oft zu selbstzerstörerischen Aktionen, vor allem dann, wenn sie vor neuen und ungewohnten Situationen oder Aufgaben stehen. Daher sollte in der Ausgestaltung entsprechender Führungsmodelle im Bereich der Schule eine zeitgemäße Interpretation von *Management* (vgl. Kraus/Kailer/Sandner 1990), *Innovation* (vgl. Rudduck 1991) und *Schulleitung* (vgl. Dalin/Rolff 1990) erfolgen. Anstatt im Bereich des Bildungsmanagements die (oft unhinterfragte) Funktionsweise von Wirtschaftsbetrieben zum Vorbild zu nehmen, gilt es dieser Tendenz entgegenzutreten und sich jenen Stimmen zuzuwenden, die sich kritisch mit der betrieblichen Führungskultur auseinandersetzen, wie das beispielsweise Laske (1990, 131-132) in seinem Beitrag "Führung zwischen Ordnung und Chaos" tut: "Organisationen sind der Nährboden der Mitarbeiterqualifikation - und sie sind zugleich deren Spiegel. Woher sollen beispielsweise die leistungsbereiten, kreativen, flexiblen, verantwortungsbewußten, lernfähigen, kurz: die motivierten Mitarbeiter und Führungskräfte denn kommen, wenn das System als Ganzes eher starr und bürokratisch handelt? Ich will diese Frage etwas ironisierend beantworten: Im platten Nachvollzug der jüngeren Kulturmodewelle werden in aufwendigen Verfahren Kulturen entwickelt, Leitbilder konstruiert, Führungsgrundsätze formuliert, in Sonn- und Werktagsreden wiederholt und in tausendfacher Auflage gedruckt und verteilt. Diese Form der 'Geisterbeschwörung gemeinsamer Werte' bleibt dann ohne Wirkung, wenn sie sich als des 'Kaisers neue Kleider' herausstellen sollte. Dann behält sie nicht einmal mehr die Placebofunktion bei, die jede organisatorische Veränderung in ihrer Einführungsphase besitzt."

Es gilt weiters, der ungeklärten Beziehung zwischen Führung und Pädagogik nachzugehen, wie es beispielsweise Smyth (1986, 3) tut, indem er den Begriff *Leadership* analysiert: "Es wird der Begriff untersucht, wobei wir, ausgehend von einer rein behavioristischen Auffassung der Führungsrolle zu einem Konzept kommen, das einen erzieherischen Begriff von Führung stützt, welche es Schulleuten erlaubt, das, was sie tun, als sinnvoll zu empfinden und die Dinge zu verändern, die zu verändern sind, soweit dies machbar ist. Die stillschweigend angenommene Begründung dafür ist, daß Entscheidungen der Führung dann am ehesten anstehen, wenn man versucht, die Umstände zu verstehen, unter denen Lehrerinnen und Lehrer ihre Arbeit verrichten. Das bedeutet, daß man mit den praktischen Aspekten des Unterrichts beginnt, eine Sprache entwickelt, um über Unterricht zu reden, und Lehrern hilft, die Widersprüche, Zwänge und Ungereimtheiten, die bei ihrer Arbeit auftreten, aufzudecken. Dieses Bewußtmachen fördert die Entwicklung eines inneren Auges, das es erlaubt, unüberprüfte Annahmen kritisch zu durchschauen und in diesem Prozeß gangbare Wege auszumachen, auf denen Veränderungen möglich sind."

In Zeiten des Übergangs, in welchem wir uns auch gegenwärtig an der Schwelle zum zweiten Jahrtausend befinden, erscheint es uns angebracht, gesellschaftliche Veränderungen aus historischer Sicht zu beleuchten. Im wesentlichen gibt es drei Möglichkeiten, wie die Entwicklung einer neuen Gesellschaft stattfindet, was wir wiederum am Beispiel der jüngsten politischen Ereignisse aufzeigen wollen.

- Möglichkeit 1: Es kommt zur Revolution durch die Volksmassen (Beispiele: ehemalige DDR, ehemalige Tschechoslowakei, Rumänien, ehemaliges Jugoslawien ...).
- Möglichkeit 2: Institutionen, die bisher dem Leben oder dem Fortschritt gedient haben, brechen zusammen (Beispiele: Funktionärstum, herkömmliche Form der Arbeiterklasse ...).
- Möglichkeit 3: Ein neues Führungsparadigma entsteht, das Führer und Geführte in einer gemeinsamen Anstrengung aus einem Zustand in einen anderen führt (Beispiele: M. Ghandi, M. L. King, M. Gorbatschow ...).

Am stärksten sind Veränderungen, wenn zwei oder mehrere dieser Möglichkeiten gleichzeitig eintreten oder sich gegenseitig bedingen. So hat etwa erst die (neue) Führungsphilosophie Gorbatschows die Revolution der Volksmassen in zahlreichen Oststaaten ermöglicht. Variante 3 setzt voraus, daß nicht nur ein Führer sondern zahlreiche Führungspersonen bzw. Einflußträger auf vielen unterschiedlichen organisatorischen und institutionellen Ebenen diesen Transformationsprozeß (beg)leiten. Die Geschichte hat in der Zwischenzeit allerdings nicht nur gezeigt, daß die Revolution über kurz oder lang auch ihre Führer "frißt", sondern daß Führungsaufgaben ihren in langwelligen Zyklen eingespielten Routinecharakter verlieren und die immer neuen Veränderungen - bis hin zum Krisenmanagement - das aktuelle Handeln einer Führungsperson mitprägen[26]. Aus diesen neuen Realitäten "entsteht auch ein gewandeltes Führungsverständnis und Führungshandeln. Es ist nicht mehr ausschließlich an festliegenden Abwicklungs- und Entscheidungswegen orientiert, sondern ausgerichtet auf die Bewältigung unvorhersehbarer, komplexer Situationen. Managementhandeln wird immer mehr ein Sich-Einlassen in einen turbulenten Handlungsstrom. Dessen Ausmündungen können häufig nur diffus vorausgedacht und dessen Verlauf nur selten in klassischer Weise organisiert werden. Das ist einfach deswegen so, weil es sich hier um Entwicklungs- und Wandlungsprozesse handelt, in denen der Umgang mit Unbestimmtheit und Komplexität gelingen muß. Solches Geschehen ist charakterisierbar durch Merkmale wie Einmaligkeit der auftretenden Situation, Nicht-Prognostizierbarkeit von Zwischenzuständen und Abfolgen und durch eine vernetzte Determiniertheit, die nicht zwischen Anfang und Ende eines Handlungsstranges unverändert durchgreift." (Balck 1991, 53)

Das Aufkommen einer neuen, globaler ansetzenden Führungsphilosophie, die auch für das System Schule Gültigkeit beanspruchen darf, zeichnet sich allerdings erst in Ansätzen ab.

Am Weg zu einem neuen Führungsverständnis

Nach Rost (1989) läßt sich Führung als Prozeß einer wirksamen Beziehung zwischen Führern und Geführten, die reale Veränderungen beabsichtigen und ihre Absichten reflektieren, verstehen. Es sind also neben einzelnen Führungsfähigkeiten, wie wir sie in den Eingangskapiteln beschrieben haben, vor allem vier wesentliche Elemente, die Führung bedingen. Diese verbinden wir in der folgenden Übersicht (Abb. 24) mit den bisher behandelten globalen Konzepten: Zielorientierung, Team-Modell und systemische Betrachtungsweise.

(1) Führung als *wirksame Beziehung*
Eine Beziehung, die Einfluß ausübt und überzeugen will, braucht mehr als nur Argumente und Begründungen. Neben dem rationalen Diskurs gehören zum Überzeugen vor allem Charisma, Persönlichkeit, verständliche Sprache, Gruppenfähigkeiten, soziale Sensibilität, Körpersprache, interpersonale Wahrnehmung, Motivation und viele andere Bereiche und Fähigkeiten. Es sind Ressourcen der Macht, wenn diese als "Macht ohne Ausbeutung" verstanden wird (vgl.

---

26 Unter dem Titel "Auch Gorbatschow wird scheitern" hat S. Winkler diesen Aspekt im Hinblick auf die Situation der Schulleitung beschrieben (vgl. Jungwirth u.a. 1991, 186 f).

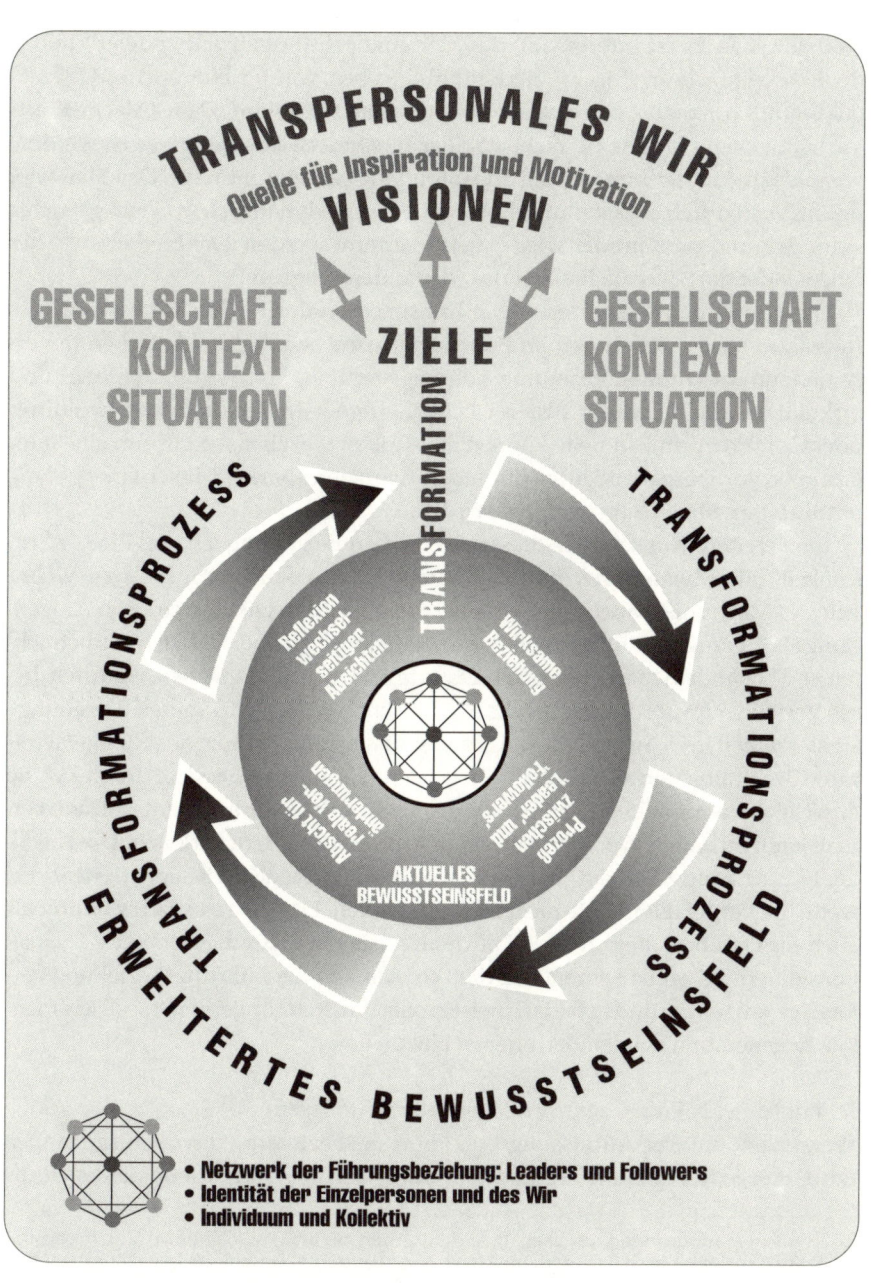

Abb. 24: Transformational Leadership

Steiner 1985). Es ist interessant, daß der englische Ausdruck "power" in der deutschen Sprache in "Macht" (als Einfluß von oben, von den Führern) und "Kraft" (als Einfluß von unten, von den Geführten) differenziert wird. Dieses Macht-Kraft-Verhältnis kann langfristig nicht stabilisiert, sondern nur ausgewogen werden, wenn dazu ein bestimmtes Maß an Autonomie eingeräumt wird. Das Maß wiederum wird durch eine ständige Balance des sozio-dynamischen Gleichgewichts gefunden und muß immer wieder neu bestimmt werden. Die Freiheit des/der einen endet dort, wo die Freiheit des/der anderen beginnt!

Die Konsequenz einer derartigen Konstruktion der Wirklichkeit ist, daß die Interaktionen zwischen den im Führungsprozeß beteiligten Menschen in verschiedene Richtungen verlaufen können (vertikal, horizontal, diagonal und zirkulär), sodaß in einem systemischen Gefüge jede Person demnach Führer oder Geführte sein kann. Sie können ihre Rollen tauschen, sodaß einzelne oder Gruppen vorübergehend ihren Einfluß durchsetzen können. Manch einer glaubt, er führt, obwohl er selbst geführt wird!

Eine weitere Konsequenz dieser wirksamen Beziehung ist, daß ihre "Wirksamkeit" ohne Zwang erreicht wird. Während in Demokratien der Zwang gewöhnlich als "Machtmißbrauch" angeprangert wird, wird in Diktaturen seine Anwendung als für die Lenkung des Volkes als notwendig begründet. Diktatoren betrachten und behandeln Menschen oft als Objekte und nicht als Personen, wodurch dieses Verhalten im absoluten Gegensatz zum Prinzip der "wirksamen Beziehung" steht. Freiheit und Autonomie hingegen sind ein guter Nährboden für eine wirksame Beziehung und sie ermöglichen größere Leistungen, als sie je durch Zwang erreicht werden könnten. Aber gerade das kann auch gefährlich werden. Das Übermaß kann zu einem Wechsel von einem Extrem ins andere verleiten. Übermäßiger Einsatz kann zu einem Ausbrennen oder zu Formen von Resignation führen, wenn die vorgefaßten Ziele nicht erreicht werden. Das gilt sowohl für Führer als auch für Geführte. Begriffe wie "Burnout"[27], "innere Kündigung" oder "Selbstpensionierung" signalisieren, daß die Wirksamkeit der Führungsbeziehung verloren gegangen ist, und es bedarf meist großer Anstrengungen, eine seelisch-mentale Regeneration bei den Betroffenen einzuleiten.

(2) Führung als *Prozeß zwischen Führern und Geführten*
Wenn nach unserer Auffassung von Führungsbeziehung davon ausgegangen wird, daß jede Person führen oder geführt werden kann, dann stellt sich die

---

27 In unserer modernen Gesellschaft leiden immer mehr Menschen am "Ausbrennen". Tragischerweise trifft es vor allem Menschen, die einmal besonders begeisterungsfähig und idealistisch waren. Aus den Studien von Aronson/Pines/Kafry (1983), die insgesamt 3916 Personen aus verschiedenen Berufsgruppen und Staaten untersuchten, geht hervor, daß vor allem Menschen in helfenden Berufen überdurchschnittlich hoch vom "Ausbrennen" bedroht sind.

Frage, was den Unterschied ausmacht. R. C. Cohn (1975) hat dazu in der Themenzentrierten Interaktion eine Idee entwickelt, bei der durch das "Chairperson-Prinzip" die Wechselwirkung zwischen Führen und Geführtwerden deutlich wird. Jede Person einer Gruppe ist demnach immer Leiter ihrer selbst und darüber hinaus kann sie eine Führungsaufgabe für die Gruppe wahrhaben oder kann auch nur Mitglied sein. Der Wechselwirkungsprozeß kommt in Aktion durch die aktive Beteiligung von Führern und Geführten an den Interaktionen wie überzeugen, aktiv zuhören, Feedback geben, kritisieren, Alternativen suchen, beraten u.v.a.

Wesentlich für den Prozeß ist, daß es im Grunde keine wirklich passiven Mitglieder in der Führungsgemeinschaft gibt. Passive Menschen schließen sich aus der Führungsbeziehung grundsätzlich aus, sowohl als Führer als auch als Geführte. Sie haben einen negativen Einfluß, der sich oft für eine ganze Gruppe oder Gemeinschaft kontraproduktiv auswirkt. Wir kennen beispielsweise Schulen, wo die meisten Lehrerinnen und Lehrer engagierte Arbeit leisten, einige wenige aber auf deren Kosten leben. Der Einfluß der wenigen kann trotzdem, sowohl im Hinblick auf die Auswirkungen an der eigenen Schule als auch, was den Einfluß auf die öffentliche Meinung bewirkt, große Konsequenzen haben. Kritiker der Schule neigen dazu, aus einzelnen negativen Beobachtungen Verallgemeinerungen und pauschale Urteile abzuleiten. Umgekehrt wird der Prozeß langfristig durch die aktiven Menschen bestimmt. Wir sollten deshalb gerade im Bereich Schule leistungsbezogene Unterstützungssysteme entwickeln, die das Positive verstärken. Das kann einerseits die Ressourcen betreffen, die Lehrern und Leitern zugänglich gemacht werden, andererseits aber auch die Nutzung von unterstützenden emotionalen Hilfen. Praktisch kann das heißen, Maßnahmen wie Supervision für Lehrerinnen und Lehrer, Coaching für Führungspersonen u.ä. einzuführen, aber auch viel gegenseitige Anerkennung zu geben und anzunehmen.

Aus dieser Darstellung läßt sich auch klären, daß der Prozeß keine Gleichheitsbeziehung zwischen Führern und Geführten bewirken kann. Dadurch, daß die Einflußmuster bzw. Einflußstrukturen zwischen Führern und Geführten verschieden sind, kann einmal die treibende Initiative bei den einen und ein andermal bei den anderen liegen. Diese Dynamik bringt wechselseitige Herausforderungen, die sehr viel produktiver sein können als die einmal festgelegte Zuordnung des alten Führungsprinzips, das seine extreme Ausprägung in der sogenannten "Ernennung" oder "Bestellung" zeitigte. Es spricht für die Sensibilität und Zukunftsorientierung eines Schulsystems, wenn Vorschläge diskutiert werden, die den beamteten Machtapparat in Erschütterung bringen, etwa durch "Führungsfunktionen auf Zeit". Der Zukunftsforscher Alvin Toffler (1991) hat in seinem Buch "Machtbeben" (*Powershift*) zahlreiche Veränderungen in der jüngsten gesellschaftlichen Entwicklung aufgezeigt, die weltweit bestätigen, daß wir in einer Umbruchsituation von Führung und Macht leben, die in ihren Auswirkungen auch im Schulsystem spürbar wird.

In einem dynamischen Prozeß zwischen Führern und Geführten liegt insbesondere auch eine Herausforderung für die Verwirklichung und Anwendung ethischer Prinzipien. So wird etwa aus gesellschaftlicher Sicht gefordert, daß die Führungspersonen den konventionellen Standards der gültigen Moralbegriffe entsprechen. Um dies zu erreichen, stellt sie diese oft sogar über die Moral, neutralisiert und verkleidet sie, schützt sie durch Immunität und weist so auf die Verletzbarkeit der Führungsbeziehung hin (vgl. Baley 1986, 175). In dem hier vorgestellten neuen Paradigma gilt es, die Verantwortung für eine ethische Ausrichtung der Führungsbeziehung gleichermaßen auf die Geführten zu übertragen. Das Präfix "Selbst-" in der *Selbst*verantwortung, *Selbst*verwaltung, *Selbst*kontrolle, *Selbst*steuerung usw. wird so mit einer besonderen Gewichtung versehen und ermöglicht, alte Problembereiche wie Motivation von Mitarbeitern oder innovative Maßnahmen unter einem neuen Aspekt zu betrachten.

Es gibt allerdings nicht nur eine Führungsbeziehung. Wir leben gleichzeitig in zahlreichen Führungsbeziehungen und können in der einen die Führungsperson und in der anderen die geführte Person sein. Dazu ist es nicht notwendig, organisatorische oder institutionelle Positionen innezuhaben oder zu wechseln. Das starre Festhalten an "amtlich" festgelegten Führungsstrukturen war ein Merkmal des industriellen Zeitalters, das es in der postindustriellen Ära zwar auch noch geben wird, seine Wirksamkeit wird jedoch durch informelle, dynamische Führungsbeziehungen in den Schatten gestellt. In den herkömmlichen Managementstrukturen entwickelten sich in der Zwischenzeit Übergangsformen, wie etwa "mitarbeiterbezogene", "partizipative" oder "kooperative" Führungsstile. Der Führungsprozeß, der sich im Umfeld derartiger kooperativer Gruppen abspielt, wird jedoch im allgemeinen gruppendynamischen Prozessen zugeordnet, die scheinbar nicht gesteuert, sondern gleichsam aus sich selbst heraus ihre Ergebnisse hervorbringen.

Die Fragestellung im Sinne einer zukünftigen Führungspraxis richtet sich auch dahin, auf welche Weise Beziehungskonflikte zwischen Führern und Geführten ausgetragen werden. Bei dieser Frage denkt man zunächst an das "Human-Relation-Modell", bei dem es auf Zusammenarbeit, Vertrauen, Liebe und Transparenz ankommt. Zweifelsohne ist aber die Auseinandersetzung mit dem Begriff "Macht" mindestens ebenso bedeutsam. Wenn beispielsweise Toffler (1990, 572) unter Macht versteht, "andere mit Gewalt und Reichtum bzw. Wissen oder ihren zahllosen Derivaten zu Verhaltens- und Vorgehensweisen zu bewegen, die den eigenen Bedürfnissen und Wünschen entgegenkommen", dann liegt darin ein gewaltiges Konfliktpotential. Die Auseinandersetzung damit ist als Konfliktarbeit eine der wesentlichsten und chancenreichsten Anstrengungen, die wir im Sinne einer neuen Führungsbeziehung leisten können (vgl. Barnes 1988, Bennis 1989).

In diesem Zusammenhang muß auch auf ein Kuriosum hingewiesen werden. Trotz der "Verweiblichung" des Lehrberufes sind viele Schulkulturen noch immer "Männerkulturen"[28]. Die zentralen Leiterqualifikationen sind Autorität und Durchsetzungsvermögen. Leiterinnen bringen im allgemeinen Fähigkeiten ein, die in Zukunft mehr gefragt sein werden als bisher: Einfühlungsvermögen, kommunikative und kooperative Kompetenzen, warmherzige und akzeptierende Atmosphäre, Ermutigung und Förderung (vgl. auch Paseka 1988, 22; Kleinschmidt 1992, 207). Jene Aspekte, die im Rahmen weiblicher Sozialisation bislang als Elemente von Unterwürfigkeit, Schwäche u.a.m. bezeichnet worden sind, erweisen sich bei zunehmender Komplexität zusehends als Stärke. Daher sollte als Teilziel einer künftigen Bildungspolitik gelten, daß weibliche Potentiale zur Problemlösung mehr und effizienter genützt werden[29]. Dazu gehört beispielsweise auch, daß entsprechende Entscheidungshilfen geschaffen werden, daß Frauen sich mit dem für sie nahezu unlösbaren Widerspruch zwischen ihrem Beruf Lehrerin und einer Karriere im Schulsystem auseinandersetzen können. "Rektoren- und Schulaufsichtsämter sind nach Auffassung der meisten Lehrerinnen so stark von Verwaltungsarbeit und bürokratischen Vorschriften geprägt, daß sie befürchten, über der Ausübung eines solchen Amtes die für sie wichtige Beziehungsebene zu den Schülern zu verlieren. Hinzu tritt eine stark verbreitete Angst vor der Übernahme von Verantwortung, Angst, sich kontrollierten, abstrakten Strukturen und Sachgesetzlichkeiten auszuliefern, die in ihrem Wirkungsmechanismus Verzicht auf Menschlichkeit im 'System' zur Folge haben, sich insgesamt in der Organisationsarbeit aufzureiben, weniger Zeit für sich zu haben." (Bast 1988, 61)

(3) Führung als Absicht für *reale Veränderungen*
Eine Führungsbeziehung, die keine realen Veränderungen beabsichtigt, hat keinen übergeordneten Sinn und kann daher nicht als solche angesprochen werden. Die Absicht, der zielgerichtete Zweck, etwas zu verändern, liegt für Führer und Geführte in der Gegenwart. Die tatsächlichen Veränderungen hingegen liegen in der Zukunft und müssen nicht unbedingt Teil der Führungsbeziehung sein. Daraus ergibt sich, daß eine Führungsperson ebenso wie die ganze Führungsgemeinschaft zwar die Verantwortung für die Qualität der Ziele, aber nicht für das Ergebnis ihrer Bemühungen übernehmen kann. Die Zielerrei-

---

28 In seinem Buch "Die 'heilige Ordnung' der Männer" geht G. Schwarz (1987) auf die psychologischen und soziologischen Hintergründe als einem generellen Phänomen ein und beschreibt die "Machtergreifung der Männer" als bedeutsam für die Entstehungsgeschichte der Hierarchie.
29 Dem muß aber entgegengehalten werden, daß es durchaus auch "Femokratinnen" in Führungspositionen gibt, die in ausgeprägter Form dem bürokratischen Leitungstyp entsprechen (vgl. Yeatman 1990).

chung liegt außerhalb der Kompetenz derer, die das Ziel gesetzt haben. Menschen, die diese Unterscheidung nicht treffen, kommen mit der Maßlosigkeit ihrer Vorstellungen in Schwierigkeiten, geben sich die Schuld für Dinge, für die sie nichts können, und resignieren oft, weil sie glauben, versagt zu haben. Die Absicht als Zweck der Führungsbeziehung steht im Vordergrund. Diese wird im Kommunikationsprozeß durch Sprache, Handeln und Fühlen konkretisiert.

Unter der Intention *realer Veränderungen* ist zu verstehen, daß Führer und Geführte ihre Absichten auf das Leben der Menschen, ihre Haltungen und Verhaltensweisen ebenso wie auf Gruppen, Organisationen und Gesellschaften richten. Um herauszufinden, ob tatsächlich reale Veränderungen intendiert sind, ist die Frage der Meßbarkeit von Bedeutung. Es gilt zu vermeiden, daß nur Pseudoveränderungen und keine wirklichen Transformationen angestrebt werden. Deshalb ist die Überprüfung durch Führer und Geführte nach gemeinsam abgeklärten Kriterien notwendig. Vielfach sind Veränderungen aber nicht mit sogenannten objektiven Kriterien meßbar. Daher werden die zwischen Führern und Geführten im Kommunkationsprozeß abgestimmten sinnesspezifischen Evidenzkriterien maßgeblich herangezogen. Was kann ich sehen, hören, spüren?

Wenn bestimmte Richtungen des modernen Managements ihre Führungsbeziehung nur an der Vortrefflichkeit der Produkte bzw. Ergebnisse messen (vgl. Peters und Waterman 1986), wird die Richtung verfehlt. Denn die Führungsbeziehung bleibt als solche auch bestehen, wenn das angestrebte Ergebnis ein Mißerfolg sein sollte. Die Veränderung selbst ist kein essentielles Element der Führungsbeziehung, es kommt allein auf die *Absicht* an. Veränderung, verstanden als Sammelbegriff, bedeutet auch, daß verschiedene Personen in der Führungsbeziehung verschiedene, aber aufeinander bezogene Veränderungen anstreben, die einen Langzeiteffekt bewirken können. Schließlich impliziert dieses Führungsverständnis auch, daß Veränderungen im Sinne von Neueinschätzungen, Revisionen und Neustrukturierungen in Form von Netzwerken stattfinden und ein Wachstum der Führungsbeziehung selbst und der darin verwobenen Menschen bewirken.

(4) Führung als *Reflexion wechselseitiger Absichten*

Es sind immer die wechselseitigen Absichten, die die Veränderungen bestimmen, also nicht das, was die Führungspersonen oder die Geführten jeweils allein für sich wollen. Die gemeinsamen Interessen, die Führer und Geführte in eine Beziehung zusammenbinden, können als *Visionen* oder als *Mission* jenen Teil von Gemeinsamkeit festigen, der sie auf Gedeih und Verderb legitimiert. Diese Verbindung geht weit über eine Ziel- oder Zweckgemeinschaft hinaus, die letzten Endes wiederum nur das Effektivitätsprinzip widerspiegeln würde. Unsere Vorstellungen bringen bewußt eine holistische Sichtweise in die Diskussion, die ihre Wurzeln in der ethischen Fundierung dieser Führungsbeziehung hat.

In diesem Zusammenhang wird auch das Wort *Reflektieren* und nicht *Realisieren* verwendet. Die weichere Wendung erlaubt ein neues Weltbild, das sich abkehrt vom Machbaren und sich hinwendet zum sanften Gesetz der Wechselwirkungen. So spricht etwa die Chaosforschung vom "Schmetterlingseffekt", bei dem vom Flügelschlag eines Schmetterlings durch Kettenreaktionen ein Wirbelsturm ausgelöst werden kann. Gruppen und Institutionen entwickeln eine "Flex-Struktur", wenn sich der Austausch von wechselseitigen Absichten vernetzt. "Dies wiederum verlangt freieren, schnelleren Informationsfluß. Das setzt Kreuz-, Auf und ab- und Querkanäle voraus: Nervengänge, die die Kästchen im Organisationsdiagramm sprengen, damit Menschen, Gedanken, Daten, Formeln, Hinweise, Einsichten, Fakten, Strategien, Geflüster und Gesten austauschen können - und das Lächeln, das für Leistung wesentlich ist." (Toffler 1991, 223) *Reflektieren* statt Realisieren eliminiert auch das hierarchische, industrielle Manager-Führungsparadigma, nach dem Führungspersonen ihre Befehle oder Weisungen in Form einer Einweg-Kommunikation zur Ausführung von Zielen geben, die ausschließlich im Interesse einer Führungsmacht liegen. Die wechselseitigen Absichten sind vielmehr gemeinsame Absichten, die im beiderseitigen Interesse von Führern und Geführten liegen, auch wenn auf dem Weg zur Gemeinsamkeit Spannungen und Konflikte aufzuarbeiten sind.

Die Vereinbarungen dürfen allerdings nicht unter Zwang erreicht werden, sondern sind Ergebnisse eines Kommunikationsprozesses mit den wechselseitigen Beeinflussungen, die beim Überzeugen bewirkt werden. Dazu ist die Anstrengung des Herzens bzw. die Aktivierung aller humanen Ressourcen notwendig. In Burns' Beschreibung von *Transformational Leadership* steht die moralische Kraft und die einseitige Überzeugungsmacht der Führungsperson noch im Vordergrund. Er betont, daß sich dadurch Führer und Geführte zu höheren Werten verpflichtet fühlen und zu höherer Motivation und zu höheren moralischen Ebenen emporwinden. Diese inhaltliche Sicht läßt aber zweifeln, wie höhere moralische Ebenen unterschieden werden sollen und welche Kriterien und Standards dabei gelten sollen. Eine andere nur auf die Führungsperson verengte Sicht von *Transformational Leadership* bringt vor allem das auf den Punkt, was als wichtigste Wirkung gesehen wird. "Zusammenfassend sehen wir den 'transformational leader' als einen, der uns motiviert, mehr zu tun, als wir ursprünglich vorhatten" (Bass 1985, 20). In einer folgenden empirischen Studie konnte diese These als Gruppeneffekt zwar nicht bestätigt werden, als Ergebnis von Einzelbeziehungen zwischen *Leader* und *Follower* wird sie aber als wahrscheinlich angesehen (vgl. Seltzer/Bass 1990).

Bei Foster (1986) wird nicht nur die Führungsperson, sondern auch die gleicherweise verantwortliche und aktive Führungsgemeinschaft als *transformational* bezeichnet. Seine Sicht scheint uns als Paradigma der Zukunft sozialer, humaner und den Interessen der Menschheit besser zu entsprechen als die elitäre Ausrichtung auf nur einen Teil der Führungsbeziehung. Damit werden die Transformationen nicht nur auf ethisch-moralische Inhalte eingeschränkt, sondern es können auch soziale, persönliche, fachliche, ästhetische, psychologische, ökologische u.a. Transformationen in allen Formen, Ausmaßen und Qualitäten stattfinden.

Führung geht demnach mit dem Leben, und die Frage der Veränderung umfaßt alle Veränderungen. Diese Sicht ermöglicht auch, daß sich Führungsbeziehungen auf verschiedenen Ebenen - sogar bei extremen Gegensätzen - etablieren können. Damit soll das Blickfeld erweitert werden, um Probleme ohne Vorverurteilungen behandeln zu können. Die immer wieder auftauchenden Verbrechen, die im Namen der "Gerechtigkeit", "des Glaubens", oder des vermeintlichen Besitzes der "Wahrheit" geschehen sind und noch immer geschehen, lassen sich vermeiden. Durch das Zulassen von Widersprüchen und durch den inhaltlichen Rückzug von moralischen Instanzen wird eine höhere Qualität der Konfliktbearbeitung erreicht.

Ethik ist damit nicht mehr das umstrittene Kalkül inhaltlicher Diskussionen, sondern erhält einen bedeutungsvollen Platz im Rahmen der Interaktionen des jeweiligen Kommunikationsprozesses. Die Gewaltfreiheit, der Respekt vor anderen Meinungen, das Ernstnehmen anderer, der Umgang mit Widersprüchen (einzelner vs. Gesellschaft, kurzfristige vs. langfristige Interessen, wirtschaftliche vs. ökologische Kriterien), das Kennenlernen unterschiedlicher Sichtweisen bei Konflikten u.v.a.m. sind Möglichkeiten, wo Führer und Geführte ethische Prinzipien im Handeln realisieren können und sollten.

Ein Beispiel für eine umfassende Lösungsstrategie ist der öko-systemische Ansatz von Molnar und Lindquist, der diese systemischen Gegebenheiten berücksichtigt und eine Chance bietet, Führungsverhalten für das Leben zu lernen (vgl. Molnar/Lindquist 1989). Schulleiter werden nach diesem Konzept nicht um ihrer selbst willen und zur Verbesserung ihrer Macht- oder Durchsetzungsstrategien weitergebildet, sondern vielmehr als Multiplikatoren für einen Demokratisierungs- und Humanisierungsprozeß. Sie sollen in die Lage versetzt werden, Führungspartnerschaften und Führungsgemeinschaften zu bilden. Die Ethik dieser Führung mündet in eine neue Form von demokratischem Verhalten und von sozialen Fähigkeiten und spricht alle humanen Ressourcen bei Führungspersonen und bei den Geführten an. Der Prozeß der Kommunikation und Kooperation wird so zum wesentlichen Instrument guter Führung, die zur Entwicklung von Mensch, Organisation und Gesellschaft beiträgt.

Einen ähnlichen Weg suchen Rieckmann und Weissengruber in ihrem OSTO-Ansatz[30], der techno-ökomomische, psycho-soziale und interessenpolitische Aspekte systemisch in den Veränderungsprozeß einbauen möchte. Dabei sol-

---

30 Offener sozio-techno-ökonomischer Systemansatz (vg. Rieckmann/Weissengruber 1990)

len Führungskräfte "über personale (geistig-mentale-charakterliche), psycho-
soziale, organisatorische und technisch-physische Fähigkeiten (abilities) verfügen können, um eben gegenüber hoher Dynaxity[31] gewappnet zu sein, ja sogar
in der Lage zu sein, diese lustvoll verarbeiten und auch ethisch verantwor-
tungsvoll (im Sinne Betroffener) aufnehmen zu können." (Rieckmann 1991, 3)

Ausblick: Führung zwischen Chaos und Komplexität

"Alles fließt" könnte man im "Dickicht der Lebenswelt" (Matthiesen o.J.) zur
Zeit der "neuen Unübersichtlichkeit" (Habermas 1985) sagen, wenn man die
gegenwärtige Flut von Führungsansätzen am Publikationsmarkt beobachtet.
Vom "Management as a performing art" (Vaill 1989) über das "Chaos-Management" (Müri 1992), das "Management by love" (Gerken 1990) bis zum "Zen
in der Kunst der Menschenführung" (Cleary 1990) spannt sich der Bogen der
Heilslehren im modernen Management. Daneben haben Einzelbiographien
wirtschaftlich erfolgreicher Einzelkämpferinnen und Einzelkämpfer Hochkon-
junktur, die von der Pionierin des Body Shop (Roddick 1991) bis zum Compu-
ter Whizz Kid Bill Gates (vgl. Wallace/Erikson 1992) reichen. Diese vielfältigen
Ansätze stehen nicht zuletzt auch für eine steigende Verunsicherung, in der
Führungsarbeit gegenwärtig steht, und die sich in folgender Kernfrage zusammenfassen läßt:
    "Wie kann die (Über-)Lebensfähigkeit und Lenkbarkeit heutiger Institutio-
nen, Organisationen und Unternehmen unter wechselnden Zielen, turbulenter
werdenden Umfeldbedingungen, bei wachsender Komplexität, prinzipiell unvollständigen Informationen sowie schrumpfenden Planungshorizonten noch hergestellt, erhalten und sichergestellt werden?" (Rieckmann 1991, 3)
    Wenn es in der bisherigen Führungsarbeit um die Befriedigung individueller
Bedürfnisse ging, hat man sich bisher noch grob an der bekannten Be-
dürfnispyramide von Maslow (1954) ausrichten können, der ein taxonomisches
Gleichgewichtsmodell zugrundeliegt: Ist der Hunger (physiologisches Bedürfnis)
gestillt, gilt es die nächsthöhere Ebene (z.B. Bedürfnis nach Sicherheit, Liebe, sozialer Anerkennung, Selbstverwirklichung u.ä.) in Einklang mit dem Bestreben
nach Harmonie und Ausgleich zu bringen. Dieses auf die Reduktion von Spannungen ausgerichtete Modell reicht als Planungsgrundlage für die Bildungsarbeit
allerdings nicht mehr aus, zumal die "Risikogesellschaft", in der wir laut Beck
(1986) leben, ihre Widersprüche bereits mitproduziert. Demnach befinden wir uns
in einem fortgeschrittenen Modernisierungsprozeß, der Risiken und Gefährdun-

---

31 Eine (eigenwillige) Wortneuschöpfung des Autors. Sie ist die Resultante aus "dynamics" (Dynamik) und "complexity" (Komplexität) bei steigender Macht/Ohnmacht/Risiko-Relation.

gen systematisch mitproduziert, diese aber "verhindert, verharmlost, dramatisiert, kanalisiert und dort, wo sie nun einmal in Gestalt 'latenter Nebenwirkungen' das Licht der Welt erblickt haben", so eingrenzt und wegverteilt, "daß sie weder den Modernisierungsprozeß behindern noch die Grenzen des ökologisch, medizinisch, psychologisch, sozial 'Zumutbaren' überschreiten" (Beck 1986, 26).

Inzwischen, das heißt nur wenige Jahre später - und das sagt etwas über die rasante Entwicklung aus, in der wir uns befinden - spricht Beck bereits von der "Restrisikogesellschaft", die über "vorsorgende Nachsorge" eine Art "Kolonialisierung der Zukunft" vorbereitet (vgl. Beck 1991, 60). Die Altlasten unserer gegenwärtigen Entwicklung manifestieren sich, neben sonstigen nicht mehr verwert- bzw. abbaubaren Abfallprodukten, zusehends im psycho-sozialen Bereich, etwa im Fremdenhaß, im Ausgrenzen von Minderheiten, aber auch in vermehrter Sprachlosigkeit auf dem schwierigen Weg zu einer multikulturellen Gesellschaft. Wundert es da noch, daß heute oft Jean Monnet, einer der Gründerväter der Europäischen Gemeinschaft, zitiert wird, der (sinngemäß) gesagt haben soll: "Könnte ich noch einmal mit unserer Europapolitik beginnen, so würde ich nicht mit Stahl und Kohle, sondern mit Bildung und Kultur anfangen" (vgl. Klemm 1992, 1).

Diese Äußerung macht deutlich, daß die Schule als Bildungsinstitution mehr darstellt als eine Produktionsstätte für Faktenwissen. Jeder Mensch ist heute, unabhängig von seiner beruflichen Situation, mit der Lösung von komplexen Fragestellungen konfrontiert, sowohl im Privatleben als auch im Berufsalltag. Daher ist eines der wichtigsten Ziele der Institution Schule, den Umgang mit Komplexität zu vermitteln. Findet sie sich selbst allerdings in ihrer eigenen Organisation nicht zurecht, wird sie das wenig für die Schülerinnen und Schüler zu leisten imstande sein. Daher wird die Leitung einer Schule und auch die Leitung größerer Einheiten des Schulsystems immer mehr ein Ort zur Auseinandersetzung und zur Transformation von Komplexität, weshalb wir uns zum Abschluß dieses Abschnitts mit der Frage nach den Eigenschaften komplexer Systeme und den Anforderungen für jemanden, der sich darin zurechtfinden oder sie sogar steuern muß, auseinandersetzen wollen.

Zu den Merkmalen, die den Umgang mit Komplexität erschweren, gehören nach Reither die Vernetztheit und die Eigendynamik. Die Vernetztheit drückt aus, daß eigentlich alles mit allem zusammenhängt und gegenseitig beeinflußt. Darüber hinaus sind solche Systeme unüberschaubar und einzelne Aspekte "kaum oder gar nicht sichtbar. Schließlich sind komplexe Systeme probabilistisch, was den Umgang mit ihnen zusätzlich risikoreich macht, da viele Verknüpfungen zwischen den Variablen nur als Wahrscheinlichkeitsfunktionen bestehen" (Reither 1991, 129).

Da Schule ein hochkomplexes System darstellt, ist dessen Leitung mit herkömmlichen Führungsinstrumenten nicht mehr möglich, wie wir bereits einleitend anhand bisheriger Modellvorstellungen aufgezeigt haben. Leiter können ihre Weisungen und Entscheidungen nicht mehr nur aufgrund ihrer Position allein durchsetzen. Eine statische Verteilung von Führungsaufgaben an Einzelpersonen ist daher nicht (mehr) zielführend, denn "gerade die notwendige arbeitsteilige Strukturierung der Führung insgesamt erfordert eine prozessuale Betrachtungsweise, welche nicht die Grenzziehung zwischen Teilaufgaben, -kompetenzen und -verantwortlichkeiten von Personen betont, sondern das *Zusammenwirken* vieler in den Vordergrund rückt." (Ulrich/Probst 1991, 289). Um effektiv zu sein, ist kooperative Partizipation zwischen Leitern, Lehrern, Eltern und Schülern notwendig. Verhandeln und Überzeugen ist wichtiger als das Managen von Zeit, Aufgaben oder Situationen. Von den Inhalten verlagert sich das Blickfeld auf den Prozeß. Ein Merkmal für chronische Schulprobleme ist die Verflechtung und Wechselwirkung zwischen Problemen, Personen, Interventionen und anderen systemischen Gegebenheiten. So plädiert Schlechty in seinen Führungsanforderungen für eine Bildungsreform dafür, die Lehrerinnen und Lehrer einer Schule nicht mehr als *"teachers"* zu bezeichnen, da das Wort zu sehr mit dem Weitergeben von Wissen assoziiert wird:

"Ich würde 'Lehrer' mit Wörtern wie *'executive'* und 'Führungskraft' *[leader]* verbinden, weil diese Begriffe eher eine Führungshaltung ausdrücken, die Lehrerinnen und Lehrer in den Schulen der Zukunft einnehmen müssen. Darüber hinaus werden sie dadurch in die Kategorie jener Berufsgruppe einbezogen *[professional executives]*, mit der sie am meisten gemeinsam haben, und nicht so sehr mit jenen auf Dienstleistungen ausgerichteten Berufsgruppen wie Juristen und Ärzte, die, wie ich glaube, ungeeignete Modelle für die Lehrtätigkeit in den kommenden Jahren darstellen." (Schlechty 1990, 130)

Dieser Gedanke erscheint uns nicht nur im Hinblick auf die Wechselbeziehung zwischen "Führern" und "Geführten" in der Beziehung von *Transformational Leadership* interessant, sondern auch in der gegenwärtigen Entwicklung des Schulsystems zur Autonomie (vgl. Posch u.a. 1991). Diese Veränderung einer "von oben" gelenkten zur "von unten" gestalteten Schule setzt einen hohen Grad von Unabhängigkeit und Innovationsfähigkeit bei den einzelnen Betroffenen und der Schule als Organisationseinheit voraus. Da der Neuigkeitsgrad dieser Systemänderung alle Reformmaßnahmen der letzten Jahrzehnte übertrifft, ist bei den Betroffenen mit großen Unsicherheiten zu rechnen.

Mit zunehmendem Neuigkeitsgrad wächst die Schwierigkeit der Gestaltung von Innovationen, wie auch die Gefahr des Scheiterns einer neuen Idee zunimmt. Innovationen vollziehen sich nicht als isolierte Handlungen, sondern bestehen aus zahlreichen Teilentscheidungen und Ausführungshandlungen, die nicht chronologisch-linear verlaufen und von Beteiligten mit unterschiedlichen Merkmalen (Wertsystemen etc.) bearbeitet werden. Nichtlinearität und

Arbeitsteiligkeit werden als wichtigste Ursachen der *Komplexität* von Innovationsprozessen angesehen, womit auch eine hohe Wahrscheinlichkeit für das Auftreten von *Konflikten* verbunden ist. Sie können sachlich-intellektuell, sozio-emotionell und wertmäßig-kulturell bedingt sein und werden meist mit zunehmendem *Neuigkeits-* wie *Risikograd* des innovativen Vorhabens verstärkt (vgl. Thom 1992, 7-8), was sich über folgende Abbildung verdeutlichen läßt.

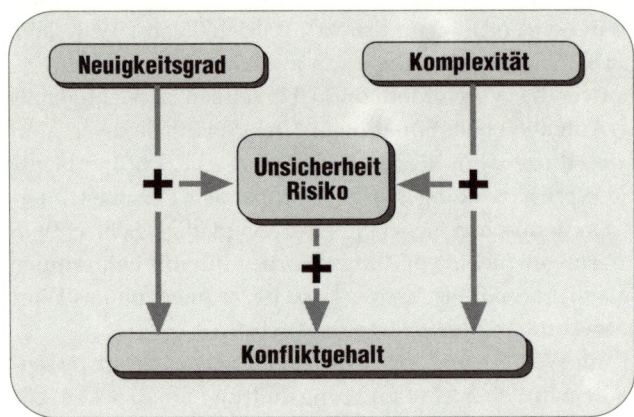

Abb. 25: Merkmale von Innovationsaufgaben

Mit dem von uns hier vorgestellten Konzept eines *Tranformational Leadership* wollen wir alle ermutigen, die sich der Unsicherheit einer komplexen und dem Risiko des ständig Neuen in der Schulentwicklung stellen und den darin enthaltenen Konfliktgehalt nicht scheuen, sondern sein Potential für innovatives Handeln zum Wohle aller nutzen. *Transformational Leadership* ist damit auch ein Appell für die Auswahl einer neuen Führungsgeneration in pädagogischen Leitungsfunktionen, statt Belohnung für lange Dienerschaft, Gehorsam und Bewährung in der Vergangenheit Innovationsbereitschaft, *Leadership*-Qualitäten und Kooperationsfähigkeit als zukunftsweisende Leistungsmerkmale anzuerkennen.

Literatur

Adelman, C.; D. King; V. Treacher: Assessment and Teacher Autonomy. In: Cambridge Journal of Education 20 (1990) 2, S. 123-133.

Albery, N; M. Kinzley: How to Save the World. Wellingborough: Turnstone Press, 1984.

Altrichter, H.; P. Posch: Lehrer erforschen ihren Unterricht - Einführung in die Methoden der Aktionsforschung. Bad Heilbrunn: Klinkhardt, 1990.

Argyris, C.: Increasing Leadership Effectiveness. Malabar, FL: R. E. Krieger, 1983.

Aronson, E.; A. M. Pines; D. Kafry: Ausgebrannt. Vom Überdruß zur Selbstentfaltung. Stuttgart: Klett-Cotta, 1983.

Aurin, K. (Hg.): Gute Schulen - worauf beruht ihre Wirksamkeit? Bad Heilbrunn: Klinkhardt, 1990.

Awecker, P.: Beinahe vor Lachen geschüttelt. In: E. Mayr; M. Schratz; I. Wieser (Hg.): Fachdidaktik im Dialog. Selbstgesteuertes Lernen in der Praxis schulischer Unterrichtsfächer und universitärer Lehrerbildung. Baltmannsweiler: Schneider, 1989, S. 51-57.

Bachmann, W.: Das neue Lernen. Eine systematische Einführung in das Konzept des NLP. Paderborn: Junfermann, 1991.

Balck, H.: Projekthandeln als Bewegungsform des Wandels. In: H. Balck; R. Kreibich (Hg.): Evolutionäre Wege in die Zukunft. Wie lassen sich komplexe Systeme managen. Weinheim: Beltz, 1991. S. 44-64.

Baley, F. G.: Humbuggery and Manipulations: The Art of Leadership. Ithaka, NY: Cornell University Press, 1986.

Banathy, B. H.: Systems Design of Education. A Journey to Create the Future. Englewood Cliffs, NJ: Educational Technology Publications, 1991.

Banathy, B. H.: A Systems View of Education. Concepts and Principles for Effective Practice. Englewood Cliffs, NJ: Educational Technology Publications, 1992.

Bandler, R.; J. Grinder: Metasprache und Psychotherapie. Paderborn: Junfermann, 1988.

Bandler, R.; W. MacDonald: Der feine Unterschied. NLP-Übungsbuch zu den Submodalitäten. Paderborn: Junfermann, 1990.

Barnes, B.: The Nature of Power. Oxford: Polity Press, 1988.

Bass, B. M.: Leadership and Performace Beyond Expectations. New York: Free Press, 1985.

Bast, Ch.: Weibliche Autonomie und Identität. Untersuchungen über die Probleme von Mädchenerziehung heute. Weinheim: Beltz, 1988.

Bateson, G.: Ökologie des Geistes. Anthropologische, psychologische, biologische und epistemologische Perspektiven. Frankfurt/M.: Suhrkamp, 1985.

Beck, U.: Risikogesellschaft. Auf dem Weg in eine andere Moderne. Frankfurt/M.: Suhrkamp, 1986.

Beck, U.: "Die vertraute Katastrophe - Das unkalkulierbare Risiko wird zur Gewohnheit" In: Die Zeit, Nr. 18 (26. April 1991), S. 59-60.

Beckhard, R.; W. Pritchard: Changing the Essence. The Art of Creating and Leading Fundamental Change in Organizations. San Francisco: Jossey-Bass, 1992.

Benedikt, E. u.a. (Hg.): Lehrplan der Hauptschule, Allgemeiner Teil, 1. und 2. Klasse, Ausgabe 1. Wien: ÖBV und Jugend & Volk, 1985a.

Benedikt, E. u.a. (Hg.): Lehrplan der AHS, Allgemeiner Teil, 1. und 2. Klasse, Ausgabe 1. Wien: ÖBV und Jugend & Volk, 1985b.

Bennis, W.: Why Leaders Can't Lead. The Unconscious Conspiracy Continues. San Francisco: Jossey-Bass, 1989.

Bennis, W.; B. Nanus: Leaders: The strategies for taking charge. New York: Harper and Row, 1985.

Bertalanffy, L. v.: General System Theory. Foundations, Development, Applications. New York: G. Braziller, 1968.

Beuse, W.; K. Temme: Coachen - Hilfe in schwierigen Situationen. In: Schulmanagement 22 (1991) 6, S. 18-22.

Blake, R.; J. S. Mouton: Verhaltenspsychologie im Betrieb. Das neue Grid-Management-Konzept (Neubearbeitung). Düsseldorf: Econ, 1980.

Bleicher, K.: Vor dem Ende der Mißtrauensorganisation? In: Office Management (1982) 4, S. 400 ff.

Boettcher W.; A. Bremerich-Vos (Hg.): 'Kollegiale Beratung' in der Schule, Schulaufsicht und Referendarausbildung. Frankfurt/M.: Lang, 1987.

Boos, F.: Vom Machen des Unmachbaren. In: H. Balck; R. Kreibich (Hg.): Evolutionäre Wege in die Zukunft. Wie lassen sich komplexe Systeme managen. Weinheim: Beltz, 1991.

Bossert, S. u.a.: The Instructional Management Role of the Principal. In: Educational Administration Quarterly 18 (1982) 3, S. 34-64.

Breuer, R.: Der kreative Pfeil. In: Geo-Wissen, Chaos + Kreativität. Hamburg: Gruner + Jahr, 1990, S. 62-63.

Brockmeyer, R.: Planung und Schulaufsicht. Aufforderung zur Selbstgestaltung? In: Pädagogische Führung 1 (1990) 1, S. 17-19.

Brown, M.: Problematic Issues in National Assessment. In: Cambridge Journal of Education 21 (1991) 2, S. 215-230.

Burns, J. M.: Leadership. New York: Harper and Row, 1978.

Cameron-Bandler, L.; M. Lebeau: Die Intelligenz der Gefühle. Grundlagen der "Imperative Self Analysis" I. Paderborn: Junfermann Verlag, 1990.

Cameron-Bandler, L.; M. Singleton: Imperative Self Analysis Training. San Rafael: Future Pace, 1991.

Capra, F.: Wendezeit. Bern: Scherz, 1987.

Cazden, C. B.: Classroom Discourse. The Language of Teaching and Learning. Portsmouth, NH: Heinemann, 1988.

Chomsky, N.: Strukturen der Syntax. Den Haag, 1973.

Chubb, J. E.; T. M. Moe: A Lesson in School Reform from Great Britain. Washington, D.C.: The Brooking Institution, 1992.

Clark, D. L.: The Context of the Paradigmatic Shift. In: Y. S. Lincoln (Hg.): Organizational Theory and Inquiry. Beverly Hills: Sage, 1985.

Cleary, T. (Hg.): Zen in der Kunst der Menschenführung. Bern: Scherz, 1990.

Club of Rome: Zukunftschance Lernen. München: Goldmann, 1980.

Club of Rome: Die erste Globale Revolution. Frankfurt/M.: Horizonte, 1992.

Cohn, R. C.: Von der Psychoanalyse zur Themenzentrierten Interaktion. Von der Behandlung einzelner zu einer Pädagogik für alle. Stuttgart: Klett, 1975.

Dahlke, S. u.a.: Schulleitung und Lehrerkollegium. Schulleiter-Handbuch, Bd.11, Braunschweig: Westermann, 1979.

Dalin, P.: Organisationsentwicklung als Beitrag zur Schulentwicklung - Innovationsstrategien für die Schule. Paderborn: Schöningh, 1986.

Dalin, P.: ISP. Das Institutionelle Schulentwicklungsprogramm. In: Schulmanagement 22 (1991) 2, S. 12-18.

Dalin, P.; H.-G. Rolff: Institutionelles Schulentwicklungs-Programm. Eine neue Perspektive für Schulleiter, Kollegium und Schulaufsicht. Soest und Oslo: Landesinstitut für Schule und Weiterbildung und IMTEC, 1990.

Department of Education and Science: The Parent's Charter. London: o.J.

Deutscher Bildungsrat: Strukturplan für das Bildungswesen. Stuttgart: Klett, 1970.

Diehl, R.: Zeit-Intelligenz & Leadership. Konzepte für Führungs-Erfolg, Karriere und Lebensqualität. Paderborn: Junfermann, 1992.

Diem-Wille, G.: Zusammenarbeit im Lehrkörper. Modellstudie einer Organisationsberatung an einer Mittelschule. Wien: Böhlau, 1986.

Dilts, R.: Changing Belief Systems with NLP. Cupertino: Meta Publications, 1990.

Dilts, R.; R. Bandler; J. Grinder: Strukturen subjektiver Erfahrung. Paderborn: Junfermann, 1989.

Dobart, A.: Autonomie der Schule. In: Schulheft 64, 1991, S. 32-35.

Döring, P. A.: Arbeitstechniken für Schulleiter. Schulleiter-Handbuch Bd.12. Braunschweig: Westermann, 1979.

Douglas, M.: Wie Institutionen denken. Frankfurt/M.: Suhrkamp, 1991.

Dröge, J.: Beratungsbesuche im Unterricht. In: Schulmanagement 21 (1990) 6, S. 17-19.

Drucker, P. F.: Neue Realitäten. Wertewandel in Politik, Wirtschaft und Gesellschaft. Düsseldorf: Econ, 1990.

Eck, C. D.: Rollencoaching als Supervision. In: G. Fatzer (Hg.): Supervision und Beratung. Köln: Edition Humanistische Psychologie, 1990, S. 209-247.

Edwards, D.; N. M. Mercer: Common Knowledge: The Development of Understanding in the Classroom. London: Methuen, 1987.

Elliott, J.; D. Bridges; D. Ebbutt; R. Gibson; J. Nias: School Accountability. London: Grant McIntyre, 1981.

Elton, L.: Universitäre Qualitätssicherung und Leistungen in der Lehre an britischen Universitäten. In: H. Altrichter; M. Schratz (Hg.): Qualität von Universitäten? Evaluation: Impulse für Innovation. Innsbruck: Österreichischer StudienVerlag, 1992, S. 103-118.

Ende, M.: Momo oder die seltsame Geschichte von den Zeit-Dieben und von dem Kind, das den Menschen die gestohlene Zeit zurückbrachte. Stuttgart: Thienemanns, 1973.

Fend, H.: Theorie der Schule. München: Urban & Schwarzenberg, 1980.

Fend H.: Gesamtschulen im Vergleich. Weinheim: Beltz, 1982.

Fend, H.: Gute Schulen - schlechte Schulen. Die einzelne Schule als pädagogische Handlungseinheit. In: Die Deutsche Schule 82 (1986) 3, S. 275-293.

Fend, H.: Sozialgeschichte des Aufwachsens. Bedingungen des Aufwachsens und Jugendgestalten im zwanzigsten Jahrhundert. Frankfurt/M.: Suhrkamp, 1988.

Fiedler, F. E.: A Theory of Leadership Effectiveness. New York: McGraw Hill, 1967.

Fiedler, F. E.; J. E. Garcia: New approaches to effective leadership: Cognitive resources and organizational performance. New York: Wiley, 1987.

Fischer, D.; P. Nentwig: Schulen auf der Suche nach einem eigenen pädagogischen Profil. In: K. Ermert (Hg.): "Gute Schule" - Was ist das? Aufgaben und Möglichkeiten der Lehrerfortbildung (Loccumer Protokolle 17). Rehburg-Loccum: Evangelische Akademie, 1987, S. 184-202.

Fischer, W. A.: Schulleiter als Beruf. 2 Bände. Innsbruck: unv. Dissertation, 1987.

Fischer, W. A.: Von der Gruppe zum Team - Teambildung als kollegiumsinterne Lehrerfortbildung. In: Schulmanagement 20 (1989a) 2, S. 12-16.

Fischer, W. A.: Schulentwicklung als Selbsterneuerungsprozeß. In: Schulmanagement 20 (1989b) 4, S. 23-29.

Fischer, W. A.: "Ich habe da ein Problem ..." Der Schulleiter als Berater. In: Schulmanagement 23 (1990) 6, S. 11-16.

Fischer, W. A.: Leiten - mit Gefühl. In: Schulmanagement 23 (1992a) 1, S. 13-21.

Fischer, W. A.: Zeit innovativ gestalten. Zeitmanagenemt für die Schulleitung. In: Schulmanagement 23 (1992b) Heft 5 und 6.

Fischer, W.; M. Schratz: Neue Perspektiven für Schulleiter - Zukunftsorientierung durch Human Resource Development. In: Schulmanagement 19 (1988) 3, S. 18-22.

Fischer, W. A.; M. Schratz: Transformational Leadership. Impulse für eine neue Führungsphilosophie in pädagogischen Leitungsfunktionen. In: Schulmanagement 21 (1990) 4, S. 34-41.

Fleischer, T.: Zur Verbesserung der sozialen Kompetenz von Lehrern und Schulleitern. Kommunikationskompetenz und Interaktionskultur als Systemanforderung in der Schule. Hohengehren: Schneider, 1990.

Flößner, W.: Der Schulleiter als didaktisch-pädagogischer Berater. Schulleiter-Handbuch, Bd. 31. Braunschweig: Westermann, 1984.

Foster, W.: The Reconstruction of Leadership. Geelong: Deakin University Press, 1986.

Foucault, M.: Überwachen und Strafen. Die Geburt des Gefängnisses. Frankfurt/M.: Suhrkamp, 1976.

Frank J.: Szenario-Technik in der Praxis. Wien: Wirtschaftsförderungsinstitut, 1985.

Fraser, J. T.: Die Zeit. Auf den Spuren eines vertrauten und doch fremden Phänomens. München: dtv, 1991.

French, W. L.; C. H. Bell: Organisationsentwicklung. Sozialwissenschaftliche Strategien zur Organisationsveränderung. Bern: Haupt, 1982.

Fromm, E.: Haben oder Sein. Die seelischen Grundlagen einer neuen Gesellschaft. München: dtv, 1979.

Gaspari, C.; H. Millendorfer: Konturen einer Wende. Strategien für die Zukunft. Graz: Styria, 1987.

Geppert, U.; H. Heckhausen: Ontogenese der Emotionen. In: Enzyklopädie der Psychologie. Göttingen: Hogrefe, 1990, S. 115-213.

Gerken, G.: Management by Love. Mehr Erfolg durch Menschlichkeit. Düsseldorf: Econ, 1990.

Gerken, G.: Geist. Das Geheimnis der neuen Führung. Düsseldorf: Econ, 1991.

Giroux, H. A.: Educational Leadership and the Crisis of Democratic Government. In: Educational Researcher 21 (1992) 4, S. 4-11.

Grinder, J.; R. Bandler: Kommunikation und Veränderung. Paderborn: Junfermann, 1989.

Grün, J.; D. Wiener: Global denken, vor Ort handeln. Kontroversen über unsere Zukunft. Freiburg i. Br.: Dreisam, 1984.

Habermas, J.: Die Neue Unübersichtlichkeit. Frankfurt/M.: Suhrkamp, 1985.

Haenisch, H.: "Schools change slower than churches." Die einzelne Schule ist der Prüfstand für Schulreform. In: Pädagogik (1991) 5, S. 27-31.

Hallinger, P.; J. Murphy: Instructional Leadership in the School Context. In: W. Greenfield (Hg.): Instructional Leadership: Concepts, Issues, and Controversies. Boston: Allyn & Bacon, 1987, S. 179-203.

Harlen, W.; A. Qualter: Issues in SAT Development and the Practice of Teacher Assessment. In: Cambridge Journal of Education 21 (1991) 2, S. 141-152.

Heck, R. H. u.a.: Principal Leadership and School Achievement: Validation of a Causal Model. Vortrag bei der jährlichen Konferenz der American Educational Research Association. Boston, 1990.

Heck, R. H.: Principals' Instructional Leadership and School Performance: Implications for Policy Development. In: Educational Evaluation and Policy Analysis 14 (1992) 1, S. 21-34.

Heinze, W.: Der Schulleiter als Berater. In: Schulmanagement 14 (1983) 4, S. 19 - 21.

Heise, F.: Zum Zeitmanagement des Schulleiters. In: Schulmanagement 15 (1984) 3, S. 14-16.

Hentig, H. v.: Einführung zur deutschen Ausgabe von Rutter u.a. 1980, S. 9-24

Heymann, D. v.: Führungsgrundsätze. In: Schulmanagement 16, Bände 2-5. Braunschweig: Schulleiter-Verlag, 1985.

Heymann, D. v.: Arbeitstechnik zur Zeitökonomie. In: Schulmanagement 21 (1990) 1, S. 13-15.

Hill, P. T.; J. Bonan: Decentralization and Accountability in Public Education. Santa Monica, CA: Rands Institute for Education and Training, 1991.

Hissnauer, W.: Beratung durch Schulleitung. Schulleiter-Handbuch, Bd. 22. Braunschweig: Westermann, 1982.

Hoffmann, F.: Unternehmungs- und Führungsgrundsätze: Ergebnisse einer empirischen Untersuchung. In: Zeitschrift für betriebswirtschaftliche Forschung 41 (1989) 3, S. 167 - 185.

Holly, M. L.: Keeping a Personal-Professional Journal. Geelong: Deakin University Press, 1984.

Holly, M. L.: Writing to Grow. Keeping a Personal-Professional Journal. Portsmouth, NH: Heinemann, 1989.

Hoos, K.: Wenn ich nichts sage, ist das Lob genug. In: Schulmanagement 20 (1989) 1, S. 12 - 22.

Hopes, C.: Criteria, Procedures and Methods used in the Selection of Principals and the Relevance of Training for the Principalship using the Example of the State Hesse, Federal Republic of Germany. Frankfurt/M: Dissertation, 1983.

Hurrelmann, K.: Was ist eine "gute Schule"? Wie kann Schule auf die veränderten Lebensbedingungen von Kindern und Jugendlichen reagieren? In: Erziehungskunst 56 (1991) 4, S. 336-347.

James, M.; D. Jongeward: Born to Win. Transactional Analysis with Gestalt Experiments. New York: Signet, 1978.

James, T.; W. Woodsmall: Time Line. NLP-Konzepte zur Grundstruktur der Persönlichkeit. Paderborn: Junfermann, 1991.

Jungk, R.: Die Zukunft hat schon begonnen. München: Heyne, 1990.

Jungwirth, J.; F. Plössnig; M. Schratz; S. Winkler: Schulen machen Schule. Regionale Schulentwicklung: Erfahrungen - Probleme - Perspektiven. Innsbruck: Österreichischer Studien-Verlag, 1991.

Kailer, N. (Hg.): Neue Ansätze der betrieblichen Weiterbildung in Österreich. Bd.1: Organisationslernen (Forschungsbericht 53). Wien: Institut für Bildungsforschung der Wirtschaft, 1987.

Kapellner, R.: Mind, Mensch und Maschine. In: Ars Electronica: Virtuelle Welten. Band 2. Linz: Ars Electronica, 1990, S. 323-335.

Kegan, R.: Die Entwicklungsstufen des Selbst. Fortschritte und Krisen im menschlichen Leben. München: Kindt, 1986.

Kleinschmidt, G.: Schulqualität und Führungsaufgaben von Schulleitung. In: Pädagogische Welt (1992) 5, S. 206-208.

Klemm, K.: Europäischer Binnenmarkt und Schulentwicklung. In: Arbeiterkammer Tirol (Hg.): Zukünftige Bildungspolitik "Bildung 2000". In: AK-Pressedienst 2 (April 1992), S. 1-16.

Klemm, K.; H.-G. Rolff; K.-J. Tillmann: Bildung für das Jahr 2000. Bilanz der Reform, Zukunft der Schule. Reinbek: Rowohlt, 1985.

Klippert, H. u.a.: Ganzheitliche Lehrerfortbildung. Begründung, Konzeption, Praxisberichte. Stuttgart: Burg Verlag, 1983.

Koczkas, S.: Vertrauen im Betrieb - Grundlage des Wandels. In: E. Zander; W. Reineke (Hg.): Führungsentwicklung: Organisation development in der Praxis. Heidelberg, 1981, S. 119 ff.

Königswieser, R.; Ch. Lutz (Hg.): Das systemisch evolutionäre Management. Der neue Horizont für Unternehmer. Wien: Orac, 1992.

Kogan, M.: Education Accountability. An Analytic Overview. London: Hutchinson, 1988.

Kozmetsky, G.: Transformational Management. Cambridge, M.: Ballinger, 1985.

Kramer, F.: Problemlösungs-, Zielsetzungs- und Entscheidungssystematik in der Führungspraxis. Bern: Schweizerische Volksbank, 1987.

Kratky, K. W.: Systemische Perspektiven: interdisziplinäre Beiträge zu Theorie und Praxis. Heidelberg: Auer, 1991.

Kraus, H.; N. Kailer; K. Sandner (Hg.): Management Development im Wandel. Wien: Manz, 1990.

Krell, G.: "Vertrauensorganisation" als Antwort auf Wertewandel und Technologieschub. In: Organisationsentwicklung (1988) 2, S. 35 ff.

Krüger, R.: Das Kollegium ist das Seminar. Schulinterne Lehrerfortbildung aus Schulleitersicht. Schulleiter-Handbuch Bd. 47. Braunschweig: Schulleiter-Verlag, 1988.

Kunert, K.: Lernen im Kollegium. Theorie und Praxis der schulinternen Lehrerfortbildung. Bad Heilbrunn: Klinkhardt, 1992.

Langer, J.; F. Schulz v. Thun; R. Tausch: Sich verständlich ausdrücken. München: Reinhardt, 1981.

Laske, S: Führung zwischen Ordnung und Chaos. In: R. Hammer; H. Hinterhuber; R. Kapferer; G. Turnheim (Hg.): Strategisches Management in den 90er Jahren. Entwicklungstendenzen - Controlling - Human Resources. Wien: Manz, 1990, S. 123-138.

Laske, S.: Fragmente einer sozial-ökologischen Personalpolitik oder: Grundzüge von Vertrauensorganisationen. Innsbruck: unv. Manuskript, 1991.

Laszlo, E.; Ch. Laszlo; A. v. Liechtenstein: Evolutionäres Management. Globale Handlungskonzepte. Fulda: Paidia, 1992.

Lewin, K.; R. Lippit; R. K. White: Patterns of aggressive behavior in experimentally created "social climates". In: Journal of Social Psychology 10 (1939), S. 503 - 567.

Mackenzie, R. A.: Die Zeitfalle. Sinnvolle Zeiteinteilung und Zeitnutzung. Heidelberg: Sauer, 1984. (Original: The Time Trap. 1974.)

Marx, I.: Führungs- und Arbeitsstil unter zeitökonomischen Aspekten. In: Schulmanagement 15 (1984) 3, S. 17-20.

Maslow, A. H.: Motivation and Personality. New York: 1954. (Deutsch: Motivation und Persönlichkeit. Olten, 1977.)

Matthiesen, U.: Das Dickicht der Lebenswelt und die Theorie kommunikativen Handelns. München: Fink, o.J.

Maturana, H.; F. Varela: Der Baum der Erkenntnis. Bern: Scherz, 1987.

Mehan, H.: Learning Lessons. Cambridge, Mass.: Harvard University Press, 1979.

Miller, R.: Schilfwanderung. Wegweiser für die praktische Arbeit in der schulinternen Lehrerfortbildung. Weinheim und Basel: Beltz, 1990.

Mintzberg, H.: The Nature of Managerial Work. New York: Harper & Row, 1973.

Molnar, A.; B. Lindquist: Changing Problem Behaviors in Schools. San Francisco: Jossey-Bass, 1989.

Müri, P. Chaos-Management. Die kreative Führungsphilosophie. München: Heyne, 1992.

Nadig, M.; M. Erdheim: Die Zerstörung der wissenschaftlichen Erfahrung durch das akademische Milieu. Ethnopsychoanalytische Überlegungen zur Aggressivität in der Wissenschaft. In: H. Becker u.a. (Hg.): Der Spiegel des Fremden. Ethnopsychoanalytische Betrachtungen. (Psychosozial 23.) Reinbek: Rowohlt, 1984, S. 11-27.

Nanus, B.: Visionary Leadership. Creating a Compelling Sense of Direction of Your Organization. San Francisco: Jossey-Bass, 1992.

Neuberger, O.: Führen und geführt werden. Stuttgart: Enke, 1990.

Norman, M.: Coming Alive - Setting Priorities for School Organisation and Management in the Nineties. Geelong, Vic.: unv. Manuskript, 1992.

OECD: Schools and Quality. An International Report. Paris: OECD Publications, 1989.

Ornstein, R.: Multimind. Ein neues Modell des menschlichen Geistes. Paderborn: Junfermann, 1990.

Oswald, F.; B. Pfeifer; G. Ritter-Berlach; N. Tanzer: Schulklima. Die Wirkungen der persönlichen Beziehungen in der Schule. Wien: Manuskript, 1987.

Pädagogisches Institut Tirol (Hg.): Werkstatt Schule: Projektarbeit als Lehrerfortbildung. Innsbruck: Inn-Verlag, 1981.

Paseka, A.: Frau Lehrerin und Herr Direktor. Wien: unv. Manuskript, 1988.

Pallasch, W.; H. Reimers: Pädagogische Werkstattarbeit. Eine pädagogisch-didaktische Konzeption zur Belebung der traditionellen Lernkultur. Weinheim/München: Juventa, 1990.

Peccei, A.: Die Zukunft in unserer Hand. München: Goldmann, 1981.

Pechtl, W.: Zwischen Organismus und Organisation. Linz: Veritas, 1991.

Perrow, C.: Complex Organizations. A Critical Essay. Third Edition. New York: Random House, 1986.

Peters, T. J.; R. H. Waterman: Auf der Suche nach Spitzenleistungen. Was man von den bestgeführten US-Unternehmen lernen kann. Landsberg am Lech: Verlag Moderne Industrie, 1986.

Pieper, A.: Verbesserung der Zusammenarbeit im Lehrerkollegium als Aufgabe einer systembezogenen schulpsychologischen Beratung. Frankfurt/M.: Lang, 1986.

Philipp, E.: Gute Schule verwirklichen. Weinheim: Beltz, 1992.

Posch, P. Vortrag im Rahmen der Tagung "LehrerInnen machen Schule - Schulentwicklung an der Basis" am 18. Oktober 1991 in Klagenfurt.

Posch, P. u.a.: Schulautonomie in Österreich. Wien: BMUK, 1992.

Posch, P.; J. Thonhauser: Lehrplanbedingte Erosion affektiver Ziele. In: Unterrichtswissenschaft 10 (1982) 3, S. 212-224.

Probst, G. J. B.: Selbstorganisation: Ordnungsprozesse in sozialen Systemen aus ganzheitlicher Sicht. Berlin: Parey, 1987.

Reddin, W. J.: Das 3-D-Programm zur Leistungssteigerung des Managements. Managerial Effectiveness. Landsberg am Lech: Verlag Moderne Industrie, 1981.

Regenthal, G.: Schule stellt sich dar. Schulleiter-Handbuch Bd. 48. Braunschweig: Schulleiter-Verlag, 1988.

Reinhardt, K.: Öffnung der Schule. Community Education als Konzept für die Schule der Zukunft. Weinheim: Beltz, 1992.

Reither, F.: Schwierigkeiten beim Umgang mit Unbestimmtheit und Komplexität. in: H. Balck; R. Kreibich 1991, S. 128-161.

Rieckmann, H.: Dynaxibility - Oder: Wie "systemisches" Management in der Praxis funktionieren kann. Klagenfurt: unv. Manuskript, 1991.

Rieckmann, H.; P. H. Weissengruber: Managing the Unmanagable? - Oder: Lassen sich komplexe Systeme überhaupt noch steuern? - Offenes Systemmanagement mit dem OSTO-Systemansatz. In: Kraus; Kailer; Sandner 1990, S. 27-96.

Robbins, A.: Grenzenlose Energie. Das Power-Prinzip. München: Rentrop Verlag, 1992.

Roddick, A.: Body and Soul. London: Edbury Press, 1991.

Rolff, H.-G.: Schulentwicklung als Entwicklung von Einzelschulen? Theorien und Indikatoren von Entwicklungsprozessen. In: Zeitschrift für Pädagogik 37 (1991) 6, 865-886.

Rolff, H.-G.: Schulaufsicht sichert Qualität. In: Pädagogische Führung 3 (1992) 1, S. 10-11.

Rosenbusch, H. S.: Schulqualität und Schulleiterausbildung. Anmerkungen und Vorschläge zur Professionalisierung von SchulleiterInnen. In: H. Ernst; S. Gonnert; G. Schulz (Hg.): Theorie und Praxis in der Lehrerbildung. München: Michael Arndt Verlag, 1992, S. 245-262.

Rost, J. C.: The Nature of Leadership in the Postindustrial Era. Univ. of San Diego: Manuskript, 1989.

Rudduck J.: Innovation and Change - Developing Involvement and Understanding. Milton Keynes: Open University Press, 1991.

Rudduck, J.: The Theatre of Daylight: Qualitative research and school profile studies. In: M. Schratz (Hg.): Qualitative Voices in Educational Research. London/New York: Falmer, 1993, S. 8-22.

Russel, B.: Principia Mathematica (3 Bände). London: Cambridge University Press, 1910 f.

Rutter, M.; B. Maughan; P. Mortimer; J. Ouston: Fünfzehntausend Stunden - Schulen und ihre Wirkung auf die Kinder. Weinheim: Beltz, 1980.

Sassen, H..v.: Einige Gedanken zur Teambildung. In: Trigon-Themen (1988) 4.

Scherer, K. R. (Hg.): Psychologie der Emotion. Band 3 der Enzyklopädie der Psychologie. Göttingen: Hogrefe, 1990.

Scheurmann, E.: Der Papalagi. Die Reden des Südseehäuptlings Tuiavii aus Tiavea. München: dtv, 1991.

Schlechty, P. C.: Schools for the 21st Century. Leadership Imperatives for Educational Reform. San Francisco: Jossey-Bass, 1990.

Schönig, W.: Vom Sinn und von den Grenzen einer Beratung in der Schule. In: Die Deutsche Schule (1986) 1, S. 16.-27.

Schratz, M.: Bildung für ein unbekanntes Morgen: Auf der Suche nach einer neuen Lernkultur. München/Wien: Profil, 1991.

Schratz, M.: Management - Innovation - Schulleitung: Auf dem Weg zu einer neuen Führungskultur. In: K. Krainer; W. Tietze, (Hg.): LehrerInnen machen Schule. Schulentwicklung an der Basis. Wien: Böhlau-Verlag, 1992, S 83-99.

Schratz M.; H. Mehan: Gulliver Travels into a Math Class. In Search of Alternative Discourse in Teaching and Learning. In: International Journal of Educational Research (1992).

Schulz v. Thun, F.: Miteinander reden: Störungen und Klärungen. Psychologie der zwischenmenschlichen Kommunikation. Reinbek: Rowohlt, 1981.

Schulz v. Thun, F.: Miteinander reden 2. Stile, Werte und Persönlichkeitsentwicklung. Reinbek: Hamburg 1989.

Schulte, K.: Geister, die er rief. Umstrittenes Gutachten zur Organisation der Schulen. In: Die Zeit 46 (1991) 39, S. 18.

Schuppert, D.; J. Walsh; M. Kielbassa; A. Lukas; R.-G. Hobbeling (Hrsg.): Langsamkeit entdecken. Turbulenzen meistern. Wiesbaden: Gabler, 1992.

Schwäbisch, L.; M. Siems: Anleitung zum sozialen Lernen für Paare, Gruppen und Erzieher. Reinbek: Rowohlt, 1974.

Schwarz, G.: Die "Heilige Ordnung" der Männer. Patriarchalische Hierarchie und Gruppendynamik. Opladen: Westdeutscher Verlag, 1987.

Scobel, W. A.: Was ist Supervision? Göttingen: Vandenhoeck & Ruprecht, 1988.

Seiwert, L. J.: Mehr Zeit für das Wesentliche. Landsberg am Lech: Verlag Moderne Industrie, 1990.

Seltzer, J.; B. M. Bass: Transformational Leadership: Beyond Initiation and Consideration. In: Journal of Management 16 (1990) 4, S. 693-703.

Selznick, P.: Leadership in Administration. A Sociological Interpretation. New York: Harper & Row, 1957.

Senge, P. M.: The Fifth Discipline: The Art and Practice of the Learning Organization. New York: Doubleday, 1990.

Sennett, R.: Verfall und Ende des öffentlichen Lebens. Die Tyrannei der Intimität. Frankfurt/M.: Fischer, 1986.

Sinclair, J. M. H.; R. M. Coulthard: Towards an Analysis of Discourse: The English Used by Teachers and Pupils. London: Oxford University Press, 1975.

Smyth, J.: Leadership and Pedagogy. Geelong: Deakin University Press, 1986.

Specht, W.: Schulqualität. Die internationale Diskussion um ein neues Konzept und einige Folgerungen für die Schulentwicklung in Österreich. (Diskussionspapier) Graz: Zentrum für Schulversuche und Schulentwicklung, Abt. II, 1991.

Spiegel: Üble Mogelei. Erstmals hat eine private Unternehmensberatung das Schulsystem untersucht und beurteilt - die Zensuren: schlecht, konfus und teuer. In: Der Spiegel (1991) 37, S. 66-69.

Stacey, R. D.: Managing the Unknowable. Strategic Boundaries Between Order and Chaos in Organizations. San Francisco: Jossey-Bass, 1992.

Steiner, C. M.: Macht ohne Ausbeutung. Zur Ökologie zwischenmenschlicher Beziehungen. Paderborn: Junfermannn, 1985.

Stogdill, R. M.: Handbook of Leadership: A Survey of Theory and Research. New York: Free Press, 1974. Revised and expanded by B. M. Bass 1981.

Tausch, R.; A.-M. Tausch: Erziehungspsychologie. Begegnung von Person zu Person. Göttingen: Hogrefe, 1977.

Teddlie, C. u.a.: Effective Versus Ineffective Schools: Observable Differences in the Classroom. In: American Journal of Education 97 (1989), S. 221-236.

Thom, N.: Innovationsmanagement. Die Orientierung, Nr 100. Bern: Schweizerische Volksbank, 1992.

Thomann, Ch.; F. Schulz v. Thun: Klärungshilfe. Handbuch für Therapeuten, Gesprächshelfer und Moderatoren in schwierigen Gesprächen. Reinbek: Rowohlt, 1988.

Tillmann, K.-J. (Hg.): Was ist eine gute Schule? Hamburg, 1989.

Toffler, A.: Machtbeben. Powershift. Wissen, Wohlstand und Macht im 21. Jahrhundert. Düsseldorf: Econ, 1991.

Türk, K.: Neuere Entwicklungen der Organisationsforschung. Stuttgart: Enke, 1989.

Ulrich, H.; G. J. B. Probst: Anleitung zum ganzheitlichen Denken und Handeln. Bern: Haupt, 1991.

Vaill, P. B.: Managing as a Performing Art. San Francisco: Jossey-Bass, 1989.

Vester, F.: Leitmotiv vernetztes Denken. Für einen besseren Umgang mit der Welt. München: Heyne, 1988.

Vopel, K. W.; R. E. Kirsten: Kommunikation und Kooperation. Ein gruppendynamisches Trainingsprogramm. München: Pfeiffer, 1974.

Vries, M. F. R. K. de: Prisoners of Leadership. New York: Wiley, 1989.

Vroom, V. H.; A. G. Yago: The New Leadership: Managing Participation in Organizations. Englewood Cliffs, NY: Prentice Hall, 1988.

Vroom, V. H.; P. W. Yetton, P. W.: Leadership and Decision-Making. London: University of Pittsburg Press, 1973.

Wallace, J.; J. Erikson: Hard Drive. London: John Wiley & Sons, 1992.

Watzlawick, P.; J. H. Weakland; R. Fisch: Lösungen. Zur Theorie und Praxis menschlichen Wandels. Bern: Hans Huber, 1988.

Weiss, R.: Leistungsbeurteilung in den Schulen - Notwendigkeit oder Übel? Problemanalysen und Verbesserungsvorschläge. Wien: Jugend & Volk, 1989.

Weiss, W.: Tatort Schule: Wenn Kinder überfordert, Eltern verunsichert und Lehrer frustriert sind. Wien: Orac, 1992.

Weiß, J,: Selbst-Coaching. Persönliche Power und Kompetenz gewinnen. Paderborn: Junfermann, 1991.

Wilber, K.: Die drei Augen der Erkenntnis. Auf dem Weg zu einem neuen Weltbild. München: Kösel, 1988.

Wirries, I.: Bedingungen für eine leistungsfähige Schule. Schulleiter-Handbuch Bd. 45. Braunschweig: Schulleiter-Verlag, 1988.

World Commission on Environment and Developement: Our Common Future. Oxford: Oxford University Press, 1987.

Yeatman, A.: Bureaucrats, Technocrats & Femocrats. Sidney: Allen & Unwin, 1990.

Ergänzung zur 2. Auflage

Altrichter, H.; W. Schley; M. Schratz (Hg.): Handbuch zur Schulentwicklung. Innsbruck: StudienVerlag, 1998.

Buchner, D. (Hg.): Manager Coaching. Paderborn: Junfermann, 1993.

Cullingford, C. (Hg.): An Inspector Calls. Ofsted and its effect on school standards. London: Kogan Page, 1999.

Czichos, R.: Coaching = Leistung durch Führung. München: Ernst Reinhardt, 1995.

Goleman, D.: Emotionale Intelligenz. München: Hanser, 1996.

Höllrigl, P.; E. M. Lanthaler (Hg.): Mit kritischen Freunden unterwegs. Zu einer neuen Qualität von Schulführung. Bozen: Pädagogisches Institut, 1999.

Huber, S.: Effectiveness & Improvement: Wirksamkeit und Verbesserung von Schule – eine Zusammenschau. In: Schulmanagement (1999) 5, S. 8-18.

Mortimore, P.: The Road to Improvement. Reflections on School Effectiveness. Lisse: Swets & Zeitlinger, 1998.

Rolff, H.-G.: Schulaufsicht und Administration in Entwicklung. In: H. Altrichter; W. Schley; M. Schratz (Hg.): Handbuch zur Schulentwicklung. Innsbruck: 1998, S. 190-217.

Sammons, P.: School Effectiveness. Coming of Age in the Twenty-first Century. Lisse: Swets & Zeitlinger, 1999.

Schratz, M.: Gemeinsam Schule lebendig gestalten. Anregungen zu Schulentwicklung und didaktischer Erneuerung. Weinheim: Beltz, 1996a.

Schratz, M.: Die Rolle der Schulaufsicht in der autonomen Schulentwicklung. Innsbruck: StudienVerlag, 1996b.

Schratz, M.: Neue Rollen und Aufgaben für Schulleitung und Schulaufsicht. In: BMUK (Hg.): Schulleitung und Schulaufsicht. Neue Rollen und Aufgaben im Schulwesen einer dynamischen und offenen Gesellschaft. Innsbruck: StudienVerlag, 1998, S. 93-116.

Schratz, M.: Selbstevaluation als Bemühen, Qualität zu verstehen und zu entwickeln. In: Pädagogisches Forum, Juni 1999, S. 219-222.

Schratz, M.; Steiner-Löffler, U.: Die lernende Schule. Arbeitsbuch pädagogische Schulentwicklung. Weinheim: Beltz, 1998.

Schreyögg, A.: Coaching. Eine Einführung für Praxis und Ausbildung. Frankfurt/M.: Campus, 1995.

Whitmore, J.: Coaching für die Praxis. Frankfurt/M.: Campus, 1995.

Abbildungsverzeichnis

Abbildung   *Seite*

1   Die vier Seiten einer Nachricht 36
2   Das "Verhaltenskreuz" 38
3   Kommunikationsmodell 40
4   Beratungsmodell 59
5   Problemraum – Lösungsraum 62
6   Beratungszyklus zur Unterrichtsbeobachtung.........................66
7   Das Pareto Prinzip 74
8   Die ABC-Analyse 75
9   Wichtigkeit und Dringlichkeit 76
10   Äußere und innere Zeit 87
11   Ein neuer Zeit-Geist in einem neuen Zeitmanagement 88
12   Langfristige Planungskonzeption 100
13   Szenario Schulentwicklung 101
14   Veränderung von Denkweisen 103
15   Modell zur Selbsterneuerung 110
16   Der "Kurzschluß" von der Problemstellung zur
     Realisierung 117
17   Von Schulleitungen initiierte Schulentwicklungsprojekte 125
18   Strukturelle Gegebenheiten 128
19   Von der Tätigkeitsorientierung zur Zielorientierung 132
20   Annonce zur Rekrutierung von Schulinspektoren 136
21   Gegenüberstellung von bisheriger und
     neuer Schulaufsicht 144
22   Das Modell der psycho-logischen Ebenen 163
23   Führung als komplexes System 173
24   Transformational Leadership 181
25   Merkmale von Innovationsaufgaben 192

Foto

1 und 2   Beispiele zur "Imperative Self-Analysis" (Walter A. Fischer) .31
3   Gespräch Mutter mit Schulleiter (Michael Schratz) 35
4   Direktorin und Lehrer (Michael Schratz) 68
5   Vision – Ziel 116
6   Projektbeispiel "Offene Schule" (Manfred Müllner) 127
7   Projektbeispiel "Schulklima" (Manfred Müllner) 127
8   Projektbeispiel "Gute Schule" (Manfred Müllner) 131
9   Projektbeispiel "Gute Schule" (Gernot Rader) 171

Karikaturen von MUCH auf den Seiten 79, 98, 119 und 168/69.

ENGAGIERT IN SACHEN SCHULE!

Herbert Altrichter/Wilfried Schley/Michael Schratz (Hrsg.)

HANDBUCH ZUR SCHULENTWICKLUNG

Bibliothek Schulentwicklung,
Bd. 1, 704 Seiten
ÖS 698,–/DM 96,–/sFr 87,–
ISBN 3-7065-1117-7

Das Handbuch dokumentiert umfassend den aktuellen Stand der Schulentwicklung und stellt einen maßgeblichen Beitrag zu deren Professionalisierung dar.

Das praxisnahe und praktikable Werk soll in die Hand genommen werden, um etwas zu planen, vorzubereiten, zu reflektieren oder als Stütze für die Vorhaben im eigenen Handlungsfeld genutzt werden.

Wer ein Projekt plant, über ein Projekt entscheidet, ein Vorhaben begleitet, eine Entwicklung reflektiert, wer in einem Projekt leitet, wer es berät, wer daran mitarbeitet und möglicherweise auch darunter leidet, soll mit Hilfe des Handbuchs Perspektiven erweitern und Lösungsmöglichkeiten erkennen.

Alle Beiträge dienen dazu, ein Programm der Schulentwicklung zu entfalten, in dem die Betroffenen zu Akteuren werden und die Verantwortung für ihre Schulkultur, die darin realisierte Qualität von Schule und die damit verwobenen Werte und Leitgedanken übernehmen. Notwendig ist es, den Umgang mit Zeit, die Gestaltung von Innovationen, die Entwicklung von Arbeitsplatzzufriedenheit und die Herstellung von Macht-Balance zu erlernen.

HANDBUCH ZUR SCHULENTWICKLUNG

Das Standardwerk für alle LehrerInnen, KoordinatorInnen, BeraterInnen, Schulleitungen, Schulaufsichten, ForscherInnen, LehrerfortbildnerInnen, SeminarleiterInnen, MentorInnen, WissenschaftlerInnen.

STUDIENVerlag
Innsbruck-Wien-München

HANDBUCH
ZUR
SCHULENTWICKLUNG

In Teil 1 finden sich Beiträge zu Akteuren, Prozeßkomponenten und Gestaltungs-
formen von Schulentwicklung. Diese Texte enthalten eine Fülle von methodischen
Vorschlägen und Fallbeispielen, die Ideen für die Gestaltung von Schulentwicklungs-
prozessen liefern sollen.
In Teil 2 werden die Entwicklungsaufgaben, die Ausgangspunkte für Schulentwicklung sein können, ausgeführt. Schulentwicklung besteht nicht nur aus Prozessen,
sondern braucht inhaltliche Ziele und Orientierungspunkte. Die Beiträge dieses Teiles
sollen Argumente für Diskussionen beim Einstieg in die Schulentwicklung, bei pädagogischen Tagen, bei der Planung von Entwicklungsschritten usw. bieten.

Die AutorInnen

Herbert Altrichter, Xaver Büeler, Hans-Peter de Lorent, Ferdinand Eder, Ingrid
Gogolin, Allan Guggenbühl, Uwe Hameyer, Leonhard Horster, Norbert Maritzen, Elmar
Philipp, Peter Posch, Botho Priebe, Hans-Günter Rolff, Wilfried Schley, Jörg
Schlömerkemper, Jutta Schöler, Michael Schratz, Barbara Schratz-Hadwich, Anton
Strittmatter, Ewald Terhart, Wulf Wallrabenstein.

Die Herausgeber

Prof. Dr. Herbert Altrichter, Professor für Pädagogik an der Universität Linz;
Arbeitsschwerpunkte: Lehreraus- und -fortbildung, Schulentwicklung, Aktions-
forschung, Evaluation, Forschungsmethodologie
Prof. Dr. Wilfried Schley, Professor am Institut für Sonderpädagogik an der Uni-
versität Zürich und Leiter des Instituts für Organisationsentwicklung und Sys-
temberatung in Hamburg
Prof. Dr. Michael Schratz, Universität Innsbruck; Arbeitsschwerpunkte: Schul- und
Unterrichtsentwicklung, Bildungsmanagement und Evaluation

STUDIENVerlag
Innsbruck-Wien-München

Edwin Radnitzky, Michael Schratz (Hrsg.)
Der Blick in den Spiegel.
Texte zur Praxis von Selbstevaluation und Schulentwicklung
Studien zur Bildungsforschung & Bildungspolitik 23
öS 298,–/DM 40,80/sfr 38,–
ISBN 3-7065-1418-4

Sind wir eine gute Schule? Ob ja oder nein – woher wissen wir das? Im Übrigen: Was ist das eigentlich – eine gute Schule? Und wer soll das beurteilen? Solche und ähnliche Fragen sind typisch – und höchst notwendig in einer Zeit, in der sich das Umfeld von Schule immer rascher verändert, in der alles komplizierter wird und die Ressourcen begrenzt sind. Die damit verbundenen Veränderungen und Fragen werden oft als bedrohlich erlebt. Kein Zweifel: Der Blick in den Spiegel kann schmerzhaft sein – er birgt aber auch Chancen für neue, positive Entwicklungen.

Davon handeln die Beiträge in diesem Lesebuch. Autor/innen aus Deutschland, der Schweiz und Österreich erzählen Geschichten aus der Praxis, berichten von ihren Erfahrungen mit Selbsteinschätzung an Schulen und im Unterricht: Warum und wie sie sich auf den Weg gemacht haben. Was sie dabei gesehen und erlebt haben und was wichtig war. Und was es letztlich gebracht hat.

Es gibt keine Patentrezepte für Schulentwicklung. Was es gibt und was sich in der Praxis immer wieder bewährt hat, ist der Blick über den Tellerrand. Etwa in Form anregender Beispiele, ehrlicher Befunde und erster Analysen – einfach zum Nachdenken ...

Autorinnen und Autoren:

Aldo Bannwart, Rosemarie Boenicke, Xaver Büeler, Claus G. Buhren, Christoph Burkard, Dietlind Fischer, Harald Hanzer, Urs Küffer, Norbert Maritzen, Edwin Radnitzky, Michael Schratz, Maria Spindler, Ulrike Steiner-Löffler, Anton Strittmatter, Christopher Szaday, Siegfried Winkler.

STUDIENVerlag
Innsbruck-Wien-München

Herbert Altrichter, Peter Posch (Hrsg.)
Wege zur Schulqualität
Studien über den Aufbau von qualitätssichernden und
qualitätsentwickelnden Systemen in berufsbildenden Schulen

Mit Beiträgen von Harald Hanzer, Marlies Krainz-Dürr, Hannes Krall und Elgrid Messner

'Evaluation' und 'Qualitätssicherung' sind 'heiße Kandidaten' für Spitzenplätze bei der Wahl der pädagogischen Schlagworte der Saison. Genau genommen gehört Evaluation seit jeher zum täglichen Lehrerhandeln. Die Idee, auch Schulen und Lehrerleistungen zu evaluieren, ist zwar auch nicht ganz neu, hat aber wohl noch nie so viel Aufmerksamkeit gefunden wie in den letzten Jahren.

Derzeit gibt es verschiedene Konzeptvorschläge für die Gestaltung von Qualitätsevaluation und Qualitätsentwicklung in der Schule, kaum jedoch Darstellungen und Analysen der praktische Prozesse und Erfahrungen an jenen Schulen, die versuchen, unter Realbedingungen 'schulisches Qualitätsmanagement' aufzubauen. Solche Entwicklungsprozesse schulischen Qualitätsmanagements konnten im BMUK-Projekt „Qualitätssichernde und -entwickelnde Systeme an berufsbildenden Schulen" durch qualitative Fallstudien über sechs österreichische berufsbildende mittlere und höhere Schulen untersucht werden. Die Ergebnisse werden im vorliegenden Buch zur Diskussion gestellt.

Herbert Altrichter, Peter Posch (Hrsg.)
Wege zur Schulqualität
Studien über den Aufbau von qualitätssichernden
und qualitätsentwickelnden Systemen in berufsbildenden Schulen
Mit Beiträgen von Harald Hanzer, Marlies Krainz-Dürr, Hannes Krall und Elgrid Messner
Innovationen in der Berufsbildung,
Band 2, 256 Seiten
öS 268,–/DM 36,80/sfr 34,–
ISBN 3-7065-1380-3

STUDIENVerlag
Innsbruck-Wien-München